清史稿

趙爾巽等撰

第一一册

卷九四至卷一〇五（志）

中華書局

清史稿卷九十四

志六十九

樂一

記曰：「安上治民，莫善於禮。」「移風易俗，莫善於樂。」樂也者，考神納賓，類物表庸，以其德馨殷薦上帝者也。聖道四達，聲與政通，於是有綴兆之容，箾籥之音，被服其光輝，膏潤其猷烈，以與民康之，民無瘵瘁摯傷之嗟，放僻嫚蕩之志，夫然後雅頌作焉。蓋三苗格而韶舞，十一稅而頌謳，玄鳥歌而商祚興，靈臺奏而周道昌。王官失守，神不降祉。迻及春秋，脊脊大亂。仲尼序詩，列黍离於國風，齊王德於邦君，明其不能復雅。中更暴秦，樂經埃滅，音之鄭衞，自此而階，郊廟登歌，聲不逮下。擾民齊教，無聞焉爾。然而歷代創興，莫不鋪陳南雅，自制郊辭，繩祖業之維艱，頌帝功之有赫，考較鐘懸，裁定縛典。雖渾灝三五，炳焉同風，而寤想聞韶，跂之彌卲。是則前詁所譏，隣於夜誦者也。

清起僻遠，迎神祭天，初沿邊俗。及太祖受命，始習華風。天命、崇德中，征瓦爾喀，臣朝鮮，平定察哈爾，得其宮懸，以備四裔燕樂。世祖入關，修明之舊，有中和韶樂，郊廟朝會用之。有丹陛大樂，王公百僚慶賀用之。有中和清樂、丹陛清樂，宮中筵宴用之。有鹵簿導迎樂，巡蹕用之。又製鐃歌法曲，奮武敵愾，宣邕八風，以儷漢世短簫。而滿洲舊舞，是曰莽式，率以蘭錡世裔充選，所陳皆遼瀋故事，作麾旄弢矢躍馬湔陣之容，屈伸進反輕蹻俯仰之節，歌辭異漢，不頒太常，所謂纘業垂統，前王不忘者歟？聖祖、高宗，制作自任，臣匪師曠之聰，君逾姬旦之美。考音諧金石，昭德摛天漢，帝秩皇造，於斯爲盛。但觀其命伶倫使協律，召咸黑以賡歌，非不陶英鑄莖，四隅率同，而繼體再傳，頌聲寖廢。魏文聽之而思臥，季札觀之而無譏，是知樂之爲懿，覘國隆洿，謳歌在民，匪所自致，而三古承流，曾靡先覺，可爲惋欷者也。

稽清之樂，式遵明故，六間七始，實紹古亡，布咫蓟禾，諭氣灰琯。斯乃神暫以之塞壅，隸首由其跬步。將欲起元音之廢，復淳朴之眞，弘我夏聲，粃秕西奏。澹慾繕性，一綖庶幾，有庇經誥，其或在此。必監前憲，我則優矣。國宬所書，聲容器數之次第，管律絃度之討論，煥乎秩秩，可謂有文。今掇其要，以備簡籍。

太祖肇啓東陲，戡亂用武，聲物弇朴，率緣遼舊。天命元年，卽尊位瀋陽，諸貝勒羣臣廷賀上壽，始制鹵簿用樂。八年，定凱旋拜天行禮筵宴樂制。太宗天聰八年，又定出師謁堂子拜天行禮樂制、元旦朝賀樂制。九年，停止元旦雜劇。先是梅勒章京張存仁上言：「元旦朝賀，大體所關，雜劇戲謔，不宜陳殿陛。故事，八旗設宴，惟用雅樂。」從之。

十年，建國號曰淸，改元崇德。其明年，遂有事太廟，追尊列祖，四孟時享、歲暮祫祭並奏樂。皇帝冬至、萬壽二節與元旦同。御前儀仗樂器，鑼二，鼓二，畫角四，簫二，笙二，架鼓四，橫笛二，龍頭橫笛二，檀板二，大鼓二，小銅鈸四，小銅鑼二，大銅鑼四，雲鑼二，嗩吶四。樂人綠衣黃褂紅帶，六瓣紅絨帽，銅頂上綴黃翎，從內院官奏請也。又詔公主册封、諸王家祭、受降獻馘皆用樂。

世祖順治元年，攝政睿親王多爾袞既定燕都，將於十月告祭天地宗廟社稷，大學士馮銓、洪承疇等言：「郊廟及社稷樂章，前代各取嘉名，以昭一代之制，梁用『雅』，北齊及隋用『夏』，唐用『和』，宋用『安』，金用『寧』，元宗廟用『寧』、郊社用『咸』，前明用『和』。我朝削平寇亂，以有天下，宜改用『平』。郊社九奏，宗廟六奏，社稷七奏。」從之。於是定圜丘大祀，皇帝出宮，午門聲鐘，不作樂。致祭燔柴迎神奏始平，奠玉帛奏景平，進俎奏咸平，初獻奏壽平，亞獻奏嘉平，終獻奏雍平，徹饌奏熙平，送神奏太平，望燎奏安平。禮成，教坊司導迎，樂奏祐平。午門鐘作，還宮。方澤大祀，皇帝出宮，午門聲鐘，不作樂。致祭瘞毛血迎神奏中平，奠玉帛奏廣平，進俎奏咸平，初獻奏壽平，亞獻奏安平，終獻奏時平，徹饌奏貞平，送神望瘞奏寧平。禮成，教坊司導迎，樂奏祐平。午門鐘作，還宮。祈穀，皇帝出宮，午門聲鐘，不作樂。燔柴迎神奏中平，奠玉帛奏肅平，進俎奏咸平，初獻奏壽平，亞獻奏景平，終獻奏永平，徹饌奏凝平，送神奏清平，望燎奏太平。餘與圜丘、方澤同。太廟時享，皇帝出宮，鐘止，不作樂。致祭迎神奏開平，奠帛初獻奏壽平，亞獻奏嘉平，終獻奏雍平，徹饌奏熙平，送神望燎奏成平。禮成，教坊司導迎奏禧平，聲鐘還宮。社稷壇，皇帝出宮，聲鐘，不作樂。致祭瘞毛血迎神奏廣平，奠玉帛初獻奏壽平，亞獻奏嘉平，終獻奏雍平，徹饌奏熙平，送神望瘞奏成平。禮成，教坊司導迎奏祐平，聲鐘還宮。

舞皆八佾，初獻武舞，亞獻、終獻文舞，文武舞生各六十四人，執干戚羽籥於樂懸之次，引舞旌節四，舞生四人司之。祭之日，初獻樂作，司樂執旌節，引武舞生執干戚進，奏武功之舞。亞獻、終獻樂作，司樂執旌節，引文舞生執羽籥進，奏文德之舞。惟先師廟祇文舞六佾。

其三大節、常朝及皇帝升殿、還宮，俱奏中和韶樂，羣臣行禮，奏丹陛大樂。親祭壇廟，乘輿出入，用導迎樂，樂章均用「平」字。宴享清樂，則以樂詞之首爲章名。

是年世祖至京行受寶禮，先期錦衣衞設鹵簿儀仗，旗手衞設金鼓旗幟，敎坊司設大樂於行殿西前導。時龜鼎初奠，官懸備物，未遑潤色，沿明舊制雜用之。敎坊司置奉鑾一人，左右韶舞各一人，協同官十有五人，俳長二十人，色長十七人，歌工九十八人。宮內宴禮，領樂官妻四人，領敎坊女樂二十四人。祠祭諸樂，則太常寺神樂觀司之。以協律郎敎習樂生，月三、六、九日演於凝禧殿。

二年，從有司言，春秋上丁釋奠先師，樂六奏，迎神奏咸平，奠帛初獻奏寧平，亞獻奏安平，終獻奏景平，徹饌送神奏咸平。

祭歷代帝王樂六奏，迎神奏雍平，奠帛初獻奏安平，亞獻奏中平，終獻奏肅平，徹饌奏凝平，送神望燎奏壽平。

八年，制：朝日七奏，樂章用「曦」，迎神奏寅曦，奠玉帛奏朝曦，初獻奏清曦，亞獻奏咸曦，終獻奏純曦，徹饌奏延曦，送神奏歸曦。

夕月六奏，樂章用「光」，迎神奏迎光，奠玉帛初獻奏升光，亞獻奏瑤光，終獻奏瑞光，徹饌奏涵光，送神奏保光，皆中和韶樂。

皇太后、皇后三大節慶賀，皇帝大婚行禮，皆丹陛大樂。

祭眞武、東嶽、城隍廟，教坊司作樂如羣祀。

是年又允禮部請，更定樂舞、樂章、樂器之數，享廟大樂於殿內奏之，文武佾舞備列樂章卒歌樂器俱設，補舞生舊額五百七十人。

其後又定常朝升殿中和韶樂奏隆平，王公百官行禮丹陛大樂奏慶平，外藩行禮丹陛大樂奏治平，還宮中和韶樂奏顯平。耤田饗先農，樂章七奏，用「豐」，迎神奏永豐，奠帛初獻奏時豐，亞獻奏咸豐，終獻奏大豐，徹饌奏屢豐，送神奏報豐，望瘞奏慶豐。禮成，御齋宮，導迎大樂奏天下樂，升座奏萬歲樂，羣臣行禮丹陛大樂奏朝天子，筵宴上壽奏三月韶光，進饌清樂奏太清歌。

太廟祫祭迎神奏貞平，奠帛初獻奏壽平，亞獻奏嘉平，終獻奏雍平，徹饌奏熙平，送神奏清平。

大享殿合祀天地百神，樂章九奏，用「和」，迎神奏元和，奠玉帛奏景和，進俎奏肅和，初獻奏壽和，亞獻奏安和，終獻奏永和，徹饌奏協和，送神奏泰和，望燎瘞奏清和。

其上皇太后徽號册寶、尊封太妃、册立中宮、太和殿策士諸慶典，皆特詔用樂。自後幸盛京、謁陵，進實錄、玉牒亦如之。

康熙初，聖祖踐阼幼沖，率承舊憲，無所改作。八年，惟詔定皇帝、太皇太后、皇太后、皇后三大節朝賀樂，皇帝元旦升座中和韶樂奏元平，還宮奏和平，冬至升座奏遂平，還宮奏允平，萬壽節升座奏乾平，還宮奏太平，羣臣行禮丹陛大樂奏慶平，外藩奏治平，太皇太后升座奏升平，還宮奏恆平，行禮奏晉平，皇太后升座奏豫平，還宮奏履平，行禮奏益平，皇后升座奏淑平，還宮奏順平，行禮奏正平。而有司肄習日久，樂句律度，淩厲失所，伶倫應官，比於制氏，但紀鏗鏘鼓舞而已。

自世祖時，已屢飭典樂官演習樂舞聲容儀節，嘗諭大學士等曰：「各處祭祀，太常寺所奏樂俱未和諧。樂乃祭祀之大典，必聲容儀節盡合歌章，始臻美善。其召太常寺官嚴飭之。」至十一年，聖祖亦諭禮臣：「愼重禋祀，勤加習練，勿仍前怠，褻越明典。」

二十一年，三藩削平，天下無事，左副都御史余國柱首請釐正郊廟、朝賀、宴享樂章，上曰：「享祀樂章，一代制作所繫，禮部、翰林院其集議以聞。」尋奏：「自古廟樂，原以頌述祖宗功德，本朝郊壇廟祀樂章，曲名曰『平』，遵奉已久。太祖、太宗、世祖同於太廟致祭，宜如舊。惟朝會、宴享等樂曲調，風雅未備，宜勅所司酌古準今，求聲律之原，定雅奏之節。」從之。因命大學士陳廷敬重撰燕樂諸章，然猶襲明故，雖務典蔚，有似徒歌，五聲二變，踵訛奪倫，黃鍾爲萬事根本，臣工無能言之者。帝方謙讓，亦未暇革也。

二十三年，東巡謁闕里，躬祭孔林，陳鹵簿，奏導迎大樂樂章、樂舞，先期命太常寺遣司樂官前往肄習，與太學先師廟同。二十九年，以喀爾喀新附，特行會閱禮，陳鹵簿，奏鐃歌大樂，於是帝慼禮樂崩隤，始有志制作之事。

三十一年，御乾清宮，召大學士九卿前，指五聲八風圖示之曰：「古人謂十二律定，而後被之八音，則八音和，奏之天地，則八風和，諸福之物，可致之祥，無不畢至，言樂律所關者大也。而十二律之所從出，其義不可知。律呂新書所言算數，專用徑一圍三之法，此法若合，則所算皆合；若舛，則無所不舛矣。朕觀徑一圍三之法，必不能合，蓋徑一尺，則圍當三尺一寸四分一釐有奇，若積累至於百丈，所差當十四丈有奇，等而上之，舛錯可勝言耶？」因取方圓諸圖謂羣臣曰：「所言徑一圍三，但可算六角之數，若圍圓必有奇零。朕觀八線表中半徑句股之法極精微，凡圓者可以方算，開方之術，卽從此出。若黃鍾之管九寸，空圍九分，積八百一十分，是爲律本，此舊說也。其分寸若以尺言，則古今尺制不同，當以天地之度數爲準。惟隔八相生之說，聲音高下，循環相生，復還本音，必須隔八，乃一定之理也。」隨命樂人取笛和瑟次第審音，至第八聲，仍還本音。上曰：「此非隔八相生之義耶？」羣臣皆曰：「誠如聖訓，非臣等聞見所及。」

三十四年，定大閱鳴角擊鼓聲金之制。

四十九年正月，孝惠章皇后七十萬壽，又諭禮部曰：「瑪克式舞，乃滿洲筵宴大禮，典至隆重，故事皆王大臣行之。今歲皇太后七旬大慶，朕亦五十有七，欲親舞稱觴。」是日皇太后宮進宴奏樂，上前舞蹈奉爵，極懽乃罷。

帝既妙擘鍾律，時李光地爲文淵閣大學士，以耆碩被顧問，會進所纂大司樂釋義及樂律論辨，因上言曰：「禮樂不可斯臾去身，亦不可以一日不行於天下。自漢以來，禮樂崩壞，不合於三代之意者二千餘年，而樂尤甚。蓋自諸經所載節奏、篇章、器數、律呂之昭然者，而紛紛之說，終不能以相一，又況乎精微之旨，與天地同其和者哉！今四海靡靡，風聲頽敝，等威無辨，而奢僭不可止；聯屬無法，而鬬爭不可禁。記曰：『無本不立，無文不行。』神而明之者，本也；舉而措之者，文也。謂宜搜召名儒，以至淹洽古今之士，上監於夏、商，近稽自漢、唐以降，攷定斟酌，成一代大典，以淑天下而範萬世。」大學士張玉書亦言：「樂律算數之學，失傳已久，承譌襲舛，莫摘其非；奥義微機，莫探其藴。臣等躬聆訓誨，猶且一時省寤，而覆算迷蒙；中外臣民，何由共喻？宜特賜裁定，編次成書，頒示四方，共相傳習。正歷來積算之差訛，垂萬世和聲之善法，學術政事，均有裨益。」

帝重違臣下請，五十二年，遂詔修律呂諸書，於蒙養齋立舘，求海內暢曉樂律者，光地薦景州魏廷珍、寧國梅瑴成、交河王蘭生任編纂。蘭生故光地所拔士，樂律有神契，朱子䟽律圖說，字多譌謬，蘭生以意是正，瞭然可曉。及被詔入直，所與編校者皆淹雅士，而蘭生學獨深，亦時時折中於帝，遇有疑義，親臨決焉。

其法首明黃鍾爲十二律呂根源，以縱黍橫黍定古今尺度，今尺八寸一分，當古尺十寸，橫黍百粒，當縱黍八十一粒。漢志：「黃鍾之長，以子穀秬黍中者，一黍之廣度之，九十分黃鍾之長，一爲一分。」廣者橫也，九十分爲黃鍾之長，則黃鍾爲九十橫黍所累明矣。即以橫黍之度比縱黍，爲古尺之比今尺，以古尺爲一率，今尺爲二率，黃鍾古尺九寸爲三率，推得四率七寸二分九釐，卽黃鍾今尺之度。律呂新書：黃鍾九寸，空圍九分，積八百一十分，再置古尺，積八百一十分，以九十分歸之，得面冪九方分，用比例相求，面線相等，面積不同。定數圓面積一十萬爲一率，方面積一十二萬七千三百二十四爲二率，今面冪九方分爲三率，推得四率一十一分四十五釐九十豪，開平方得三分三釐八豪五絲一忽，爲黃鍾古尺徑數。求周，得十分六釐三豪四絲六忽。卽以古尺之積比今尺之積，古尺一百分，自乘再乘得一百萬分爲一率，今尺八十一分，自乘再乘得五十三萬一千四百四十一分爲二率，黃鍾積八百一十分爲三率，推得四率四百三十分四百六十七釐二百十一豪，卽黃鍾今尺之積。以今尺長七寸二分九釐歸之，得面冪五分九十釐四十九豪，求徑得二分七釐四豪一絲九忽，而黃鍾管之縱長體積面徑定矣。

黃鍾既定，於是制律呂同徑之法，以積實容黍爲數，三分損益以覈之，黃鍾三分損一，下生林鍾，林鍾三分益一，上生太簇，太簇三分損一，下生南呂，南呂三分益一，上生姑洗，姑洗三分損一，下生應鍾，應鍾三分益一，上生蕤賓，蕤賓三分益一，上生大呂，大呂三分損一，下生夷則，夷則三分益一，上生夾鍾，夾鍾三分損一，下生無射，無射三分益一，上生仲呂。又倍之，自蕤賓以下至應鍾，半之，自黃鍾以下至仲呂，皆六。不用京房變律之說，定宮聲在黃鍾、大呂之間。

黃鍾爲宮，次太簇以商應，次姑洗以角應，次蕤賓以變徵應，次夷則以徵應，次無射以羽應，次半黃鍾以變宮應，所謂陽律五聲二變也。至半太簇爲淸宮，仍應黃鍾焉。大呂爲宮，次夾鍾以商應，次仲呂以角應，次林鍾以變徵應，次南呂以徵應，次應鍾以羽應，次半大呂以變宮應，所謂陰呂五聲二變也。至半夾鍾爲淸宮，仍應大呂焉。旋相爲宮，折中取聲，類而不雜。驗之簫笛，工爲宮，則凡應商，六應角，五應變徵，乙應徵，上應羽，尺應變宮。

黃鍾爲低工，大呂爲高工，而分淸濁。太簇爲低凡，夾鍾爲高凡，而分淸濁。姑洗爲低六，仲呂爲高六，而分淸濁。蕤賓爲低五，林鍾爲高五，而分淸濁。夷則爲低乙，南呂爲高乙，而分淸濁。無射爲低上，應鍾爲高上，而分淸濁。倍之，則倍無射、倍應鍾爲宮聲之右變宮尺字，而分淸濁。倍夷則、倍南呂爲變宮之右下羽上字，而分淸濁。倍蕤賓、倍林鍾爲下羽之右下徵乙字，而分淸濁。半之，則半黃鍾、半大呂爲羽聲之左變宮尺字，而分淸濁。

半太簇、半夾鍾爲變宮之左少宮工字，而分清濁。半姑洗、半仲呂爲少宮之左少商凡字，而分清濁。古樂所以起下徵而終清商也。

黃鍾一徑，別其長短，爲十二律呂，復助以倍半，而得五聲二變之全，由是制以樂器，以黃鍾之積爲本，加分減分，皆用黃鍾之長與徑相比，大加至八倍，則長與徑亦加一倍，小減至八分之一，則長與徑亦減其半。正律呂管十二，倍管六，半管六。黃鍾同形管五十六，亦倍管六，半管六。同形管又生同徑管十一，凡一千三百六十八管。依數立制，以考其度，以審其音。八倍黃鍾之管，聲應正黃鍾之律濁宮低工。七倍黃鍾之管，應大呂之呂清宮高工。六倍黃鍾之管，應太簇之律濁商低凡。五倍黃鍾之管，應夾鍾之呂清商高凡。四倍黃鍾之管，應姑洗之律濁角低六。三倍半黃鍾之管，應仲呂之呂清角高六。三倍黃鍾之管，應蕤賓之律濁變徵低五。三倍宜應仲呂，今高半音而應蕤賓，蓋管體漸小，聲音易別。必於三倍之積，復加正黃鍾之半積，始應仲呂之呂清角高六。半積之理，由此生也。二倍半黃鍾之管，應林鍾之呂清變徵高五。二倍加四分之一黃鍾之管，應夷則之律濁徵低乙。二倍黃鍾之管，不應夷則，而二倍半二倍之間始應之。必以半積復半之，爲四分之一，加於二倍之內，其分乃合。四分之一之理，由此生焉。二倍黃鍾之管，應南呂之呂清徵高乙。正加四分之三黃鍾之管，應無射之律濁羽低上。正加四分之二黃鍾之管，應應鍾之呂清羽高上。正加四分之一黃鍾之管，應半黃鍾之律濁變宮低尺。正加八分之一黃鍾之管，應半大呂之呂清變宮高尺。此管與正黃鍾最近，欲取合清宮之分，則以四分之一復半之，爲八分之一，加於正黃鍾之分，其聲始應。八分之一之理，由此生焉。

繼此則正黃鍾管聲應半太簇之律，濁宮低工乃與八倍黃鍾之管相和同聲矣。遞減之，黃鍾正積八分之七之管，應大呂之呂。八分之六之管，應太簇之律。八分之五之管，應夾鍾之呂。八分之四之管，應姑洗之律。八分之三分有半之管，應仲呂之呂。八分之三之管，應蕤賓之律。八分之二分有半之管，應林鍾之呂。八分之二又加一分之四分之一之管，應夷則之律。此一分之四分之一，乃正黃鍾三十二分之一，至此三十二分之理生焉。八分之二之管，應南呂之呂。八分之一又加一分之四分之三之管，應無射之律。八分之一又加一分之四分之二之管，應應鍾之呂。八分之一又加一分之四分之一之管，應半黃鍾之律。八分之一又加一分之八分之一之管，應半大呂之呂。此一分之八分之一，乃正黃鍾六十四分之一，至此六十四分之理生焉。而八分之一之管，又應正黃鍾，而爲正黃鍾長與徑之半。

自八倍黃鍾至黃鍾八分之一，皆具同徑之十二律呂，皆成一調之五聲二變。推而演之，加黃鍾之積至六十四倍，則同形管長徑皆四倍於正黃鍾，減黃鍾之積至六十四分之一，則同形管長徑皆得正黃鍾四分之一。六十四倍積同形管應正黃鍾，五十六倍積同形管與六十四分之七同形管應大呂，四十八倍積同形管與六十四分之六同形管應太簇，四十倍積同形管與六十四分之五同形管應夾鍾，三十二倍積同形管與六十四分之四同形管應姑洗，二十八倍積同形管與六十四分之三加半同形管應仲呂，二十四倍積同形管與六十四分之三同形管應蕤賓，二十倍積同形管與六十四分之二加半同形管應林鍾，十八倍積同形管與六十四分之二加一分四之一同形管應夷則，十六倍積同形管與六十四分之二同形管應南呂，十四倍積同形管與六十四分之一加一分四之三同形管應無射，十二倍積同形管與六十四分之一加一分四之二同形管應應鍾，十倍積同形管與六十四分之一加一分四之一同形管應半黃鍾，九倍積同形管與六十四分之一加一分八之一同形管應半大呂，六十四分之一同形管仍應正黃鍾，於是十二律呂之同徑異形者，合長短倍半以成旋宮之用。而黃鍾之同形異徑者，因加減實積，亦成旋宮之用。制器求聲，齊於此矣。

雖然，五聲二變管律與絃度又各不同，漢、唐以後，皆宗司馬、淮南之說，以三分損益之術，誤爲管音五聲二變之次，復執管子絃音五聲度分，而牽合於十二律呂之中。試截竹爲管吹之，黃鍾半律，不與黃鍾合，而合黃鍾者爲太簇之半律，則倍半相應之說，在絃音而非管音也。又黃鍾爲宮，其徵聲不應於林鍾而應於夷則，則三分損益宮下生徵之說，在絃度而非管律也。以絃度取聲，全絃與半絃之音相應，而半律較全律則下一音。蓋絃之體，實藉人力鼓動而生聲，全絃長，故得音緩，半絃短，故得音急，長短緩急之間，全半相應之理寓焉。管之體虛，假人氣入之以生聲，故管之徑同者，其全半不相應，求其相應，必徑減半始得，所以正黃鍾與黃鍾八分之一之管相應同聲也。

因全半之不同，於是管律絃度首音至八音，其間所生五聲二變之度分亦異。管律黃鍾之全爲宮聲首音，則太簇之半爲少宮八音，其間太簇之全爲商聲二音，姑洗爲角聲三音，蕤賓爲變徵四音，夷則爲徵聲五音，無射爲羽聲六音，黃鍾之半爲變宮七音。自首音至第八音，得七全分。若絃度假借黃鍾全分爲宮聲首音，則黃鍾之半爲少宮八音，其間太簇之分爲商聲二音，姑洗之分爲角聲三音，蕤賓之分爲變徵四音，而林鍾之分乃爲徵聲五音，南呂之分爲羽聲六音，應鍾之分爲變宮七音。各絃之分，宮至商，商至角，角至變徵，徵至羽，羽至變宮，皆得全分，而變徵至徵，變宮至少宮，祇得半分。自首音至八音，合爲六全分，故絃音不可以十二律呂之度取分。如以倍無射變宮尺字定絃，則得下徵之分。倍無射變宮尺字，即今笛與頭管之合字也。凡品樂居首一絃，必得下徵之分，而五音之位始正。故世以頭管合字定琴之一絃爲黃鍾之宮者，蓋一絃不得不定以合字，正爲取下徵之分也。

黃鍾宮聲工字定絃，得下羽之分；太簇商聲凡字定絃，得變宮之分；姑洗角聲六字定絃，得宮絃之分；蕤賓變徵五字定絃，得商絃之分；夷則徵聲乙字定絃，得角絃之分；無射羽聲上字定絃，得變徵之分；而半黃鍾變宮尺字定絃，仍得徵絃之分焉。今借黃鍾之分爲宮絃全分，其首音仍定以黃鍾之律，則二音限於太簇之分，而聲亦應太簇之律，三音則變爲夾鍾之分，而聲始應姑洗之律。如仍取姑洗之分，則聲必變而應於仲呂之呂，四音復變爲仲呂之分，而聲應蕤賓之律。如仍取蕤賓之分，則聲必變而應於林鍾之呂，五音則爲林鍾之分而應夷則之律，六音則爲南呂之分而應無射之律，七音又變爲無射之分而聲始應半黃鍾之律。如仍取應鍾之分，則聲必變而應於半大呂之呂。此宮絃之分因全絃首音定黃鍾之律，而變爲羽絃之分者也。或以黃鍾之分爲宮絃全分，而本絃七音欲各限以宮絃內七音之分，則首音必定以姑洗之律。以次分之，此宮絃之分因全絃首音定姑洗之律，而得宮絃之分者也。又或以笛與頭管合字爲今所定倍無射之律爲宮絃全分，首音依次分之，得下徵絃之分，此宮絃之分因全絃首音定以笛之合字而變爲徵絃之分者也。依律呂而定絃音，則絃度之分隨之潛移，依絃度之分命爲七音之次，則聲音宮調不與律呂相協。此由管律、絃度全、半生聲取分之不同，於是絲樂絃音之旋宮轉調，與竹樂管音亦異。

清濁二均各七調，中與管樂有同者，有可同者，有不可同者。同者惟宮調一調，五聲二變皆正應。可同者，商調、徵調五聲正、應二變借用；不可同者，角調、變徵調、羽調、變宮調五聲之內清濁相淆。如但以絃音奏之，而不和以管音，祗有四調，餘三調皆轉入絃音宮調。故周禮大司樂三宮，漢志三統，皆以三調爲準。所謂三統，其一天統，黃鍾爲宮，乃黃鍾宮聲位羽起調，姑洗角聲立宮，主調是爲宮調也。其一人統，太簇爲宮，乃太簇商聲位羽起調，蕤賓變徵立宮，主調是爲商調也。其一地統，林鍾爲宮，乃絃音徵分位羽，實管音夷則徵聲位羽起調，半黃鍾變宮立宮，主調是爲徵調也。隋志鄭譯云：考尋律呂，七聲之內，三聲乖應。當時考較聲律，或以管音考核絃音，或以絃音考核管音，故得四調相和，三調乖應，卽二變調與角調也。變徵調與羽調五正聲內祇一聲乖應，然羽調猶能自立一調，變徵調則轉入宮調聲字。至角調變宮調，五聲之內二三聲乖應，與宮調聲字雷同，皆不能成一調也。唐志載四宮二十八調，率以絃音之分定爲十二律呂之度，故有正宮大食、高大食之名。今卽絃音、管音之和不和，以辨陽律、陰呂之分用、合用，乃知唐書之二十八調獨取絃音，不在管律。而古人所用三統，實取管音、絃音之相和者用之也。

是以絃音諸樂，其要有四：一，定絃音應某律呂之聲字，卽得某絃之度分。一，絃音轉調不能依次遞遷，故以宮調爲準，有幾絃不移，而他絃或緊一音，或慢半音，遂成一調，而各絃七聲之分因之而變。一，絃音諸調雖無二變，而定絃取音，必審二變之聲，必計二變之分，始能得其條貫，不然，宮調無所取準。一，絃音宮調，惟宮與商徵得與律呂相和爲用，餘四調陰陽乖應，或淆入宮調聲字，不得自成一調。卽此四者，條分縷析，則絃音旋宮轉調之法備矣。

樂之學既微，自古言者又歧說繁滋，莫衷一是。子長、孟堅時已異同，隋、唐登歌，雜蘇祇婆龜茲樂，以律呂文之，神瞽弗世，等於詩亡。宋人李照、和峴、范鎭、蔡元定之徒，稍有志於復古，然但資肊驗，或且飾以陰陽郛廓之說，明鄭世子載堉始以勾股譚律度。

帝本長疇人術，加之以密率，基之以實測，管音絃分千載之襲繆，至是乃定。明年書成，分三編：曰正律審音，發明黃鍾起數，及縱長、體積、面冪、周徑律呂損益之理，管絃律度旋宮之法；曰和聲定樂，明八音制器之要，詳考古今之同異；曰協均度曲，取波爾都哈兒國人徐日升及意大里亞國人德里格所講聲律節度，證以經史所載律呂宮調諸法，分配陰陽二均字譜，賜名曰律呂正義。蘭生、廷珍等皆賜及第，進官有差。

旣又諭改訂中和樂章聲調，曰：「殿陛所奏中和樂章，皆沿明代，句有長短，體制類詞，曾因不雅，命大學士陳廷敬等改撰，章法皆以四字爲句，而樂人未嫻聲調，仍以長短句湊拍歌之。今考舊調已得，宮商節奏甚爲和平，必使歌章字句亦隨韵逗，則章明而宮聲諧，其著南書房翰林同大學士詳定以聞。」是年十一月冬至，躬祀圜丘，遂用新定樂律。

五十四年，改造圜丘壇，金鐘玉磬，各十有六。五十五年，頒中和韶樂於直省文廟。初，樂章既改用「平」，而直省仍沿用「和」，至是從禮部請，始頒行焉。

世宗雍正二年，定耕耤三十六禾詞，耕耤筵宴樂制，進筵，丹陛樂奏雨暘時若之章，進酒，管絃樂奏五穀豐登之章，進饌，清樂奏家給人足之章，其辭皆大學士蔣廷錫撰。後又定祭時應宮、祭風伯廟、敎坊司作樂，祭雷師、雲師廟，和聲署作樂，官民婚嫁，品官鼓樂人不得過十二，生、監、軍、民不得過八人，著爲令。

高宗卽位，銳意制作，莊親王允祿自聖祖時監修律算三書，至是仍典樂事。乾隆六年，殿陛奏中和韶樂，帝覺音律節奏與樂章不協，因命和親王弘晝同允祿奏試，允祿因言：「明代舊制，樂章以五、六、七字爲句，而音律之節奏隨之，樂章音律俱八句，故長短相協。今殿陛樂若定以四字爲句，則與壇廟無殊，惟樂章更定，大典攸關，謂宜會同大學士、禮部將樂章十二成詳議，令翰林改擬進覽。」尋大學士鄂爾泰等議：「樂章十二成內，惟淑平、順平二成每章八句，其十成樂章每章各十句，句四字，而按之音律，則每章八句，每句六、七、八字，以十句四字樂章，和以八句六、七、八字之音律，長短抑揚，宜不盡協。應將樂章字句，按音律之節奏以調和之，章酌從八句，句無拘四言。」奏可。

舊中和樂編鐘內倍夷則四鐘在黃鍾正律之前，帝疑其舛，兼詢編鐘倍律及設而不作之故於臣工，時張照以刑部侍郎副允祿管部，名知樂，奏言：「編鐘之制，以十六鐘爲一架，陽律八爲一懸，在上；陰律八爲一懸，在下。陽自陽，陰自陰。律呂之法，必有倍、半，然後高低清濁具備，以成旋宮之用。故陽律有倍蕤賓、倍夷則、倍無射在黃鍾之前，有半黃鍾、半太簇、半姑洗在無射之後。陰律則有倍林鍾、倍南呂、倍應鍾在大呂之前，有半大呂、半夾鍾、半仲呂在應鍾之後。倍蕤賓以還，則聲過低而啞，半仲呂以還，則聲過高而促，故不用。編鐘無倍蕤賓、倍林鍾，亦無六半律，以編鐘具八，其音中和，已足於用。低不至倍蕤賓、倍林鍾，高不至六半律，其序以從低至高，濁至淸，排列爲次。倍夷則、倍無射當在黃鍾之前，倍南呂、倍應鍾當在大呂之前，與簫管之長短，琴絃之巨細爲一例。排簫倍夷則、倍無射二管在黃鍾之前，倍南呂、倍應鍾二管在大呂之前。琴之倍徵、倍羽二絃在宮絃之前，若琴絃簫管易位，則音不可諧，是以編鐘之次第同於絃管。」又奏：「編鐘一架，上八下八，上陽律，下陰呂。考擊之節，南郊、廟祀及臨朝大典，皆用黃鍾爲宮，北郊、月壇，則用大呂爲宮。用黃鍾爲宮，則擊上鐘，用大呂爲宮，則擊下鐘。臨朝以下鐘易置於上而擊之，非下八鐘不擊也。又八鐘原祇七音，姑洗爲宮，黃鍾起調爲工字，倍夷則、無射爲變徵，太簇爲變宮，三鐘不入調，是以不擊。工字調外，則惟二鐘不擊。如以太簇爲宮，倍無射起調爲尺字，則倍夷則、無射、太簇三鐘皆擊，而黃鍾爲變宮，夷則爲變徵，二鐘又當不擊矣。因相沿俱以黃鍾調爲黃鍾宮，儒生不知音律，謂黃鍾爲聲氣之元，萬物之母，郊廟、朝廷用之吉，否則凶。不知黃鍾爲宮，其第一聲便是下羽，除變宮、變徵不入調，商、角、徵、羽必須迭用。若聲聲皆是黃鍾，晏子所謂琴瑟專一，誰能聽之。況大武之樂，卽是無射爲宮，載之國語。無射乃陽律之窮，而武王用之，則十二月各以其律爲宮，無所不可，亦明矣。」上是之，命如故。

當是時，淸興百餘年矣，古學萌芽，儒者毛奇齡、李塨、胡彥昇、江永輩多著書言樂事，考證益邃密。帝亦慕簫韶九成之盛，刪詩緝頌，勇於改爲，欲以文致太平。聖祖時雖編定樂書，大抵稽於音律，而樂章句逗無譜，不與音相應。有協律高萬霖者，耆年審音，改定宮譜，然祇壇廟之樂。朝會淸歌，仍踵前繆。照遂請續纂律呂書，謂「前代墜典，宜見刊正」，許之。開館纂修，仍命允祿監其事。未幾，館臣上議：「壇廟樂章字譜，天壇、太廟、朝日壇俱黃鍾爲宮，地壇、夕月壇大呂爲宮，近於南齊祇用黃鍾之說，而兼淸濁二均。及於大呂，雖義有可取，但編鐘器內必有設而不作者，同於隋以前啞鐘之誚。我皇上制作定世，繼述休明，允宜博考詳稽，以襄盛典。夫言禮樂必宗成周，顧周代遙邈，文不足徵，所可考者，莫如周禮。而周禮所載圜鐘爲宮祭天、函鐘爲宮祭地、黃鍾爲宮祭宗廟之說，圜鐘、函鐘不知何律。鄭康成以圜鐘爲夾鍾，函鐘爲林鍾，祭地用林鍾，義則善矣。然林鍾何以又稱函鐘，則亦無所據也。惟準六樂次第論之，有函鐘而無林鍾，則知函鐘卽林鍾，然六樂又有夾鍾無圜鐘，其以圜鐘爲夾鍾，謂夾鍾生於房、心之間，房、心大辰，天帝之明堂，則用甘公、石申戰代星家之言，以解七百年前周公之制度，誠非篤詁。李光地謂祭天以黃鍾爲宮，祭宗廟以圜鐘爲宮，圜黃互錯，諸儒相承而不知改。揆以春禘之文，則夾鍾之月也，雖若近理，然亦出於肊見。周禮本言祭天以圜鐘爲宮，其下卽云黃鍾爲角，一章之樂，斷無黃鍾旣爲宮，而又爲角之理。六樂次第，淸濁各一均，黃鍾與大呂配祀天神，太簇與應鍾配祭地祇，姑洗與南呂配祀四望，蕤賓與函鐘配祭山川，夷則與仲呂配享姜嫄，無射與夾鍾配享先祖，以律之次第分神之尊卑。顧律呂同用，而淸濁之間，有同均者，有不同均者，見諸實用，難於施行。是以歷代皆欲仰法周制，而苦無所憑。惟唐貞觀時祖孝孫定爲祭圜丘以黃鍾爲宮，方澤以林鍾爲宮，宗廟以太簇爲宮，朝賀宴饗則隨月用呂爲宮，最爲通論。蓋黃鍾子位，天之統也。乾位在亥，亥前爲子，十二辰之始。黃鍾下生林鍾，林鐘未位，地之統也。坤位在申，陽順陰逆，申前爲未。自子至午七律，而天之道備，自未至丑七律，而地之道備。故黃鍾屬天，林鍾屬地，林鍾上生太簇，太簇寅位，人之統也。故以祀宗廟，先儒所謂萬物本乎天，人本乎祖之義也。光地亦稱祖孝孫特有遠識，而歷代用樂，此最近古。臣等愚見，謂宜遵聖祖律呂正義所定旋宮轉調之法，將地壇樂章改林鍾爲宮，太廟樂章改太簇爲宮，社稷壇亦地也，亦宜改用林鍾爲宮。月生於西，酉，西方正位也。又秋分夕月，建酉之月也。夕月壇宜改用南呂爲宮，朝日壇若以日東月西、日卯月酉論，應用夾鍾爲宮，但夾鍾陰而日陽，衷以人心屬日之義，宜改用太簇爲宮。其朝會宴享，並應依唐祖孝孫之說，各以其月之律爲宮。先農壇，農事也，宜以姑洗爲宮。歷代帝王廟、孔子廟祭以春秋，春夾鍾、秋南呂爲宮，太歲壇宜以歲始之律太簇爲宮。」奏上，而皇太后、皇后升座、還宮樂章律呂未定，因命禮臣集議。允祿議曰：「皇太后、皇后樂章應用律呂，博考前典，並無明文。惟十二律呂皆生於黃鍾，故黃鍾爲聲氣之元，但既專用於南郊以尊上帝，自不便擬用。且律協於乾，呂協於坤，坤元允宜用呂。大呂爲黃鍾之呂，擬皇太后樂以大呂爲宮。禮記：天子日也，日月東西相從而不已，天道也。酉爲月之正位，援后月之義，擬皇后樂以南呂爲宮。」履親王允裪議曰：「舘臣擬皇太后樂以大呂爲宮，皇后樂以南呂爲宮，臣愚以爲大呂、南呂並是陰呂，皇上曾有『凡慶賀大典，皇太后宮應用陽律』之旨，舊制一切大典，俱以黃鍾爲宮，請仍循舊制。皇上冬至、元旦、萬壽三大節，皇太后、皇后三大節，並以黃鍾爲宮。」帝以「大呂者，黃鍾之呂也。既用黃鍾尊上帝，林鍾尊后土，太簇尊宗廟，而議皇太后樂用大呂，大呂之序，乃在南呂後，皇后樂已用南呂，是先於皇太后也。又方澤壇用蕤賓之呂，林鍾爲宮，而社稷亦宜有別」。因命重議。於是舘臣請定皇太后樂用南呂爲宮，社稷壇祭以春秋二仲月上戊，宜以夾鍾南呂爲宮。從之。七年，允祿等又奏：「太皇太后升座、還宮用中和韶樂，行禮用丹陛樂，與皇帝同，而皇太后、皇后俱用丹陛樂。考諸掌儀司，自來升座、還宮並用中和韶樂，緣陳廷敬撰擬樂章之時，以皇太后、皇后不敢同於太皇太后，便以丹陛名之。請仍復舊，各爲樂章。」尋定皇太后御慈寧宮升座中和韶樂奏豫平；皇帝率諸王羣臣行禮丹陛大樂奏益平，還宮中和韶樂奏履平，皇后率皇貴妃、貴妃、妃、嬪及公主、福晉、命婦至宮行禮並同。皇帝三大節臨軒、還宮、御內殿升座中和韶樂奏元平，皇后率皇貴妃、貴妃、妃、嬪行禮丹陛大樂奏雍平，降座中和韶樂奏和平，皇后三大節升座中和韶樂奏淑平，行禮丹陛大樂奏正平，降座中和韶樂奏順平。皇帝筵宴、進茶、賜茶丹陛清樂奏海宇昇平日，進酒、賜酒奏玉殿雲開，進饌、賜食中和清樂奏萬象清寧。皇太后三大節升座、還宮行禮與慶賀同，筵宴進茶、進酒、進饌所奏歌詞與皇帝同。

時山東道監察御史徐以升奏言：「古有雩祭之典，所以爲百穀祈膏雨也。其制，則爲壇於南郊之旁。我朝禮制具備，惟雩祭未有壇壝，乞敕下禮臣博求典故，詳考制度，倣古龍見而雩之禮，擇地立壇。」帝下其章，大學士鄂爾泰等議曰：「孟夏之月，蒼龍宿見東方，爲百穀祈膏雨，故龍見而雩。晉永和中，依郊壇制爲雩壇，祈上帝百辟，旱則祈雨。唐時雩祀於南郊，後行雩禮於圜丘。歷代京師孟夏後旱雩之禮，皆七日一祈，唐制斟酌最善，臣等酌議宜倣其制。古大雩用舞童二佾，衣玄衣，各執羽翳，歌雲漢之詩。今皇上倣雲漢體御製詩歌八章，聖念懇誠，宸章剴切，應用舞童十六人，玄衣，八列，執羽翳，終獻樂止，贊者贊：『舞童歌詩。』歌畢，乃望燎。令掌儀司選聲音清亮者充之，羽翳依周禮皇舞之式，禮儀與孟夏常雩同。上帝、社稷、宗廟、太歲壇俱舊有樂章，惟神祇壇闕，應敕律呂館撰進。」乃定雩祀天神從圜丘，以黃鍾爲宮；地祇從方澤，以林鍾爲宮。樂用七成，迎神奏祈豐，奠帛奏華豐，初獻奏安豐，亞獻奏興豐，終獻奏儀豐，徹饌奏和豐，送神奏錫豐。是年始專設樂部，凡太常寺、神樂觀所司祭祀之樂，和聲署、掌儀司所司朝會宴饗之樂，鑾儀衞所司鹵簿諸樂，均隸焉。以禮部內務府大臣及各部院大臣諳曉音律者總理之，設署正、署丞、侍從、待詔、供奉、供用官、鼓手、樂工，總曰署吏，而以所司樂器別其目。鐘曰司鐘，磬曰司磬，琴、瑟、笙、簫亦如之。又禁道士充太常寺樂員。初，明樂舞生多選道童，世祖定都，沿而用之，羽流慢褻，識者慨焉，至是其弊始革。

既又從館臣言，定耕耤之樂。耕耤前期進種，導迎樂前導，至日，和聲署率屬鵠立綵棚南，綵棚之制，後二十三年裁。歌禾辭者十四人，司鑼、司鼓、司版、司笛、笙、簫者各六人，搴綵旗者五十人。祭畢，行耕耤禮。禮成，導迎樂作，駕涖齋宮內門，樂止，中和韶樂作。皇帝御後殿，樂止，報終畝，中和韶樂作。皇帝御齋宮，升座，樂止，羣臣慶賀行禮，丹陛大樂作。進茶、賜茶中和韶樂作。皇帝乘輦出宮，和聲署鹵簿大樂並作。筵宴、進茶、賜茶改雨暘時若爲喜春光。進酒、賜酒改五穀豐登爲雲和迭奏。進饌、賜饌改家給人足爲風和日麗，升座、還宮樂章與三月常朝同。羣臣行禮丹陛樂章與元旦同。又定祀先蠶樂章器用方響十有六，雲鑼、瑟、枚鼓、拍版各二，琴四，簫、笛、笙各六，建鼓一。皇后採桑歌器用金鼓、拍版二，簫、笛、笙六。遣官致祭樂章與羣祀同。

又定賜衍聖公宴樂章奏洙泗發源長。正一眞人宴奏上淸碧落。文進士宴奏啓天門。武進士奏和气洽。鄉飲酒禮歌鹿鳴、四牡、皇皇者華三章，笙御製補南陔、白華、華黍三章，閒歌魚麗、南有嘉魚、南山有臺三章，笙御製補由庚、崇丘、由儀三章，合樂周南關雎、葛覃、卷耳三章，召南鵲巢、采蘩、采蘋三章。

八年九月，高宗東巡狩至盛京，儀仗具，馬上鼓吹導引，翼日設丹陛大樂於兩樂亭，禮部設龍亭，置慶賀表，用導迎樂。上御崇政殿，升座中和韶樂奏元平，諸王大臣行禮、宣表丹陛大樂奏慶平，朝鮮陪臣朝賀丹陛大樂奏治平，頒詔、賜茶中和韶樂奏和平。是日崇政殿筵宴所奏中和丹陛清樂與太和殿筵宴同。改瑪克式舞爲慶隆之舞，又增世德之舞。旋定樂舞內大小馬護爲揚烈舞，舞人所騎竹馬爲禺馬，馬護爲面具。大臣起舞上壽爲喜起舞。歌章者曰司章，騎竹馬曰司舞，搊琵琶曰司琵琶，彈絃子曰司三絃，彈箏曰司箏，劃節曰司節，拍版曰司拍，拍掌曰司抃。

九年，親幸翰林院，詔樂部設樂，升座奏隆平，掌院大學士率百官行禮奏慶平，進茶、賜茶奏文物京華盛，進御筵宴奏玉署延英、進酒、賜酒奏延閣雲濃，百官謝恩奏慶平，還宮奏顯平。

是年裁太常寺司樂人六，增設天神地祇壇樂器，諭禮臣，除夕保和殿筵宴蒙古王等，先進蒙古樂曲，次慶隆舞，元旦太和殿筵宴王大臣，互易用之，著爲令。

帝自御宇，樂制屢易，因革損益，悉出睿裁，羣臣希旨，務爲補苴，非有張乾龜、萬寶常之識也。帝思隆巍煥，遂特詔釐定朝會宴饗諸樂章，自七年定郊廟祭祀諸樂章，至十一年始成。朝會，皇帝元旦中和樂，升座元平，還宮和平。冬至中和樂，升座遂平，還宮允平。萬壽中和樂，升座乾平，還宮泰平。上元中和樂，升座怡平，還宮昇平，常朝中和樂，升座隆平，還宮顯平。內廷行禮丹陛樂雝平，諸王百官行禮丹陛樂慶平，外藩丹陛樂治平。皇太后三大節中和樂，升座豫平，還宮履平，丹陛樂益平。皇后三大節中和樂，升座淑平，還宮順平，丹陛樂正平。郊廟圜丘迎神始平，奠玉帛景平，進俎咸平，初獻壽平，亞獻嘉平，終獻永平，徹饌熙平，送神淸平，望燎太平。方澤迎神中平，奠玉帛廣平，進俎含平，初獻大平，亞獻安平，終獻時平，徹饌貞平，送神、望瘞寧平。祈穀迎神祈平，奠玉帛綏平，進俎萬平，初獻寶平，亞獻穰平，終獻瑞平，徹饌渥平，送神滋平，望燎穀平。雩祭迎神靄平，奠玉帛雲平，進俎需平，初獻霖平，亞獻露平，終獻霑平，徹饌靈平，送神霮平，望燎霈平。太廟時饗，迎神貽平，奠帛、初獻敉平，亞獻敷平，終獻紹平，徹饌光平，送神、還宮、望燎乂平。祫祭迎神開平，奠帛、初獻肅平，亞獻協平，終獻裕平，徹饌諴平，送神、還宮、望燎成平。社稷迎神登平，奠帛、初獻茂平，亞獻育平，終獻敦平，徹饌博平，送神樂平，望瘞徵平。社稷壇祈雨報祀迎神延豐，奠帛、初獻介豐，亞獻滋豐，終獻霈豐，徹饌綏豐，送神貽豐，望瘞博豐。朝日迎神寅曦，奠玉帛朝曦，初獻清曦，亞獻咸曦，終獻純曦，徹饌延曦，送神歸曦。夕月迎神迎光，奠帛、初獻升光，亞獻瑤光，終獻瑞光，徹饌涵光，送神保光。歷代帝王迎神肇平，奠帛、初獻興平，亞獻崇平，終獻恬平，徹饌淳平，送神、望燎匡平。先師迎神昭平，奠帛、初獻宣平，亞獻秩平，終獻敍平，徹饌懿平，送神德平。先農迎神永豐，奠帛、初獻時豐，亞獻咸豐，終獻大豐，徹饌屢豐，送神報豐，望瘞慶豐。先蠶迎神庥平，奠帛、初獻承平，亞獻均平，終獻齊平，徹饌柔平，送神洽平，天神地祇迎神祈豐，奠帛、初獻華豐，亞獻興豐，終獻儀豐，徹饌和豐，送神錫豐。太歲迎神保平，奠帛、初獻定平，亞獻嘏平，終獻富平，徹饌盈平，送神豐平。太歲壇祈雨、報祀迎神霈豐，奠帛、初獻宜豐，亞獻晉豐，終獻協豐，徹饌應豐，送神洽豐。皇帝祭壇廟還宮導迎樂祐平，慶典導迎樂禧平。其詞皆命儒臣重撰，天子親裁之，分刌而節比，合則仍其故，不合則易其辭、更其調，視舊章增損有加，而律呂正義後編亦於是年書成。曰祭祀樂，曰朝會樂，曰宴饗樂，曰導迎樂，曰行幸樂。更參稽前代因革損益之異，爲樂器考、樂制考、樂章考、度量權衡考。復推闡聖祖所以審音定樂制器協均者，爲樂問三十五篇。大抵詳於宮譜，而於律呂之原，管音絃度之分合，一遵聖祖，無所創也。帝自製序以冠之。

十三年二月，東巡山左，祭岱嶽，大學士等上言：「泰山向不用樂，考周禮大司樂『奏蕤賓、歌函鐘、舞大夏以祭山川』。今特舉盛典，秩於岱宗，請遵古用樂，樂章飭部撰擬。」於是詔樂章六奏，用「豐」。十月，張廣泗、訥親討金川久無功，上特命大學士傅恆爲經略，出師，行授鉞禮。是日御太和殿，陳法駕鹵簿樂器如常儀。升座，中和韶樂奏隆平，經略跪受敕印行禮，丹陛大樂奏慶平，經略隨奉敕印大臣由東階下，樂止，上還宮中和韶樂奏顯平。禡日建八旗大纛於堂子內門外之南，軍士執螺角列竣，上輿出宮，樂陳而不作。至紅椿，聲螺角，上入自街門降輿，螺止。行禮，復聲螺。纛前行禮畢，出至紅椿，螺止，導迎樂作。駕至東長安門外，御武帳，升座，賜經略酒，從征官皆櫜鞬，辭，啓行。還宮，導迎樂作。明年凱旋，賜宴豐澤園，駕御帳殿，進茶、賜茶奏景運乾坤泰，掌儀捧臺盞巵壺奏聖德誕敷，進饌奏日耀中天。其後兆惠平定西域，阿桂再克金川，凱旋皆用此禮，改景運乾坤泰爲聖武光昭世，聖德誕敷爲禹甸遐通，日耀中天爲聖治遐昌。改德隆舞爲德勝之舞。中和樂章皆增武成慶語，以夸膚績。上又自作凱歌三十章，增鐃歌十六章，郊勞時奏之。聲容斋厖，邁隆古矣。

二十六年，江西撫臣奏得古鐘十一，圖以進，上示廷臣，定爲鎛鐘，命依鍾律尺度，鑄造十二律鎛鐘，備中和特懸。既成，帝自製銘，允祿等又請造特磬十二虡，與鎛鐘配，鑒和闐玉爲之。三十三年，定關帝廟樂章，迎神、送神三獻章各一。四十五年八月，高宗七旬萬壽，增喜起舞樂九章。自是凡有大慶典，則增製樂章以爲常。

五十二年，命皇子永瑢與鄒奕孝、莊存與重定詩經樂譜，糾鄭世子載堉之謬。五十八年，又命樂部肄演安南、廓爾喀、粗緬甸、細緬甸諸樂，故清之樂，終帝之世凡數變。

仁宗嘉慶元年，增製太上皇帝三大節御殿中和韶樂二章，丹陛大樂一章，宮中行禮丹陛大樂一章，筵宴中和清樂一章、丹陛清樂二章、慶隆舞樂九章，又增皇極殿千叟宴太上皇帝御殿中和韶樂二章。自後臨雍，幸翰林院、文昌廟祀，社稷壇祈晴及萬壽節，皆增製樂章。八年，命筵宴停止安南樂。十四年元旦，太和殿筵宴，命演朝鮮、回部、金川、緬甸樂舞等項，遇慶隆舞、喜起舞，卽以承應。又增隊舞大臣四人，歲如故事。

宣、文之世，垂衣而治，宮懸徒爲具文，雖有增創，無關宏典。德宗光緒末年，倣歐羅巴、美利堅諸邦製軍樂，又升先師大祀，增佾舞之數，及更定國歌，制作屢載不定，以訖於遜國，多未施行。

清史稿卷九十五

志七十

樂二

十二律呂尺度

黃鍾　古尺徑三分三釐八豪五絲一忽，長九寸，積八百一十分。今尺徑二分七釐四豪一絲九忽，長七寸二分九釐，積四百三十分四百六十七釐二百一十豪。容黍一千二百粒。

大呂　古尺徑三分三釐八豪五絲一忽，長八寸四分二釐七豪二百四十三分豪之二百三十九，積七百五十八分五百一十八釐五百一十八豪奇。今尺徑二分七釐四豪一絲九忽，長六寸八分二釐六豪三分豪之二，積四百零三分一百零七釐八百四十豪。容黍一千二十四粒。

太簇　古尺徑三分三釐八毫五絲一忽，長八寸，積七百二十分。今尺徑二分七釐四豪一絲九忽，長六寸四分八釐，積三百八十二分六百三十七釐五百二十豪。容黍一千零六十七粒。

夾鍾　古尺徑三分三釐八豪五絲一忽，長七寸四分九釐一豪二千一百八十七分豪之一千一百八十三，積六百七十四分二百三十八釐六百八十三豪奇。今尺徑二分七釐四豪一絲九忽，長六寸〇分六釐八豪二十七分豪之四，積三百五十八分三百一十八釐零八十豪。容黍九百九十九粒。

姑洗　古尺徑三分三釐八豪五絲一忽，長七寸一分一釐一豪九分豪之一，積六百四十分。今尺徑二分七釐四豪一絲九忽，長五寸七分六釐，積三百四十分一百二十二釐二百四十豪。容黍九百四十八粒。

仲呂　古尺徑三分三釐八豪五絲一忽，長六寸六分五釐九豪一萬九千六百八十三分豪之二千九百零三，積五百九十九分三百二十三釐二百七十三豪奇。今尺徑二分七釐四豪一絲九忽，長五寸三分九釐三豪二百四十三分豪之二百二十一，積三百一十八分五百零四釐九百六十豪。容黍八百八十八粒。

蕤賓　古尺徑三分三釐八豪五絲一忽，長六寸三分二釐〇豪八十一分豪之八十，積五百六十八分八百八十八釐八百八十八豪奇。今尺徑二分七釐四豪一絲九忽，長五寸一分二釐，積三百零二分三百三十釐八百八十豪。容黍八百四十三粒。

林鍾　古尺徑三分三釐八豪五絲一忽，長六寸，積五百四十分。今尺徑二分七釐四豪一絲九忽，長四寸八分六釐，積二百八十六分九百七十八釐一百四十豪。容黍八百粒。

夷則　古尺徑三分三釐八豪五絲一忽，長五寸六分一釐八豪七百二十九分豪之四百七十八，積五百零五分六百七十九釐零一十二豪奇。今尺徑二分七釐四豪一絲九忽，長四寸五分五釐一豪九分豪之一，積二百六十八分七百三十八釐五百六十豪。容黍七百四十九粒。

南呂　古尺徑三分三釐八豪五絲一忽，長五寸三分三釐三豪三分豪之一，積四百八十分。今尺徑二分七釐四豪一絲九忽，長四寸三分二釐，積二百五十五分零九十一釐六百八十豪。容黍七百一十一粒。

無射　古尺徑三分三釐八豪五絲一忽，長四寸九分九釐四豪六千五百六十一分豪之二千二百六十六，積四百四十九分四百九十二釐四百五十五豪奇。今尺徑二分七釐四豪一絲九忽，長四寸〇分四釐五豪八十一分豪之三十五，積二百三十八分八百七十八釐七百二十豪。容黍六百六十六粒。

應鍾　古尺徑三分三釐八豪五絲一忽，長四寸七分四釐〇豪二十七分豪之二十，積四百二十六分六百六十六釐六百六十六豪奇。今尺徑二分七釐四豪一絲九忽，長三寸八分四釐，積二百二十六分七百四十八釐一百六十豪。容黍六百三十二粒。

七音清濁

倍蕤賓	下徵乙字	倍林鍾	清下徵高乙字
倍夷則	下羽上字	倍南呂	清下羽高上字
倍無射	變宮尺字	倍應鍾	清變宮高尺字
黃　鍾	宮聲工字	大　呂	清宮高工字

太　簇　商聲凡字	夾　鍾　清商高凡字
姑　洗　角聲六字	仲　呂　清角高六字
蕤　賓　變徵五字	林　鍾　清變徵高五字
夷　則　徵聲乙字	南　呂　清徵高乙字
無　射　羽聲上字	應　鍾　清羽高上字
半黃鍾　變宮尺字	半大呂　清變宮高尺字
半太簇　少宮工字	半夾鍾　清少宮高工字
半姑洗　少商凡字	半仲呂　清少商高凡字

黃鍾同形管聲　同形管周徑積分表繁，詳正義，不列。

八倍黃鍾之管	黃　鍾宮聲工字	正黃鍾之管
七倍黃鍾之管	大　呂清宮高工	黃鍾八分之七之管
六倍黃鍾之管	太　簇商聲凡字	黃鍾八分之六之管
五倍黃鍾之管	夾　鍾清商高凡	黃鍾八分之五之管
四倍黃鍾之管	姑　洗角聲六字	黃鍾八分之四卽二分之一之管

三倍半黃鍾之管	仲呂清角高六	黃鍾八分之三分半之管
三倍黃鍾之管	蕤賓變徵五字	黃鍾八分之三之管
二倍半黃鍾之管	林鍾清變徵高五	黃鍾八分之二分半之管
二倍加四分之一黃鍾之管	夷則徵聲乙字	黃鍾八分之二又加此一分之四分之一之管
二倍黃鍾之管	南呂清徵高乙	黃鍾八分之二卽四分之一之管
正加四分之三黃鍾之管	無射羽聲上字	黃鍾八分之一又加此一分之四分之三之管
正加半黃鍾之管	應鍾清羽高上	黃鍾八分之一又加此一分之四分之二之管
正加四分之一黃鍾之管	半黃鍾變宮尺字	黃鍾八分之一又加此一分之四分之一之管
正加八分之一黃鍾之管	半大呂清變宮高尺	黃鍾八分之一又加此一分之八分之一之管
正黃鍾之管	半太簇宮聲工字	黃鍾八分之一之管

樂之節奏，成於聲調，聲也者，五聲二變之七音；調也者，所以調七音而互相爲用者也。聲調之原，本自旋宮，因管律絃度七音取分之不同而旋宮異。古旋宮之法，合竹與絲並著之。自隋以來，獨以絃音發明五聲之分，律呂旋宮，遂失其傳。夫旋宮者，十二律呂皆可爲宮，立一均之主，各統七聲，而十二律呂皆可爲五聲二變也。聲調者，聲自爲聲，調自爲調，

而調又有主調、起調、轉調之異，故以轉調合旋宮言之，名爲宮調。五聲二變旋於清濁二均之一十四聲，則成九十八聲，此全音也。然調雖以宮爲主，而宮又自爲宮，調又自爲調。如宮立一均之主，而下羽之聲，又大於宮，故爲調之首，古所謂宮逐羽音是也。羽主調，宮立宮，一均七聲之位定，則當二變者不起調，而與調首音不合者亦不起調。蓋以羽起調，徵在其前，變宮居其後。二音與羽相近，得聲淆雜，而變徵爲第六音，亦與羽首音不合。此所以當二變之位，與五正聲當徵位者，俱不得起調也。至於止調，亦取本調相合，可以起調之聲終之。當二變與徵位者，亦不用焉。其立羽位調首之音，自本聲起者，卽爲本調。首音與五音爲羽，與角次相合。首音與三音爲羽，與宮又次相合，且均調相應。首音與四音爲羽，與商轉相合可出入。故本調爲一調，自宮位起者爲一調，自角位起者爲一調，自商位起者復爲一調。自羽位、宮位、角位起者爲正，自商位起者爲假借，故曰可出入，如曲中所謂與某宮某調相出入者是也。轉相合者，下羽之調首至角爲第五位，商之第三音至正羽第八音亦五位也。一均四調，七均二十八調，合清濁之一十四均，則爲五十六調。樂工度曲，七調相轉之法，四字起四爲正調，樂工轉調，皆用四字調爲準，以四乙上尺工凡六七列位，視某字當四字位者，名爲某調。一如五聲二變遞轉旋宮之法，以四字當羽位爲起調處也。乙字起四爲乙字調，上字起四爲上字調，尺字起四爲尺字調，工字起四爲工字調，凡字起四爲凡字調，合字起四爲合字調。此指笛孔言。四字調乙、凡不用，乙字調上、六不用，上字調尺、五不用，尺字調工、乙不用，工字調凡、上不用，凡字調合、尺不用，合字調五、工不用，卽如羽聲主調，當變宮、變徵聲者不用也。又四字調乙、凡不得起調，而六字亦不得起調，卽如羽聲當羽位主調，二變不得起調，而徵聲亦不得起調也。此七調之七字相轉，卽五聲二變之旋相爲宮，宮調聲字，實爲一體。析而言之，則有四科：一曰七聲定位，以五聲二變立一定之位，自下羽至正羽，共列爲八，顯明隔八相生之理，視下羽位聲字律呂，知其爲某宮之某調，視宮位聲字律呂，知其爲某調之某宮，視二變位，知某聲字、某律呂之當避。二曰旋宮主調，以五聲二變旋於七聲定位之下，亦分八位，如羽聲立下羽之下，宮聲立宮位之下，則爲宮聲立宮而羽聲主調。又如商聲立下羽之下，變徵立宮位之下，則爲變徵立宮而商聲主調。三曰和聲起調，以十二律呂兼倍半以備用，按所生之音，各隨其均序於旋宮之下，仍以調主相和之聲所起各調注本律、本呂之下，以正各調之名。如黃鍾立宮，則夷則立下羽之位以主調，倍無射、正蕤賓當二變不起調，正夷則立徵位亦不起調，故用倍夷則起調者爲正羽調，起黃鍾宮聲爲正宮，起太簇商聲爲正商，起姑洗角聲爲正角，此正宮之四調也。大呂立宮，則倍南呂立下羽之位主調，用以起調者爲淸羽調，起大呂宮聲爲淸宮，起夾鍾商聲爲淸商，起仲呂角聲爲淸角，此淸宮之四調也。其餘立宮主調，皆依此例。四曰樂音字色，以律呂簫笛所命字色，隨聲調而序其次，列於律呂之下。如黃鍾爲工字，而簫應黃鍾者爲工字，笛應黃鍾者爲五字，皆注於黃鍾本律之下，大呂爲高工字，而簫之高工、笛之高五亦皆注於大呂本律之下。其立羽位之字，卽爲主調，其立宮位之字，卽爲立宮，其當二變之位，則不用當徵位者亦不以起調。以此四科列爲表，旋宮、轉聲、主調、起調之理犁然矣。

黃鍾宮聲立宮，倍夷則下羽主調爲上字調。

七聲定位	旋宮主調	律管	簫	笛	起調
下羽	下羽	倍夷則	上	凡	正羽調
變宮	變宮	倍無射	尺	合	不起調
宮	宮	黃鍾	工	四	正宮
商	商	太簇	凡	乙	正商
角	角	姑洗	合	上	正角
變徵	變徵	蕤賓	四	尺	不起調
徵	徵	夷則	乙	工	不起調
羽	羽	無射	上	凡	同調首

大呂清宮立宮，倍南呂清下羽主調，爲高上調。

七聲定位	旋宮主調	呂管	簫	笛	起調
下羽	清下羽	倍南呂	上	凡	清羽調
變宮	清變宮	倍應鍾	尺	六	不起調
宮	清宮	大呂	工	五	清宮
商	清商	夾鍾	凡	乙	清商
角	清角	仲呂	六	上	清角
變徵	清變徵	林鍾	五	尺	不起調
徵	清徵	南呂	乙	工	不起調
羽	清羽	應鍾	上	凡	同調首

太簇商聲立宮，倍無射變宮主調，爲尺字調。

七聲定位	旋宮主調	律管	簫	笛	起調
下羽	變宮	倍無射	尺	合	變宮調
變宮	宮	黃鍾	工	四	不起調

宮	商	太簇	凡	乙	商宮
商	角	姑洗	合	上	姑洗商
角	變徵	蕤賓	四	尺	商角
變徵	徵	夷則	乙	工	不起調
徵	羽	無射	上	凡	不起調
羽	變宮	倍無射半黃鍾	尺	六	同調首

夾鍾清商立宮，倍應鍾清變宮主調，爲高尺調。

七聲定位	旋宮主調	呂管	簫	笛	起調
下羽	清變宮	倍應鍾	尺	六	清變宮調
變宮	清宮	大呂	工	五	不起調
宮	清商	夾鍾	凡	乙	清商宮
商	清角	仲呂	六	上	仲呂商
角	清變徵	林鍾	五	尺	清商角
變徵	清徵	南呂	乙	工	不起調

徵	清羽	應鍾	上	凡	不起調
羽	清變宮	倍應鍾半大呂	尺	六	同調首

姑洗角聲立宮，黃鍾宮聲主調，爲工字調。

七聲定位	旋宮主調	律管	簫	笛	起調
下羽	宮	黃鍾	工	四	宮調
變宮	商	太簇	凡	乙	不起調
宮	角	姑洗	合	上	角宮
商	變徵	蕤賓	四	尺	角商
角	徵	夷則	乙	工	夷則角
變徵	羽	無射	上	凡	不起調
徵	變宮	倍無射半黃鍾	尺	六	不起調
羽	宮	黃鍾	工	五	同調首

仲呂清角立宮，大呂清宮主調，爲高工調。

七聲定位	旋宮主調	呂管	簫	笛	起調
下羽	清宮	大呂	工	五	清宮調
變宮	清商	夾鍾	凡	乙	不起調
宮	清角	仲呂	六	上	清角宮
商	清變徵	林鍾	五	尺	清角商
角	清徵	南呂	乙	工	南呂角
變徵	清羽	應鍾	上	凡	不起調
徵	清變宮	倍應鍾半大呂	尺	六	不起調
羽	清宮	大呂	工	五	同調首

蕤賓變徵立宮，太簇商聲主調，爲凡字調。

七聲定位	旋宮主調	律管	簫	笛	起調
下羽	商	太簇	凡	乙	商調
變宮	角	姑洗	合	上	不起調
宮	變徵	蕤賓	四	尺	變徵宮

商	徵	夷則	乙	工	變徵商
角	羽	無射	上	凡	變徵角
變徵	變宮	倍無射半黃鍾	尺	六	不起調
徵	宮	黃鍾	工	五	不起調
羽	商	太簇	凡	乙	同調首

林鍾清變徵立宮，夾鍾清商主調，爲高凡調。

七聲定位	旋宮主調	呂管	簫	笛	起調
下羽	清商	夾鍾	凡	乙	清商調
變宮	清角	仲呂	六	上	不起調
宮	清變徵	林鍾	五	尺	清變徵宮
商	清徵	南呂	乙	工	清變徵商
角	清羽	應鍾	上	凡	清變徵角
變徵	清變宮	倍應鍾半大呂	尺	六	不起調
徵	清宮	大呂	工	五	不起調

羽	清商	夾鍾	凡	乙	同調首

夷則徵聲立宮，姑洗角聲主調，爲合字調。

七聲定位	旋宮主調	律管	簫	笛	起調
下羽	角	姑洗	合	上	角調
變宮	變徵	蕤賓	四	尺	不起調
宮	徵	夷則	乙	工	徵宮
商	羽	無射	上	凡	徵商
角	變宮	倍無射半黃鍾	尺	六	徵角
變徵	宮	黃鍾	工	五	不起調
徵	商	太簇	凡	乙	不起調
羽	角	姑洗	六	上	同調首

南呂清徵立宮，仲呂清角主調，爲高六調。

七聲定位	旋宮主調	呂管	簫	笛	起調

下羽	清角	仲呂	六	上	清角調
變宮	清變徵	林鍾	五	尺	不起調
宮	清徵	南呂	乙	工	清徵宮
商	清羽	應鍾	上	凡	清徵商
角	清變宮	倍應鍾半大呂	尺	六	清徵角
變徵	清宮	大呂	工	五	不起調
徵	清商	夾鍾	凡	乙	不起調
羽	清角	仲呂	六	上	同調首

無射羽聲立宮，蕤賓變徵主調，爲四字調。

七聲定位	旋宮主調	律管	簫	笛	起調
下羽	變徵	蕤賓	四	尺	變徵調
變宮	徵	夷則	乙	工	不起調
宮	羽	無射	上	凡	羽宮
商	變宮	倍無射半黃鍾	尺	六	羽商

角	宮	黃鍾	工	五	羽角
變徵	商	太簇	凡	乙	不起調
徵	角	姑洗	六	上	不起調
羽	變徵	蕤賓	五	尺	同調首

應鍾清羽立宮，林鍾清變徵主調，爲高五調。

七聲定位	旋宮主調	呂管	簫	笛	起調
下羽	清變徵	林鍾	五	尺	清變徵調
變宮	清徵	南呂	乙	工	不起調
宮	清羽	應鍾	上	凡	清羽宮
商	清變宮	倍應鍾半大呂	尺	六	清羽商
角	清宮	大呂	工	五	清羽角
變徵	清商	夾鍾	凡	乙	不起調
徵	清角	仲呂	六	上	不起調
羽	清變徵	林鍾	五	尺	同調首

倍無射變宮立宮，夷則徵聲主調，爲乙字調。

七聲定位	旋宮主調	律管	簫	笛	起調
下羽	徵	夷則	乙	工	徵調
變宮	羽	無射	上	凡	不起調
宮	變宮	倍無射半黃鍾	尺	六	變宮宮
商	宮	黃鍾	工	五	變宮商
角	商	太簇	凡	乙	變宮角
變徵	角	姑洗	六	上	不起調
徵	變徵	蕤賓	五	尺	不起調
羽	徵	夷則	乙	工	同調首

倍應鍾清變宮立宮，南呂清徵主調，爲高乙調。

七聲定位	旋宮主調	呂管	簫	笛	起調
下羽	清徵	南呂	乙	工	清徵調

變宮	清羽	應鍾	上	凡	不起調
宮	清變宮	倍應鍾半大呂	尺	六	清變宮宮
商	清宮	大呂	工	五	清變宮商
角	清商	夾鍾	凡	乙	清變宮角
變徵	清角	仲呂	六	上	不起調
徵	清變徵	林鍾	五	尺	不起調
羽	清徵	南呂	乙	工	同調首

絃音合律呂立論者，始自淮南子，淮南本之管子，管子曰：「凡將起五音凡首，先主一而三之，四開以合九九，以是生黃鍾小素之首以成宮。三分而益之以一，爲百有八爲徵，不無有三分而去其乘適足，以是生商；有三分而復於其所，以是成羽；有三分去其乘適足，以是成角。」夫審絃音，無論某絃之全分，定爲首音，因而半之，平分爲二。其聲旣與首音相合而爲第八音矣，次以首音之全分，因而四之，去其一分而用其三分，其聲應於全分首音之第四音。此度乃全分首音與半分八音之間，又平分爲二分之度。是卽管子所謂「凡將起五音凡首，先主一而三之，四開以合九九」者也。先主一而三之者，以全分首音一分度爲主，而以三

因之，其數大於全分爲三倍也。四開以合九九者，以三倍全分之數，四分而取其一，以合九九八十一之度，爲宮聲之分也。小素云者，素，白練，乃熟絲，卽小絃之謂，言此度之聲立爲宮位，其小於此絃之他絃，皆以是爲主，故曰以是生黃鍾小素之首以成宮也。以八十一三分益一爲百有八爲徵，乃此絃首音全分之度，此宮絃上生下徵之數。於是以百有八，三分去一，爲七十二，是爲商。商七十二，三分益一，爲九十六，是爲羽。羽九十六，三分去一，爲六十四，是爲角。司馬氏律書：徵羽之數小於宮，而管子徵羽之數大於宮者，用徵羽之倍數，所謂下徵、下羽也。首絃起於下徵，卽白虎通絃音尙徵之義。今由三分損益之法詳推其數，黃鍾正徵上生皆得七十二，爲正商；正商上生得九十六，爲下羽；下生得四十八，爲正羽；下羽、正羽皆得六十四，爲正角；正角上生得八十五，小餘三三。爲下於宮音之變宮；下生得四十二，小餘六六。爲高於羽音之變宮；下於宮音之變宮，高於羽音之變宮，皆得五十六，小餘八八。爲變徵：是爲濁均。變徵上生得七十五，小餘八五。爲清宮；清宮上生得一百有一，小餘一三。爲清下徵；下生得五十，小餘五六。爲清徵；清下徵清徵皆得六十七，小餘四二。爲清商；清商上生得八十九，小餘八九。爲清下羽；下生得四十四，小餘九四。爲清羽；清下羽、清羽皆得五十九，小餘九三。爲清角；清角上生得七十九，小餘九一。爲下於清宮之清變宮；下生得三十九，小餘三三。爲高於清羽之清變宮；下於清宮之清變宮、高於清羽之清變宮皆得五十三，小餘二七。爲清變徵：是爲清均。凡宮至商，商至角，角至變徵，徵至羽，羽至變宮，皆得全分，而變徵至徵，變宮至宮，則祇半分。管子起音篇，司馬氏律書皆五聲之正，淮南子始載二變之數，但不當以十二律呂名之。尤足取者，則二變之度分，與二變之比於正音，一爲和、一爲謬之說也。所謂應鍾，卽絃音之變宮度也，所謂蕤賓，卽絃音之變徵度也。絃音變宮之在下徵第一絃爲第三音，居第三位，卽如宮絃之角聲第三位，音雖不同，而分則恰值正聲之度，故曰姑洗生應鍾，比於正音爲和也。變徵之在下徵第一絃爲第七音，居第七位，卽如宮絃之變宮第七位，音亦不同，而分則皆爲變聲之度，故曰應鍾生蕤賓，不比正音爲繆也。五聲二變之清濁，定絃音各分之等差，今列於表：

首絃首音起於下徵，全度一百八分。二音下羽，得全度一百八分之九十六。三音變宮，得全度一百八分之八十五。小餘三三。四音正宮，得全度一百八分之八十一。五音正商，得全度一百八分之七十二。六音正角，得全度一百八分之六十四。七音變徵，得全度一百八分之五十六。小餘八八。八音正徵，得全度一百八分之半。爲五十四。

首絃首音起淸下徵，全度一百一分。小餘一三。二音清下羽，得全度一百一分之八十九。小餘八九。三音清變宮，得全度一百一分之七十九。小餘九一。四音清宮，得全度一百一分之七十五。小餘八五。五音清商，得全度一百一分之六十七。小餘四二。六音清角，得全度一百一分之五十九。小餘九三。七音清變徵，得全度一百一分之五十三。小餘二七。八音清徵，得全度一百一分之半。爲五十，小餘五六。

二絃首音起於下羽，全度九十六分。二音變宮，得全度九十六分之八十五。小餘三三。三音正宮，得全度九十六分之八十一。四音正商，得全度九十六分之七十二。五音正角，得全度九十六分之六十四。六音變徵，得全度九十六分之五十六。小餘八八。七音正徵，得全度九十六分之五十四。八音正羽，得全度九十六分之半。爲四十八。

二絃首音起清下羽，全度八十九分。小餘八九。二音清變宮，得全度八十九分之七十九。小餘九一。三音清宮，得全度八十九分之七十五。小餘八五。四音清商，得全度八十九分之六十七。小餘四二。五音清角，得全度八十九分之五十九。小餘九三。六音清變徵，得全度八十九分之五十三。小餘二七。七音清徵，得全度八十九分之五十。小餘五六。八音清羽，得全度八十九分之半。爲四十四，小餘九四。

三絃首音起於變宮，全度八十五分。小餘三三。二音正宮，得全度八十五分之八十一。三音正商，得全度八十五分之七十二。四音正角，得全度八十五分之六十四。五音變徵，得全度八十五分之五十六。小餘八八。六音正徵，得全度八十五分之五十四。七音正羽，得全度八十五分之四十八。八音少變宮，得全度八十五分之半。爲四十二，小餘六六。

三絃首音起清變宮，全度七十九分。小餘九一。二音清宮，得全度七十九分之七十五。小餘八五。三音清商，得全度七十九分之六十七。小餘四二。四音清角，得全度七十九分之五十九。小餘九三。五音清變徵，得全度七十九分之五十三。小餘二七。六音清徵，得全度七十九分之五十。小餘五六。七音清羽，得全度七十九分之四十四。小餘九四。八音清少變宮，得全度七十九分之半。爲三十九，小餘九五。

四絃首音起於正宮，全度八十一分。二音正商，得全度八十一分之七十二。三音正角，得全度八十一分之六十四。四音變徵，得全度八十一分之五十六。小餘八八。五音正徵，得全度八十一分之五十四。六音正羽，得全度八十一分之四十八。七音少變宮，得全度八十一分之四十二。小餘六六。八音少宮，得全度八十一分之半。爲四十，小餘五。

四絃首音起於清宮，全度七十五分。小餘八五。二音清商，得全度七十五分之六十七。小餘四二。三音清角，得全度七十五分之五十九。小餘九三。四音清變徵，得全度七十五分之五十三。小餘二七。五音清徵，得全度七十五分之五十。小餘五六。六音清羽，得全度七十五分之四十四。小餘九四。七音清少變宮，得全度七十五分之三十九。小餘九五。八音清少宮，得全度七十五分之半。爲三十七，小餘九二。

五絃首音起於正商，全度七十二分。二音正角，得全度七十二分之六十四。三音變徵，得全度七十二分之五十六。小餘八八。四音正徵，得全度七十二分之五十四。五音正羽，得全度七十二分之四十八。六音少變宮，得全度七十二分之四十二。小餘六六。七音少宮，得全度七十二分之四十。小餘五。八音少商，得全度七十二分之半。爲三十六。

五絃首音起於清商，全度六十七分。小餘四二。二音清角，得全度六十七分之五十九。小餘九三。三音清變徵，得全度六十七分之五十三。小餘二七。四音清徵，得全度六十七分之五十。小餘五六。五音清羽，得全度六十七分之四十四。小餘九四。六音清少變宮，得全度六十七分之三十九。小餘九五。七音清少宮，得全度六十七分之三十七。小餘九二。八音清少商，得全度六十七分之半。爲三十三，小餘七一。

六絃首音起於正角，全度六十四分。二音變徵，得全度六十四分之五十六。小餘八八。三音正徵，得全度六十四分之五十四。四音正羽，得全度六十四分之四十八。五音少變宮，得全度六十四分之四十二。小餘六六。六音少宮，得全度六十四分之四十。小餘五。七音少商，得全度六十四分之三十六。八音少角，得全度六十四分之半。爲三十二。

六絃首音起於清角，全度五十九分。小餘九三。二音清變徵，得全度五十九分之五十三。小餘二七。三音清徵，得全度五十九分之五十。小餘五六。四音清羽，得全度五十九分之四十四。小餘九四。五音清少變宮，得全度五十九分之三十九。小餘九五。六音清少宮，得全度五十九分之三十七。小餘九二。七音清少商，得全度五十九分之三十三。小餘七一。八音清少角，得全度五十九分之半。為二十九，小餘九六。

七絃首音起於變徵，全度五十六分。小餘八八。二音正徵，得全度五十六分之五十四。三音正羽，得全度五十六分之四十八。四音少變宮，得全度五十六分之四十二。小餘六六。五音少宮，得全度五十六分之四十。小餘五。六音少商，得全度五十六分之三十六。七音少角，得全度五十六分之三十二。八音少變徵，得全度五十六分之半。為二十八，小餘四四。

七絃首音起於清變徵，全度五十三分。小餘二七。二音清徵，得全度五十三分之五十。小餘五六。三音清羽，得全度五十三分之四十四。小餘九四。四音清少變宮，得全度五十三分之三十七。小餘九五。五音清少宮，得全度五十三分之三十七。小餘九二。六音清少商，得全度五十三分之三十三。小餘七一。七音清少角，得全度五十三分之二十九。小餘九六。八音清少變徵，得全度五十三分之半。為二十六，小餘六三。

絃音旋宮轉調，其要有四：一，定絃音應某律呂聲字，卽得某絃度分。如倍無射之律變宮合字定絃，則得徵絃之分；黃鍾之律宮聲四字定絃，則得羽絃之分；太簇之律商聲乙字定絃，則得變宮絃之分；姑洗之律角聲上字定絃，則得宮絃之分；蕤賓之律變徵尺字定絃，則得商絃之分；夷則之律徵聲宮字定絃，則得羽絃之分；無射之律羽聲凡字定絃，則得變徵絃之分。此陽律一均七聲定絃之正分也。陰呂定絃七聲之分亦如之。

一，絃音轉調不能依次遞遷，必以宮調爲準，故七聲因之而變。如琴之正調爲宮調，其商調以七絃遞高一音，但六絃、七絃太急易，或變宮調以七絃遞下一音，則一絃、二絃又慢不成聲，故宮調七絃立準，轉調則七絃内有更者，有不更者，有宜緊者，有宜慢者，絃之轉移間，宮調旋焉。如一絃、三絃、六絃俱慢下管律一音，在絃度爲半分，而餘絃不移，卽轉爲商調。蓋正宮調一絃、六絃定倍無射之律；變宮合字得徵絃分者，下爲倍夷則之律；羽聲凡字轉角絃之分，三絃定姑洗之律；角聲上字得宮絃分者，下爲太簇之律，商聲乙字轉羽絃之分，其二絃、四絃、五絃、七絃不移者，仍應本律。但二絃、七絃原得羽絃分者，轉爲徵絃之分；四絃原得商絃分者，轉爲宮絃之分；五絃原得角絃分者，轉爲商絃之分。其倍無射之律，變宮合字爲徵絃分者，轉變徵應於倍應鍾之呂，清變宮高六，應姑洗之律；角聲上字爲宮絃分者，轉變宮應於仲呂之呂，清角高上，此二分當二變不用。因三絃定太簇之律，商聲乙字得羽絃之分以起調，四絃原得商絃之分者，轉爲宮絃之分以立宮，故曰商調。如二絃、四絃、五絃、七絃俱緊上管律半音，在絃度亦爲半分，而餘絃不移，卽轉爲角調。蓋正宮調二絃、七絃定黃鍾之律，宮聲四字得羽絃分者，上爲大呂之呂，清宮高五轉徵絃之分。四絃定蕤賓之律，變徵尺字得商絃分者，上爲林鍾之呂，淸變徵高尺轉宮絃之分。五絃定夷則之律，徵聲工字得角絃分者，上爲南呂之呂，淸徵高工轉商絃之分。其一絃、三絃、六絃不移，仍應本律，但一絃、六絃轉爲角分，三絃轉爲羽分，而轉變徵、變宮者不用。因三絃應姑洗之律，角聲上字得羽絃之分以起調，四絃原得商絃之分者，上爲角絃之分，轉宮絃之分以立宮，故曰角調。如獨緊五絃管律半音，在絃度亦爲半分，卽轉爲變徵調。四絃應蕤賓之律，變徵尺字得羽絃之分以起調。五絃原得角絃之分者，上爲變徵之分，轉爲宮絃之分以立宮，故曰變徵調。如獨慢三絃管律一音，在絃度爲半分，卽轉爲徵調。因五絃應夷則之律，徵聲工字得羽絃之分以起調，一絃、六絃原得徵絃之分者，轉爲宮絃之分以立宮，故曰徵調。如以一絃、三絃、六絃慢下管律一音，四絃慢下管律半音，在絃度俱爲半分，卽轉爲羽調，因一絃、六絃應倍夷則之律，羽聲凡字得羽絃之分以起調，二絃、七絃原得羽絃分者，上爲變宮之分，轉宮絃之分以立宮，故曰變宮調也。

一，絃音諸調雖無二變，而定絃取音，必審二變之聲，必計二變之分。如陽律一均，卽徵絃七聲之分言之，散聲爲全分首音，其二音與羽絃應者爲羽分，三音與變宮絃應者爲變宮分，至七音與變徵絃應者爲變徵分，八音仍與全絃應，故爲旋於首音。其各分與各絃相應者，亦自與各律相應。計其分，則首音徵至二音羽，三音羽至三音變宮，皆得全分。三音變宮至四音宮，祇得半分。四音宮至五音商，五音商至六音角，六音角至七音變徵，皆得全分。七音變徵至八音徵，亦得半分。以宮絃七聲之分言之，散聲爲全半首音，其二音與商絃應者爲商分，與角絃應者爲角分，三至七音與變宮絃應者爲變宮分，八音仍與全絃應。而四音變徵至五音徵，七音變宮至八音宮，皆祇半分。蓋太簇商聲乙字所應之絃分至姑洗角聲上字所應之絃分，與無射羽聲凡字所應之絃分至半黄鍾變宮合字所應之絃分，其間必爲半分，故各絃七聲之分不移，而所應聲律有間雜之別。各分全半之間，宮調旋焉。以宮調七絃爲準，據每調徵絃七聲言之，商調之徵，乃宮調之羽轉而爲徵分者也。宮絃之羽，全絃首音爲羽，其變宮變徵在二音、六音，是二音至三音，六音至七音，爲半分也。今全絃轉爲徵，則變宮、變徵在三音、七音，是三音至四音，七音至八音，爲半分矣。故全絃定黄鍾之律宮聲四字者不移，二音卽應太簇之律商聲乙字，其間得全分三音。若取姑洗之律角聲上字，則二音至三音爲半分，仍與宮調之羽同，是以必取仲呂之呂淸角高上，其間絃度始得全分，其四音仍應蕤賓之律變徵尺字。蓋太簇乙字至姑洗上字爲半分，加仲呂高上之半分，得一全分，而仲呂高上至蕤賓尺字爲半分，此所以二音至三音得全分，爲羽至變宮，而三音至四音爲半分，乃變宮至宮分也。五音仍應夷則之律徵聲工字，六音仍應無射之律羽聲凡字，此四音至五音，五音至六音，亦得全分。至七音若取半黄鍾之律變宮合字，則六音至七音爲半分，亦與宮調之羽同，必取半大呂之呂清變宮高六，其間絃度始得全分，其八音仍與首音同應黃鍾之律宮聲四字。蓋無射凡字至半黃鍾合字爲半分，加半大呂高六之半分，得一全分，而半大呂高六至黃鍾四字爲半分，此所以六音至七音得全分，爲角至變徵，而七音至八音爲半分，乃變徵至徵分也。角調之徵，乃宮調之變宮與清宮調之羽相雜而爲徵分者也。宮調之變宮全絃首音卽變宮，而變徵在五音，是首音至二音，五音至六音，爲半分也。清商調之羽全絃首音爲清羽，其清變宮、清變徵在二音、六音，是又二音至三音，六音至七音，爲半分也。今全絃轉爲徵，則三音至四音，七音至八音，爲半分矣。首音若仍定太簇之律商聲乙字，則首音徵至二音羽所得全分，必當取於仲呂之呂清角高上，其本調羽絃，則亦應仲呂之呂清角高上，是清角調非正角調矣。因取姑洗之律角聲上字爲正角調，故起調於羽絃者，必取姑洗正角聲，而徵絃羽分亦當應姑洗之律。是以角調徵絃散聲首音，反比正宮調變宮絃之散聲首音下半音，取清宮調之羽絃散聲，大呂之呂清宮高五，其分始合，蓋因本調羽聲得正角之律故也。二音應姑洗之律角聲上字爲羽分，三音應蕤賓之律變徵尺字爲變宮分，四音應林鍾之呂清變徵高尺爲宮分，五音應南呂之呂清徵高工爲商分，六音應半黃鍾之律正變宮六字爲角分，七音應黃鍾之律正宮四字爲變徵分，八音仍應大呂之呂清宮高五，是則三音蕤賓至四音林鍾爲半分，七音黃鍾至八音大呂爲半分，正爲本調徵絃之變宮至宮，變徵至徵之二半分也。變徵調之徵，乃宮調之宮轉而爲徵分者也。宮調之宮，變徵、變宮在四音、七音，是四音至五音，七音至八音，爲半分也。今全絃轉爲徵，則三音至四音，七音至八音，爲半分，移宮調之宮四音至五音半分，爲三音至四音半分，則四音取南呂之呂清徵高工，三音夷則至四音南呂爲半分，七音太簇至八音姑洗爲半分。徵調之徵，乃宮調之商轉而爲徵者也。宮調之商，變徵、變宮在三音、六音，是三音至四音，六音至七音，爲半分也。今全絃轉爲徵，則三音至四音，七音至八音，爲半分，移宮調之商六音至七音半分，爲七音至八音半分，則七音取仲呂之呂清角高上，三音無射至四音半黃鍾爲半分，七音仲呂至八音蕤賓爲半分。羽調之徵，乃宮調之角轉而爲徵分者也。宮調之角，變徵、變宮在六音、五音，是二音至三音，五音至六音，爲半分也。今全絃轉爲徵，則三音至四音，七音至八音，爲半分也。移宮調之商二音至三音半分、五音至六音半分，爲三音至四音半分、七音至八音半分，則三音取半大呂之呂清變宮高五，六音取仲呂之呂清角高上，七音取林鍾之呂清變徵高尺，三音半大呂至四音黃鍾爲半分，七音林鍾至八音夷則爲半分。變宮調之徵，乃宮調之變徵與清宮調之角相雜而爲徵分者也。宮調之變徵、變宮在首音四音，是首音至二音，四音至五音，爲半分。清宮調之角，變徵變宮在二音、五音，是又二音至三音，五音至六音，爲半分也。今全絃轉爲徵，則三音至四音，七音至八音，爲半分。爰定南呂之呂清徵高工爲散聲首音，三音黃鍾至四音大呂爲半分，七音夷則至八音南呂爲半分，此絃音定陽律七調旋相爲用之法也。定陰呂七調立調之羽分，亦必以陰呂爲主，其各絃各分陰陽間用亦如之。

一，絃音諸調，惟宮與商徵得與律呂相和爲用，宮調各絃之七聲，皆應陽律一均。二變七聲之分亦然。清宮調各絃七聲及二變七聲之分，皆應陰呂一均，此絃音宮調所以得與律呂相和。商調各絃之五正聲，皆應陽律，惟二變聲轉陰呂，清商調亦惟二變雜入陽律，此商調五正聲所以得與律呂相和。徵調各絃之五正聲變宮聲皆應陽律，惟變徵一聲取陰呂，清徵調亦惟變徵一聲雜入陽律，此又徵調五正聲變宮聲得與律呂相和也。至角調五正聲內，徵絃、宮絃、商絃皆應陰呂，而二變反得陽律。且商聲乙字、羽聲凡字，各絃各分皆不得用，遺此二聲字與宮調同，清角聲五聲二變陰陽相雜亦然。是角調不可與律呂相和，變徵調五正聲內宮絃應陰呂，二變亦得陽律，羽聲凡字各絃各分皆不得用，清變徵調亦宮絃雜入陽律，是變徵調不可與律呂相和，然祗借一音，卽與宮調聲字爲同，較角調則爲正也。羽調五正聲內角絃應陰呂，二變應陰呂，清羽調角絃二變應陽律，是雖不可與律呂相和，然據絃音猶爲七聲俱備之一調。變宮調五正聲內徵絃宮絃皆應陰呂，而二變反得陽律。且商聲乙字、羽聲凡字，各絃各分皆不得用，遺此二聲字與角調同，清變宮五聲二變陰陽相雜亦然，是亦不可與律呂相和也。

宮調

徵　一絃，　定倍無射之律，　變宮合字，　得下徵之分。

羽　二絃，　定黃鍾之律，　宮聲四字，　得下羽之分。

　　　　　應太簇之律，　商聲乙字，　爲變宮之分。

宮　三絃，　定姑洗之律，　角聲上字，　得宮絃之分。

商　四絃，　定蕤賓之律，　變徵尺字，　得商絃之分。

角　五絃，　定夷則之律，　徵聲工字，　得角絃之分。

　　　　　應無射之律，　羽聲凡字，　爲變徵之分。

徵　六絃，　定半黃鍾之律，　變宮六字，　得徵絃之分。

羽　七絃，　定半太簇之律，　宮聲五字，　得羽絃之分。

清宮調

徵　一絃，　定倍應鍾之呂，　清變宮高六，　得下徵之分。

羽　二絃，　定大呂之呂，　清宮高五，　得下羽之分。

應夾鍾之呂，清商高乙，爲變宮之分。

宮　三絃，定仲呂之呂，清角高上，得宮絃之分。

商　四絃，定林鍾之呂，清變徵高尺，得商絃之分。

角　五絃，定南呂之呂，清徵高工，得角絃之分。

應應鍾之呂，清羽高凡，爲變徵之分。

徵　六絃，定半大呂之呂，清變宮高六，得徵絃之分。

羽　七絃，定半夾鍾之呂，清宮高五，得羽絃之分。

商調

角慢　一絃，定倍夷則之律，下羽凡字，得變徵之分，轉角絃之分。

應倍無射之律，得倍應鍾之呂，變宮合字，清變宮高六，爲下徵之分，轉變徵之分。

徵　二絃，定黃鍾之律，宮聲四字，得下羽之分，轉徵絃之分。

羽慢　三絃，定太簇之律，商聲乙字，得變宮之分，轉羽絃之分。

應姑洗之律，得仲呂之呂，角聲上字，清角高上，爲宮絃之分，轉變宮之分。

宮　四絃，定蕤賓之律，變徵尺字，得商絃之分，轉宮絃之分。

商　五絃，定夷則之律，徵聲工字，得角絃之分，轉商絃之分。

角慢 六絃，定無射之律，羽聲凡字，得變徵之分，轉角絃之分。

應半黃鍾之律，得半大呂之呂，變宮六字，清變宮高六，爲徵絃之分，轉變絃之分。

徵 七絃，定半太簇之律，宮聲五字，得羽絃之分，轉徵絃之分。

清商調

角慢 一絃，定倍南呂之呂，清下羽高凡，得變徵之分，轉角絃之分。

應倍應鍾之呂，得黃鍾之律，清變宮高六，宮聲四字，爲下徵之分，轉變徵之分。

徵 二絃，定大呂之呂，清宮高五，得下羽之分，轉徵絃之分。

羽慢 三絃，定夾鍾之呂，清商高乙，得變宮之分，轉羽絃之分。

應仲呂之呂，得蕤賓之律，清角高上，變徵尺字，爲宮絃之分，轉變宮之分。

宮 四絃，定林鍾之呂，清變徵高尺，得商絃之分，轉宮絃之分。

商 五絃，定南呂之呂，清徵高工，得角絃之分，轉商絃之分。

角慢 六絃，定應鍾之呂，清羽高凡，得變徵之分，轉角絃之分。

應半大呂之呂，得半太簇之律，清變宮高六，宮聲五字，爲下徵之分，轉變徵之分。

徵 七絃，定半夾鍾之呂，清宮高五，得羽絃之分，轉徵絃之分。

角調

角　一絃，定倍無射之律，變宮合字，得下徵之分，轉角絃之分。

應黃鍾之律，宮聲四字，爲下羽之分，轉變徵之分。

徵緊二絃，應太簇之律，得大呂之呂，商聲乙字，清宮高五，得變宮之分，轉徵絃之分。

羽　三絃，定姑洗之律，角聲上字，得宮絃之分，轉羽絃之分。

應蕤賓之律，變徵尺字，爲商絃之分，轉變宮之分。

宮緊四絃，應夷則之律，得林鍾之呂，徵聲工字，清變徵高尺，得角絃之分，轉宮絃之分。

商緊五絃，應無射之律，得南呂之呂，羽聲凡字，清徵高工，得變徵之分，轉商絃之分。

角　六絃，定半黃鍾之律，變宮六字，得徵絃之分，轉角絃之分。

應半太簇之律，宮聲五字，爲羽絃之分，轉變徵之分。

徵緊七絃，應半姑洗之律，得半夾鍾之呂，商聲乙字，清宮高五，得變宮之分，轉徵絃之分。

清角調

角　一絃，定倍應鍾之呂，清變宮高六，得下徵之分，轉角絃之分。

應大呂之呂，清宮高五，爲下羽之分，轉變徵之分。

徵緊二絃，應夾鍾之呂，得太簇之律，清商高乙，商聲乙字，得變宮之分，轉徵絃之分。

羽　三絃，定仲呂之呂，清角高上，得宮絃之分，轉羽絃之分。

應林鍾之呂，清變徵高尺，爲商絃之分，轉變宮之分。
宮緊四絃，應南呂之呂，得夷則之律，清徵高工，徵聲工字，得角絃之分，轉宮絃之分。
商緊五絃，應應鍾之呂，得無射之律，清羽高凡，羽聲凡字，得變徵之分，轉商絃之分。
角六絃，定半大呂之呂，清變宮高六，得徵絃之分，轉角絃之分。
應半夾鍾之呂，清宮高五，爲羽絃之分，轉變徵之分。
徵緊七絃，應半仲呂之呂，得半姑洗之律，清商高乙，商聲乙字，得變宮之分，轉徵絃之分。

變徵調

商一絃，定倍無射之律，變宮合字，得下徵之分，轉商絃之分。
角二絃，定黃鍾之律，宮聲四字，得下羽之分，轉角絃之分。
應太簇之律，商聲乙字，爲變宮之分，轉變徵之分。
徵三絃，定姑洗之律，角聲上字，得宮絃之分，轉徵絃之分。
羽四絃，定蕤賓之律，變徵尺字，得商絃之分，轉羽絃之分。
應夷則之律，徵聲工字，爲角絃之分，轉變宮之分。
宮緊五絃，應無射之律，得南呂之呂，羽聲凡字，清徵高工，得變徵之分，轉宮絃之分。
商六絃，定半黃鍾之律，變宮六字，得徵絃之分，轉商絃之分。

角　七絃，　定半太簇之律，　宮聲五字，　得羽絃之分，轉角絃之分。

清變徵調

商　一絃，　定倍應鍾之呂，　清變宮高六，　得下徵之分，轉商絃之分。

角　二絃，　定大呂之呂，　清宮高五，　得下羽之分，轉角絃之分。

應夾鍾之呂，　清商高乙，　爲變宮之分，轉變徵之分。

徵　三絃，　定仲呂之呂，　清角高上，　得宮絃之分，轉徵絃之分。

羽　四絃，　定林鍾之呂，　清變徵高尺，　得商絃之分，轉羽絃之分。

應南呂之呂，　清徵高工，　爲角絃之分，轉變宮之分。

宮緊　五絃，　應應鍾之呂，得無射之律，　清羽高凡，羽聲凡字，　得變徵之分，轉宮絃之分。

商　六絃，　定半大呂之呂，　清變宮高六，　得徵絃之分，轉商絃之分。

角　七絃，　定半夾鍾之呂，　清宮高五，　得羽絃之分，轉角絃之分。

徵調

宮　一絃，　定倍無射之律，　變宮合字，　得下徵之分，轉宮絃之分。

商　二絃，　定黃鍾之律，　宮聲四字，　得下羽之分，轉商絃之分。

角慢　三絃，　定太簇之律，　商聲乙字，　得變宮之分，轉角絃之分。

應姑洗之律，得仲呂之呂，角聲上字，清角高上，爲宮絃之分，轉變徵之分。

徵　四絃，定蕤賓之律，變徵尺字，得商絃之分，轉徵絃之分。

羽　五絃，定夷則之律，徵聲工字，得角絃之分，轉羽絃之分。

應無射之律，羽聲凡字，爲變徵之分，轉變宮之分。

宮　六絃，定半黃鍾之律，變宮六字，得徵絃之分，轉宮絃之分。

商　七絃，定半太簇之律，宮聲五字，得下羽之分，轉商絃之分。

清徵調

宮　一絃，定倍應鍾之呂，清變宮高六，得下徵之分，轉宮絃之分。

商　二絃，定大呂之呂，清宮高五，得下羽之分，轉商絃之分。

角慢　三絃，定夾鍾之呂，清商高乙，得變宮之分，轉角絃之分。

應仲呂之呂，得蕤賓之律，清角高上，變徵尺字，爲宮絃之分，轉變徵之分。

徵　四絃，定林鍾之呂，清變徵高尺，得商絃之分，轉徵絃之分。

羽　五絃，定南呂之呂，清徵高工，得角絃之分，轉羽絃之分。

應應鍾之呂，清羽高凡，爲變徵之分，轉變宮之分。

宮　六絃，定半大呂之呂，清變宮高六，得徵絃之分，轉宮絃之分。

商　七絃，定半夾鍾之呂，清宮高五，得下羽之分，轉商絃之分。

羽調

羽慢一絃，定倍夷則之律，下羽凡字，得變徵之分，轉下羽之分。

應倍無射之律，得倍應鍾之呂，變宮合字，清變宮高六，爲下徵之分，轉變宮之分。

宮　二絃，定黃鍾之律，宮聲四字，得下羽之分，轉宮絃之分。

商慢三絃，定太簇之律，商聲乙字，得變宮之分，轉商絃之分。

角慢四絃，應姑洗之律，得仲呂之呂，角聲上字，清角高上，得宮絃之分，轉角絃之分。

應蕤賓之律，得林鍾之呂，變徵尺字，清變徵高尺，爲商絃之分，轉變徵之分。

徵　五絃，定夷則之呂，徵聲工字，得角絃之分，轉徵絃之分。

羽慢六絃，定無射之律，羽聲凡字，得變徵之分，轉羽絃之分。

應半黃鍾之律，得半大呂之呂，變宮六字，清變宮高六，爲徵絃之分，轉變宮之分。

宮　七絃，定半太簇之律，宮聲五字，得下羽之分，轉宮絃之分。

清羽調

羽慢一絃，定倍南呂之呂，清下羽高凡，得變徵之分，轉下羽之分。

應倍應鍾之呂，得黃鍾之律，清變宮高六，宮聲四字，爲下徵之分，轉變宮之分。

宮　二絃，定大呂之呂，清宮高五，得下羽之分，轉宮絃之分。

商慢　三絃，定夾鍾之呂，清商高乙，得變絃之分，轉商絃之分。

角慢　四絃，應仲呂之呂，得蕤賓之律，清角高上，變徵尺字，得宮絃之分，轉角絃之分。

應林鍾之呂，得夷則之律，清變徵高尺，徵聲工字，爲商絃之分，轉變徵之分。

徵　五絃，定南呂之呂，清徵高工，得角絃之分，轉徵絃之分。

羽慢　六絃，定應鍾之呂，清羽高凡，得變徵之分，轉羽絃之分。

應半大呂之呂，得半太簇之律，清變宮高六，宮聲四字，爲下徵之分，轉變宮之分。

宮　七絃，定半夾鍾之呂，清宮高五，得下羽之分，轉宮絃之分。

變宮調

羽　一絃，定倍無射之律，變宮合字，得下徵之分，轉下羽之分。

應黃鍾之律，宮聲四字，爲下羽之分，轉變宮之分。

宮緊　二絃，應太簇之律，得大呂之呂，商聲乙字，清宮高五，得變宮之分，轉宮絃之分。

商　三絃，定姑洗之律，角聲上字，得宮絃之分，轉商絃之分。

角　四絃，定蕤賓之律，變徵尺字，得商絃之分，轉角絃之分。

應夷則之律，徵聲工字，爲角絃之分，轉變徵之分。

徵緊五絃，應無射之律，得南呂之呂，羽聲凡字，清徵高工，得變徵之分，轉徵絃之分。

羽　六絃，定半黃鍾之律，變宮六字，得徵絃之分，轉羽絃之分。

應半太簇之律，宮聲五字，爲羽絃之分，轉變宮之分。

宮緊七絃，應半姑洗之律，得半夾鍾之呂，商聲乙字，清宮高五，得變宮之分，轉宮絃之分。

清變宮調

羽　一絃，定倍應鍾之呂，清變宮高六，得下徵之分，轉下羽之分。

應大呂之呂，清宮高五，爲下羽之分，轉變宮之分。

宮緊二絃，應夾鍾之呂，得太簇之律，清商高乙，商聲乙字，得變宮之分，轉宮絃之分。

商　三絃，定仲呂之呂，清商高上，得宮絃之分，轉商絃之分。

角　四絃，定林鍾之呂，清變徵高尺，得商絃之分，轉角絃之分。

應南呂之呂，清徵高工，爲角絃之分，轉變徵之分。

徵緊五絃，應應鍾之呂，得無射之律，清羽高凡，羽聲凡字，得變徵之分，轉徵絃之分。

羽　六絃，定半大呂之呂，清變宮高六，得徵絃之分，轉羽絃之分。

應半夾鍾之呂，清宮高五，爲羽絃之分，轉變宮之分。

宮緊七絃，應半仲呂之呂，得半姑洗之律，清商高乙，商聲乙字，得變宮之分，轉宮絃之分。

右絃音旋宮轉調，就琴絃立論，以羽絃起調爲主，故旋宮首徵黃鍾定二絃羽位爲宮調。律呂後編以七音立論，立宮爲主，黃鍾爲宮，則絃之宮分聲應黃鍾，商分應太簇，角分應姑洗，變徵分應蕤賓，徵分應夷則，羽分應無射，變宮分應半黃鍾。即倍無射。大呂爲宮，七音之分應陰呂亦然。以分言，則宮分應黃鍾者即黃鍾之分，商分即太簇之分，角分即姑洗之分，變徵分即蕤賓之分。至徵分應夷則者，則非夷則之分，而爲林鍾之分。羽分應無射者，亦非無射之分，而爲南呂之分。變宮分應半黃鍾者，非半黃鍾之分，而爲應鍾之分。大呂爲宮，變徵分則爲變林鍾之分，徵分則爲夷則之分，羽分則爲無射之分，變宮分則爲變黃鍾之分。其陰陽各七均，均各七絃，有表詳樂問，不備載。

清史稿卷九十六

志七十一

樂三

樂章一 郊廟　羣祀

圜丘九章 郊廟樂，順治元年定，乾隆十一年用舊辭重改。今以順治所製分載句中。 中和韶樂，黃鍾宮立宮，倍夷則下羽主調。

迎神始平　欽 原敬。承純祜 原祜。兮，於昭有融。時維永清兮，四海攸同。輸忱元祀兮，從律調風。穆將景福兮，迺眷微躬。淵思高厚兮，期亮天工。原恐負鴻則。聿章彝序兮，夙夜宣通。雲輧延佇 原鸞輅。兮，鸞輅空濛。原忽降中壇。翠旗紛裊兮，列缺豐隆。肅始和暢兮，恭仰蒼穹。原慶洽陶匏。百靈祗衞兮，齊明辟公。神來燕娭兮，惟帝時聰。原恭仰顥穹兮，神來燕喜。

協昭慈惠兮，逖鑒臣原予。衷。

奠玉帛景平　靈旗爰止兮，樂在懸。原奉玉筵。執事有恪兮，奉玉筵。原駿奔前。聿昭誠敬兮，駿奔前。原有美圭璧兮，薦縞纖。嘉玉量幣兮，相後先。原經緯獲理兮，耀瑚璉。來格洋洋兮，思儼然。臣原孔。忱翼翼兮，告中虔。

進俎咸平　吉蠲爲饎兮，肅豆籩。原升肴珍錯兮，列豆籩。升肴列俎兮，敢弗虔。原吉蠲爲饎兮，格乾圜。毛炰繭栗原九州美味。兮，薦膏鮮。致潔陶匏兮，香水泉。原特牲潔敬兮，苾芳筵。願隨原垂。降鑒兮，駐雲軿。錫嘉福兮，億萬斯年。

初獻壽平　玉斝肅陳兮，明光。桂漿初醞兮，信芳。臣心迪惠兮，捧觴。醴齊載德兮，馨香。靈慈徽眷兮，喬皇。勤仰止兮，斯徜徉。

亞獻嘉平　考鐘拂舞兮，再進瑤觴。翼翼昭事兮，次第肅將。睟顏容與兮，蒼几輝煌。穆穆居歆兮，和氣洋洋。生民望澤兮，仰睨玉房。滎泉瑞露兮，慶無疆。

終獻永平原雍平。　終獻兮，玉斝清。肅秬鬯兮，薦和羹。原微誠。磬管鏘鏘兮，祀孔明。原協氣升。旨酒盈盈原盈盈旨酒。兮，勿替思成。明命顧諟原尙其醉止。兮，羣福生。原懷嘉生。八龍蜿蜒兮，苞羽和鳴。

徹饌熙平　一陽復兮，協氣升。原盥薦畢兮，精白申。盥薦畢兮，精白陳。原虞燕娭分，勞帝神。旋瘞徹兮，敢逡巡。原百辟肅雍兮，傾罍尊。禮將成兮，樂欣欣。瞻九閶兮，轉洪鈞。原無二句。福施下逮兮，佑此原宜佑。人民。

送神清平 原太平。升中告成 原嘉德夙成。兮，晻靄壇場。穆思迴盼兮，靈駕洋洋。原有山河日月兮，朗耀崇深。青龍按節兮，白虎低昂。洪鈞滌蕩兮，妖孽潛消。三句。臣 原我。求時惠兮，感思馨香。原有鳴玉鏘金兮，肅若有望。紫壇截業兮，赫赫皇皇。臣乘寶曆兮，載須我輔。三句。願蒙博產兮，多士思皇。原作山岳鍾良。天施地育兮，百穀蕃昌。原不可殫究。殖我嘉師兮，正直平康。原沐浴休光。

望燎太平 原安平。隆儀告備兮，誠既將。原雷車電邁兮，飛遠揚。有虔秉火兮，炳越芳。雷車電邁兮，九龍驤。原繁會賁鏞兮，奮龍旂。紫氛四塞兮，雲旗揚。原俾爾昌兮，降肅光。蒸民蒙福兮，順五常。原富壽康。惟予小子兮，敬戒永臧。原予獲疇祉兮，萬億斯皇。

方澤八章 中和韶樂，林鍾清變徵立宮，夾鍾清商主調。

迎神中平 吉蠲兮，玉宇開。薰風兮，自南來。鳳馭紛兮，後先；岳瀆藹兮，徘徊。肅展禮兮，報功；沛靈澤兮，九垓。

奠玉帛廣平 式時 原神州。吉土兮，中壇。毖我郊兆 原時。兮，孔安。原嚴。辟公趨蹌兮，就列；原吉蠲。考鐘伐鼓兮，舞般。原肆筵。黃琮織縞兮，既奠；原陳列。靈光下燭兮，誠丹。原誠悃宜。

進俎含平原咸平。禮行樂奏原玉俎金奏。兮，未央。嘉肴有踐兮，大房。牲牷告歆兮，惟恪；民力普存兮，肅將。厚載資生兮，無外；几筵來格原俯鑒。兮，洋洋。

初獻太平原壽平。醴齊融治兮，信芳。原匏尊泛齊兮，朝踐揚。博碩升庖兮，鼎方。清風穆穆兮，休氣翔。原靈旗張。神明和樂兮，舉初觴。洽百禮兮，禋祀；罄九土兮，豐穰。

亞獻安平一茅三脊兮，縮漿。原江茅兮，縮漿。山罍雲冪兮，馨香。介黍稷兮，芳旨；再滌犧尊兮，敬將。原再展微誠兮，趨蹌。樂成八變兮，綴兆；原樂只。儼皇祇兮，悅康。

終獻時平紫壇兮，嘉氣盈。原方壇兮，豐薦盈。旨酒思柔兮，和且平。原中和平。懍茲陟降兮，心屏營。原陟降從容兮，駐雲軿。禮成三獻兮，薦玉觵。含宏光大兮，德厚；靈佑丕基兮，永清。

徹饌貞平玉俎列兮，庶品該。原尊俎畢兮，誠未虧。黃琮告徹兮，雲翔徊。原儀景暉。晏陰定兮，曦景回。原邀靈錫。南訛秩兮，日恢台。原奏薰時。肅惟昭明兮，孔邇；覃博厚奠兮，九垓。原載羣黎。

送神望瘞寧平靈旗兮，雲路遵。原雲際屯。飛龍蜿兮，高旻。原飛龍兮，逝駸駸。陰儀粹兮，德純。眘四海兮，無塵。配皇穹兮，兩大；原化宣。綏下土原綏百祿。兮，蒸民。

祈穀九章　中和韶樂，黃鍾宮立宮，倍夷則下羽主調。

迎神祈平原中平。　帝篤祜民原惟帝勤民。兮，求莫匪舒。小民何依兮，飲食惟需。原黍稷與與。莫嘉於穀兮，萬事權輿。原元日有事兮，百辟趨。爲民請命兮，豈非在予。原食咸需。日用辛兮，百辟趨。原遙瞻龍駕兮，歷紫虛。瞰將出兮，東風徐。原日臨黃道兮，東風徐。惟予小子兮，敬盥陳孚。原臣昭事兮，邉深寧居。皇皇龍駕兮，穆將愉。原願垂嘉惠兮，大有書。

奠玉帛綏平原肅平。　念茲稼穡兮，惟民天。原民天惟食兮，農事先。農用八政兮，食爲先。原粒我烝民兮，有大田。雨暘時若兮，玉燭全。原風霆流形兮，雨澤霑。粒我蒸民兮，迄用康年。原實穎實栗兮，氣化全。仰三無私兮，昭事虔。原玉帛祇奉兮，禋祀虔。奉璋承帛兮，慄若臨淵。原仰祈寰宇兮，享豐年。

進俎萬平原咸平。　鼎烹兮，苾芬。嘉薦兮，無文。升薌栗兮，惟犉。原奉雕俎兮，大武。羶薌達兮，干雲。原氣干雲。昭民力兮，普存。原昭普存兮，民力。惟明德兮，馨聞。

初獻寶平原壽平。　初獻兮，元原旨。酒盈。致純潔兮，儲精誠。原著誠致潔兮，犧尊盛。瑟黃流兮，罍承。原儼對越兮，在上。酌其中兮，外清明。原惟昭明兮，有融。儼對越兮，維清。原瑟黃流兮，玉瓚。帝心歆假兮，綏我思成。原賚嘉禎。

亞獻穰平原景平。犧原著。尊啓兮，告虔。清酤既馨原次第。兮，陳原舉。前。禮再獻兮，祠筵。原肅拜。光煜爚兮，非煙。原列瑤觴兮，秩斯筵。神悅懌兮，優然。原如在。惠我嘉生兮，大有年。原福便便。

終獻瑞平原永平。終獻兮，奉明粢。原泰尊移。苾芬嘉旨兮，清醴既釃。原圭瓚交馳。神其衎原神其醉止。兮，錫祉；禮成於三兮，陳詞。願灑餘瀝兮，沐羣黎。臣拜手兮，青墀。原望雲霓。

徹饌渥平原凝平。俎豆具陳兮，庶品宜。原齊。脟鬯昭鑒兮，荷帝慈。原舉荷昭鑒兮，靡或遺。饌告備原徹。兮，玉几；登歌洋溢兮，廢徹不遲。原式禮無違。肅微忱兮，告終事；上帝居歆兮，錫純禧。

送神滋平原清平。祗奉天威兮，弗敢康。小心翼翼兮，昭穹蒼。雲垂九天兮，露瀼瀼。翠旗羽節兮，上翺翔。原歸何鄉。臣拜下風兮，肅原意。徬徨。願沛汪澤兮，民多蓋藏。原時其雨暘。

望燎穀平原太平。印原翹。首兮，天閶。混茫一氣兮，浩無方。原邈彼雲海兮，何蒼茫。焫蕭束帛兮，薦馨香。精誠感格兮，降福穰穰。四時順序兮，百穀以昌。臣同兆姓兮，咸荷恩光。

社稷壇七章　中和韶樂，春夾鍾清商立宮，倍應鍾清變宮主調；秋南呂清徵立宮，仲呂清角主調。

迎神登平 原廣平。 媼神蕃釐兮，厚德隆。 原猗歟土穀兮，功化隆。 嘉生繁祉兮，功化同。 原蒸民立命兮，九域同。 壇壝儼肅兮，風露融。 原通。 我稷翼翼兮，黍芃芃。 原俎豆豐。 望雲駕兮，驂鸞龍。 植璧秉圭兮，冀感通。 原秉圭植璧兮，予親躬。

奠玉帛、初獻茂平 原壽平。 恪恭禋祀兮，肅且雍。 原禋祀斁牲兮，北郊同。 清酭 原酤。 既載兮，臨齋宮。 朝踐初舉兮，玉帛共。 原鑒予衷。 洋洋在上兮，鑒予衷。 原錫福洪。

亞獻育平 原嘉平。 樂具入奏兮，聲喤喤。 鬱鬯再升兮，賓八鄉。 原兕觥其觩兮，恭再揚。 厚德配地兮，佑家邦。 綏我豐年 原屢豐年。 兮，兆庶康。

終獻敦平 原雍平。 方壇北宇兮，神中央。 盈庭萬 原帗。 舞兮，帗 原時。 低昂。 酌酒 原醑。 三爵兮，桂 原綠。 醑香。 清雖舊邦 原新舊邦。 兮，命溥將。

徹饌博平 原熙平。 大房籩豆 原籩豆大房。 兮，儼成行。 歆此吉蠲兮，神迪嘗。 原猶迴翔。 廢徹不遲 原椒漿瑤席。 兮，餘芬芳。 桐生茂豫兮，百穀昌。 原黍稷非馨兮，悅且康。

送神樂平原成平。孔蓋翠旌兮，隨風颺。龍輴容與兮，指天閶。咫尺神靈兮，隔穹蒼。願流景祚兮，貺皇章。原流景祚兮，卜世昌。

望瘞徵平原成平。玉旣陳原牲玉陳。兮，延景光。禮旣洽原百禮旣洽。兮，終瘞藏。願神聽兮，時予匡。垂神佑兮，永無疆。原四海攸同兮，惠無疆。

社稷壇祈雨、報祀七章乾隆十八年定。中和韶樂，仲呂清角立宮，大呂清宮主調。初祈用夾鍾清商立宮，報南呂清徵立宮，旋改隨月用律宮譜，舉四月爲例。祈晴、報祀同。

迎神延豐　九土博厚兮，阜嘉生。方壇五色兮，祀孔明。毗力穡兮，服耕。仰甘膏兮，百穀用成。熙雲路兮，瞻翠旌。殷闓澤兮，展精誠。

奠玉帛、初獻介豐　神來格兮，宜我黍稷。兩主有邸兮，馨明德。罍尊湛湛兮，干羽飭。油雲澍雨兮，溥下國。

亞獻滋豐　奏盞明兮，申載觴。龍出泉兮，靈安翔。周寰宇兮，滂洋。載神庥兮，悦康。

終獻霈豐　帗容與兮，奮皇舞。聲遠姚兮，震靈鼓。爵三奏兮，縮桂醑。號屛來御兮，德施普。

徹饌綏豐　協笙磬兮，告吉蠲。神迪嘗兮，禮莫愆。心齋肅兮，增惕乾。咨田畯兮，其樂有年。

送神貽豐　撫懷心兮，神聿歸。蓋郅偈兮，驂虬騑。洪釐渥兮，雨祁祁。公私霑足兮，孰知所爲。

望瘞溥豐　宣祝嘏兮，列瘞繒。貺允答兮，時欽承。高原下隰兮，以莫不興。歌率育兮，慶三登。

社稷壇祈晴、報祀七章　嘉慶十一年重定。中和韶樂，仲呂清角立宮，大呂清宮主調。

迎神延和　庶彙涵育兮，陽德亨。句萌茁達兮，物向榮。方壇潔兮，展誠。迓休和兮，寰宇鏡清。祈昭格兮，瞻翠旌。沐日月兮，百寶生。

奠玉帛、初獻兆和　瑟圭瓚兮，通微合漠。神歆明德兮，鑒誠恪。昭回雲漢兮，噓槖籥。曜靈司晷兮，時暘若。

亞獻布和　申獻侑兮，奉明齍。薦馨香兮，和氣隨。神介福兮，孔綏。耀光明兮，九逵。

終獻協和　帗羽舞兮，一風敞。爵三奏兮，告成享。順年祝兮，泰階朗。元冥收陰兮，日掌賞。

徹饌雍和　籩俎徹兮，受福多。笙磬同兮，六律和。庶徵協兮，時無頗。熙樂利兮，東作南訛。

送神豐和　神聿歸兮，華蓋揚。羲和整馭兮，虬螭翔。徧臨照兮，協農祥。天淸地寧兮，黍稷豐穰。

常雩九章　乾隆七年定。　中和韶樂，黃鍾宮立宮，倍夷則下羽主調。

迎神靄平　粒我蒸民兮，神降嘉生。雨暘時若兮，百穀用成。龍見而雩兮，先民有程。臣膺天祚兮，敢不承。念我農兮，心靡寧。肅明禋兮，殫精誠。靈皇皇兮，穆以淸。金支五色兮，罨靄蜺旌。

奠玉帛雲平　玉帛載陳兮，磬管鏘鏘。爲民請命兮，惕弗敢康。令淸和兮，遂百昌。麥秀歧兮，禾茀稂。日照九兮，時雨滂。俾萬寶兮，千斯倉。

進俎需平　越十雨兮，越五風。三光昭明兮，嘉氣蒙。天所與兮，眇躬。予小子兮，懍降豐。紛總總兮，賴皇穹。犉牡繭亨兮，達臣衷。

初獻霖平　酌彼兮，罍洗；飶芬兮，椒香。愧明德兮，維馨。假黍稷兮，誠將。願大夨兮，念茲衆子；穆將愉兮，綏以豐穰。

亞獻露平 再酌兮，酯淸。仰在上兮，明明。庶來格兮，鑒誠。曷敢必兮，屛營。合萬國兮，形神精。承神至尊兮，思成。

終獻霑平 三酌兮，成純。備物致志兮，敬陳。多士兮，駿奔。靈承無斁兮，明禋。維蕃釐兮，媼神。雨留甘兮，良苗懷新。

徹饌靈平 禮將成兮，舞已終。徹弗遲兮，畏神恫。願留福兮，惠吾農。神之貺兮，協氣融。遂及私兮，越我公。五者來備兮，錫用豐。

送神[雨/虒]平 祥風瑞靄兮，彌靈壇。上帝居歆兮，風肅然。左蒼龍兮，右白虎；般裔裔兮，糺縵縵。仰九閶兮，返御；介祉釐兮，康年。

望燎霈平 碧翏翏兮，不可度思。九奏終兮，爟火晢而。神光四燭兮，休氣彯頤。安匪舒兮，抑抑威儀。帝求民莫兮，日鑒在茲。錫福繁祉兮，庶徵曰時。

大雩雲漢詩八章 高宗御製。 中和韶樂，黃鍾宮立宮，倍夷則下羽主調。

瞻彼朱鳥，爰居實沈。協紀辨律，羽蟲徵音。萬物芸生，有壬有林。有事南郊，陟降維欽。瞻仰昊天，生物爲心。一章 維國有本，匪民伊何。維民有天，匪食則那。螻蟈鳴矣，平秩南訛。我祀敢後，我樂維和。鼉鼓淵淵，童舞娑娑。二章 自古在昔，春郊夏雩。曰維龍見，田燭朝趨。盛禮既陳，神留以愉。雷師闐闐，飛廉衙衙。曰時雨暘，利我新畬。三章 於穆穹宇，在郊之南。對越嚴恭，上帝是臨。繭栗量幣，用將悃忱。惴惴我躬，肅肅我心。六事自責，仰彼桑林。四章 權輿粒食，實維后稷。百王承之，永奠邦極。惟予小子，臨民無德。敢解祈年，潔衷翼翼。命彼秩宗，古禮是式。五章 古禮是式，値茲吉辰。玉磬金鐘，太羹維醇。玄衣八列，舞羽繽紛。既侑上帝，亦右從神。尙鑒我衷，錫我康年。六章 惟天可感，曰維誠恪。惟農可稔，曰維力作。恃天慢人，弗刈弗穫。尙勤農哉，服田孔樂。咨爾保介，庤乃錢鎛。七章 我禮既畢，我誠已將。風馬雹車，旋駕九閶。山川出雲，爲霖澤滂。雨公及私，興鋤利甿。億萬斯年，農夫之慶。八章

朝日七章 順治八年定，乾隆七年重改。初製分載句中。夕月同。中和韶樂，太簇商立宮，倍無射變宮主調。

迎神寅曦 羲馭兮，寅賓。原於昭兮，旭輪。光煜爚兮，紅輪。原浴虞淵兮，初升。春已融兮，交泰；循典禮兮，明禋。原惟馨。嚴大采兮，祗肅。原炳蕭艾兮，祗肅。神之來兮，如雲。原神其聽兮，和平。

奠玉帛朝曦　杲黃道兮，暾出；原神來格兮，太乙東。肅將享原統萬國。兮，玉帛同。美齊翼兮，王君公。原肅將享兮，承篚筐。盥以薦兮，昭格通。原盥以薦兮，孚有容。

初獻清曦　御景風兮，下帝扃。原御景風兮，神式臨。酌黃目原酌清酤。兮，椒其馨。爵方舉兮，歌且舞；漾和盎兮，龍旗青。原憑龍勺兮，吹鳳笙。

亞獻咸曦　再舉勺原奠。兮，鬱金香。嘉樂和兮，舞洋洋。德恢大兮，神哉沛；原神飲食兮，意徜徉。澹容與兮，進霞觴。原容貌舒兮，和以康。

終獻純曦　式禮莫愆兮，昭清。原式禮未竭兮，還升。終以告虔兮，休成。原醾醽。願神且留兮，鑒茹；以妥以侑兮，忱誠。原以侑以勸兮，至誠。

徹饌延曦　物之備兮，希德馨。原儀既成兮，物已饗。神欲起兮，景杳冥。原神欲起兮，運靈爽。徹不遲兮，咸肅穆。原徹不敢遲兮，愼趨蹌。照臨下土兮，瞻曜靈。原照下土兮，常朗朗。

送神歸曦　雲車征兮，風馬翔。猋萬里兮，臨萬方。原馳驅千仞兮，臨萬方。報神功兮，以時享，祈神祐兮，永無疆。原再拜手兮，稱送；神振轡兮，當陽。中天麗兮，徹隱；普天戴兮，恩光。敷和煦兮，成物；錫萬寶兮，永康。報神功兮，時饗；祈神祐兮，悠久無疆。

夕月七章　中和韶樂，南宮清徵立宮，仲呂清角主調。

迎神迎光　繼日代明兮，象麗天。原猗歟太陰兮，御望舒。式遵九道兮，臨八埏。原式遵九道兮，遊清虛。玉律分秋兮，西顥躔。原駕冰輪兮，行西陸。聿修毖祀兮，樂在懸。原今之夕兮，來饗予。

奠玉帛、初獻升光　少采兮，將事；玉帛兮，載陳。原有來雍雍，幣帛在陳。琮璜以嘉，明德維馨。式舉黃流兮，挹犧尊。籩豆靜嘉兮，肴核芬。

亞獻瑤光　齊醍兮，載獻；神之來兮，肅然。原二齊載升，維以告虔。歌管鍠鍠，奉神之歡。仰肸蠁兮，鑒顧；原荷亙古兮，麗天。挹清光兮，几筵。

終獻瑞光　戛瑟鳴琴兮，鋗玉鏘。神嘉虞兮，申三觴。金波穆穆兮，珠熉黃。休嘉砰隱兮，溢四方。原一敬畢申，三舉願酬。誠信潔齊，天下有道。鼓鐘簡兮，聲容並茂。象大德兮，厥光皓皓。

徹饌涵光　對越在天兮，禮成。徹登豆兮，湛露零。神悅懌兮，德馨。世曼壽兮，安以寧。原其香既歆。對越告成。徹爾登豆，敬用駿奔。神悅懌兮，意欣欣。予翼愼兮，安以寧。

送神保光　駕卿雲兮，景星。御和風兮，霞軿。神留俞兮，壇宇。福率土兮，黃丁。原彩駕霞兮，驂景星。御和風兮，躡慶雲。神欲起兮，不再停。瞻天衢兮，拜雲程。影蹁躚兮，光澄清。饗予誠兮，意懇懃。予所祝兮，世太平。偃武修文兮，萬世長春。

大享殿合祀天地百神九章 順治十七年定，後未施行，故宮譜失載。乾隆十六年，改大享殿爲祈年殿，於此行祈穀之禮焉。祈穀樂章見前。

迎神元和 乾元資始兮，仰戴元功。坤厚載物兮，率履攸同。亭毒萬彙兮，昭明有融。陰肅陽舒兮，協氣流通。晝夜遞禪兮，二曜在中。羣靈畢萃兮，陟降景從。大德普存兮，化著清寧。臣思報本兮，蠲潔粢盛。延佇雲駕兮，屏息臣躬。馨香祗薦兮，爰殫微誠。瞻望歆格兮，瑞色曈曨。至止壇壝兮，式慰欽崇。

奠玉帛景和 俯仰覆載兮，殿萬邦。展儀備物兮，舉舊章。良璧在陳兮，介豆觴。束帛戔戔兮，忱可將。對越冥漠兮，念徬徨。臣虔齊明兮，効趨蹌。降鑒無方兮，悅而康。願錫嘉祉兮，慶未央。

進俎肅和 和風暢兮，神格思。洽百靈兮，誠無移。潔豆登兮，答洪慈。苕芬達兮，雜蒞施。臣仰祈兮，福履綏。房産芝兮，矞雲垂。祝史列兮，敬陳詞。形聲穆兮，鑒在茲。

初獻壽和 威光畢煜，肅肅靈旗。壺觴肇啓，用介神禧。普洽和樂，罄無不宜。鏗鍧迭奏，克叶壎篪。駿奔翼翼，進反有儀。臣薦清酤，眷佑弗違。

亞獻安和 齋心夙夜，祈答碧虛。洋洋在上，載酌清醑。苾芬式享，秩秩于于。干戚在舞，張弛靡踰。彌歆元旨，臣蓋方舒。永言迓惠，戩穀錫餘。

終獻永和　肴核既旅，八音克諧。罇罍未罄，慈惠靡涯。肅將三祝，黃流在臺。菁茅既潔，祼獻徘徊。願言醉止，庶展臣懷。於皇錫祉，景福方來。

徹饌協和　百福既洽兮，羞明神。蘋藻可將兮，臣悃申。雲軿欲駕兮，彌逡巡。几筵敬徹兮，不敢陳。

送神泰和　敬酬高厚兮，肅秩靈壇。居歆幸孚兮，進止克嫺。羣神偕從兮，馭鶴驂鸞。清風穆穆兮，旌旆生寒。遙開閶闔兮，雲路漫漫。六龍前駕兮，劍佩珊珊。百辟相事兮，卿士戒班。臣心益虔兮，竚立盤桓。式禮莫愆兮，餘忱未殫。惠及黎庶兮，四宇騰歡。萬物咸若兮，遐邇乂安。緜緜衍慶兮，永奠如磐。

望燎、望瘞清和　祥光杳靄兮，滿雲端。霓旌揚兮，言還。虔蕭焫兮，祈上達；百執旅進兮環列紫垣。臣仰止兮，彌切；束躬翹首兮，望元闕。天休滋至兮，欽承罔斁；知神永覆兮，瀛澤寬。

太廟時饗六章　順治元年定，乾隆七年以舊詞重改。初製載句中。奉先殿同。中和韶樂，太簇商立宮，倍無射變宮主調。

迎神貽平　原開平。肇茲區夏，世德欽崇。九州維宅，王業自東。戎甲十三，奮起飛龍。

維神格思，皇靈顯庸。原皇輿啓圖，世德欽崇。粵庇眇躬，率土攸同。九州維宅，爰止自東，太室既尊，萬國朝宗。翼翼孝孫，對越肅雝。維神格思，皇靈顯庸。

奠帛、初獻敉平原壽平。於皇祖考，克配上天。越文武功，萬邦原四方。是宣。孝孫受命，不忘不愆。原達志承前。羹牆永慕，時薦斯虔。原永錫純嘏，億萬斯年。

亞獻敷平原嘉平。毖祀精忱，原神。洋洋如生。尊罍再舉，於赫昭明。原有融昭明，陟降於庭。僾然有容。愾然有聲。我懷靡及，原孝孫虔只。惕原容。若中情。

終獻紹平原雍平。粵若祖德，誕受方國。肆予小子，大猷是式。原越祖宗之德，肇茲天曆。敢曰予小子，享有成績。欲報之德，昊天罔極。慇懃三獻，中心翼翼。原我心悅懌。

徹饌光平原熙平。庶物既陳，九奏具舉。原儀肅樂成，神燕以娭。告成於祖，亦右皇妣。敬徹不遲，用終殷祀。原用終祀禮。式禮如茲，皇其燕喜。原介福綏祿，永錫祚祉。

還宮乂平原成平。對越無方，陟降無迹。原盈溢肅雝，神運無迹。寢祏靜淵，孔安且吉。原恍兮安適。惟靈在天，惟主在室。於萬斯年，孝思無斁。

太廟大祫六章順治十六年定，乾隆七年以舊辭重改。初製載句中。中和韶樂，太簇商立宮，倍無射變宮主調。

迎神開平 原貞平。 承眷命兮，撫萬邦。嗣丕基兮，祖德昌。溯謨烈兮，唐哉皇。原弗敢忘。虔歲祀兮，式 原舉。 舊章。肅對越兮，誠悃將。原瀝悃誠兮，迓休光。 尙來格兮，仰休光。原祈來格兮，意徬徨。

奠帛、初獻肅平 原壽平。 粤我先兮，肇俄朶。長白山兮，鵲銜果。綿瓜瓞兮，天所佐。明之侵兮，殲其左。混中外兮，逮乎我。奉太室兮，安以妥。原紛威蕤兮，神畢臨。儼對越兮，抒素忱。陳纖縞兮，有壬林。酌醇酤兮，薦德馨。恪溥將兮，假來歆。錫嘉祉兮，祐斯民。

亞獻協平 原嘉平。 紛葳蕤兮，列聖臨。儼對越兮，心欽欽。陳纖縞兮，有壬林。擊浮磬兮，彈朱琴。恪溥將兮，肅來歆。錫嘉祉兮，天地心。原維肇祥兮，德配天。垂燕翼兮，祚百年。潔豆籩兮，秩斯筵。載陳醴兮，介牲牷。協笙鏞兮，邀雲軿。肅駿奔兮，中彌虔。

終獻裕平 原雍平。 椒餾芬兮，神留俞。爵三獻兮，旨清醑。萬羽干兮，樂孔都。禮明備兮，罔敢渝。神 原既。 醉止兮，咸樂胥。永啓佑兮，披皇圖。

徹饌誠平 原熙平。 祝幣陳兮，神燕娭。原典儀敍兮，神格思。 尊俎將兮，反威儀。原享靡遺。悅且康兮，徹弗遲。不可度兮，矧射思。禮有成兮，釐百宜。原無此二句。 鑒精誠 原禋。 兮，茀祿綏。

還宮成平 原清平。 龍之馭兮，旋穆淸。原孝思展兮，禮告成。神言歸兮，陟在庭。萃龍馭兮，返穆清。三句。神之御兮，式丹楹。原主肅將兮，式丹楹。瞻列聖兮，僾容聲。迴靈眄兮，佑丕承。維神聽兮，和且平。繼序皇兮，亶休徵。

祭先農七章 順治十一年定，乾隆七年以舊詞重改。初製載句中。中和韶樂，姑洗角立宮，黃鍾宮主調。

迎神永豐 先農播穀，克配彼天。粒我蒸民，於萬斯年。農祥晨正，協風滿壇。曰予小子，宜稼於田。原句芒秉令，土牛是驅。天下一人，蒼龍駕車。念彼田疇，民命所需。生成有德，尚式臨諸。

奠帛、初獻時豐 厥初生民，萬彙莫辨。神錫之庥，嘉種乃誕。斯德曷酬，何名可贊。我酒惟旨，是用初獻。原先農神哉，耒耜教民。田祖靈哉，稼穡是親。功德深厚，天地同仁。肅將幣帛，肇舉明禋。厥初生民，萬彙莫辨。神錫之庥，嘉種乃誕。執茲醴齊，農功益見。玉瓚椒醑，肅雍舉奠。

亞獻成豐 無物稱德，惟誠有孚。載升玉瓚，神肯留虞。惟茲兆庶，豈異古初。神曾子之，今其食諸。原上原下隰，百穀盈止。粒我蒸民，秀良興起。樂舞具備，吹豳稱兕。再躋以獻，肴馨酒旨。

終獻大豐 秬秠穈芑，皆神所貽。以之饗神，式食庶幾。神其丕佑，佑我黔黎。萬方大有，肇此三推。原穈芑秬秠，維神所貽。以神饗神，曰予將之。秉耒三推，東作允宜。五風十雨，率土何私。

徹饌屢豐 青祇司職，土膏脈起。日涓吉亥，舉耕耤禮。神安留俞，不我遐棄。執事告徹，予將舉趾。原於皇農事，自古爲烈。莫敢不承，今茲忻悅。籩豆既豐，簠簋云潔。神覩井疆，執事告徹。

送神報豐　匪且有且，匪今斯今。靈雨祟朝，田家萬金。考鐘伐鼓，戛瑟鳴琴。神歸何所，大地秩鍼。原麻麥芃芃，秔稻連阡。縱橫萬里，皆神所瞻。人歌鼓腹，史載有年。歲有常典，茀祿緜延。

望瘞慶豐　肅肅靈壇，昭昭上天。神下神歸，其風肅然。玉版蒼幣，瘞埋告虔。神之聽之，錫大有年。原玉版蒼幣，來鑒來歆。敬之重之，藏於厚深。典禮由古，予行自今。樂樂利利，國以永寧。

祭先蠶六章　乾隆七年定。　仲呂清角立宮，大呂清宮主調。先蠶壇樂，以雲鑼代鐘，方響代磬，與中和韶樂微異。樂章正義後編列入先農壇之次，從之。

迎神庥平　軒轅御籙時，西陵位正妃。柔桑沃，載陽遲。黼黻玄黃供祀事，稱蘜更繰絲。龍精報貺，椒屋宗師。

初獻承平　春堤柳綻金，倉庚有好音。衣褘翟，致精忱。后月躬應教織紝。柘館式齋心。黃流初薦，肸蠁如臨。

亞獻均平　清和日正長，靈壇水一方。紓香陌，執籧筐。桑葉陰濃風澹蕩，八育普嘉祥。玉𨚍再陳，降福穰穰。

終獻齊平　神皋接上園，葭蘆翠浪翻。鶯聲滑，藹花繁。天棘絲絲初引蔓，三薦潔蘋纛。雲依寶鼎，露浥旌旛。

徹饌柔平　公宮吉禮成，有齋奉豆登。僮僮被，肅肅升。廢徹毋遲咸祗敬，法坎不常盈。萬方衣被，百福共朋。

送神洽平　神風拂廣筵，靈香下肅然。儀不忒，禮無愆。禹馬流星相炳絢，玉蝀亙平川。彤管司職，瑞藺登編。

祭歷代帝王廟六章　順治二年定，乾隆七年以舊詞重改。初製載句中。　中和韶樂，春夾鐘清商立宮，倍應鍾清變徵主調。秋南呂清徵立宮，仲呂清角主調。

迎神肇平　原雍平。　撫　原乘。　時兮，極隆。造經綸兮，顯庸。總古今兮，一揆；貽大寶兮，徽躬。仰徽猷兮，有嚴閟宮。原有儀羣帝兮，後先。一句。予稽首兮，下風。

奠帛、初獻興平　原安平。　莽若雲兮，神之行。原靈之來兮，儼若盈。予仰止兮，在廷。承筐篚兮，既登。偃靈蓋兮，翠旌。原結翠旌。鑒予情兮，歆享。薦芳馨兮，肅成。原有景行兮，六龍。嘉氣兮，曈曨。奠犧尊兮，以笙以鏞。羣工肅兮，屏營。惠我懿則兮，允中。五句。

亞獻崇平　原中平。　貳觴兮，酒行。原有諸帝熙和兮，悅成。一句。念昔致治兮，永清。瞻龍袞兮，若英。原自天。顧紹錫兮，嘉平。

終獻恬平原肅平。鬱鬯原瑤爵。兮，獻終。萬舞洋洋兮，沐清風。龍鸞徐整兮，企予。原有嗣徽音兮，何從。盼雲車兮，緩移。二句。示周行兮，迪予衷。

徹饌淳平原凝平。饁肴蒸兮，畢升。五音會兮，滿盈。禮將徹兮，虔告。鑒孔忱兮，載翼載登。

送神匡平原壽平。羽原旛。幢繚繞兮，動回風。和鸞並馭兮，歸天宮。五雲擁兮，高馳翔。願回靈眄兮，錫年豐。

望燎同　駕羣龍原羣龍驂駕。兮，一氣中。焄蒿芬烈兮，窅冥通。望神光兮，遙燭；惟終古兮，是崇。

先師廟六章順治元年定，乾隆七年以舊詞重改。初製載句中。中和韶樂，春夾鍾清商立宮，倍應鍾清變宮主調。

迎神昭平原咸平。大哉至聖，德盛道隆。原峻德宏功。生民未有，原斆文衍化。百王是崇。典則昭垂，原典則有常。式原昭。茲辟雍。載原有。虡簠簋，載原有。嚴鼓鐘。

奠帛、初獻宣平原寧平。覺我生民，陶鑄賢原前。聖。巍巍泰山，實予景行。禮備樂和，豆籩嘉原惟。靜。既述六經，爰斟三正。

亞獻秩平 原安平。至哉聖師，克明明德。原天授明德。木鐸萬年，原世。維民之則。原式是羣辟。清酒既 原維。醑，言觀秉翟。太和常流，英材斯植。

終獻敍平 原景平。猗歟素王，示予物軌。瞻之在前，師表萬祀。原神其寧止。酌彼金罍。我酒惟旨。原惟清且旨。登獻雖 原既。終，弗遐有喜。

徹饌懿平 原成平。璧水淵淵，芹芳藻潔。原崇牙岌業。既歆宣聖，亦儀十哲。聲金振玉，告茲將徹。鼗假有成，日月昭揭。原羹牆靡愒。

送神德平 原咸平。煌煌辟雍，原學宮。四方來宗。甄陶樂育，原胄子。多士景從。原暨予微躬。如土斯埴，原思皇多士。如金在鎔。原膚奏厥功。佐予敷治，俗美時雍。原佐予永清，三五是隆。

直省先師廟六章 乾隆七年重定。 中和韶樂，宮調同。

迎神昭平 大哉孔子，先覺先知。與天地參，萬世之師。祥徵麟紱，韻答金絲。日月既揭，乾坤清夷。

奠帛、初獻宣平 予懷明德，玉振金聲。生民未有，展也大成。俎豆千古，春秋上丁。清酒既載，其香始升。

亞獻秩平 式禮莫愆，升堂再獻。響協鼗鏞，誠孚罍甗。肅肅雍雍，譽髦斯彥。禮陶樂淑，相觀而善。

終獻敍平　自古在昔，先民有作。皮弁祭菜，於論思樂。惟天牖民，惟聖時若。彝倫攸敍，至今木鐸。

徹饌懿平　先師有言，祭則受福。四海黌宮，疇敢不肅。禮成告徹，毋疏毋瀆。樂所自生，中原有菽。

送神德平　鳧繹峨峨，洙泗洋洋。景行行止，流澤無疆。聿昭祀事，祀事孔明。化我蒸民，育我膠庠。

太歲壇六章　順治元年定，乾隆七年以舊詞重改。初製載句中。　中和韶樂，太簇商立宮，倍無射變宮主調。

迎神保平　協茲五紀，歲日月辰。天維顯思，神職攸分。於赫太歲，統馭百神。承天之德，陰隲下民。　原吉日良辰，祀典孔殷。於維太歲，月將百神。乘時秉德，輔國祐民。遙遙龍馭，頓轡九閽。壇壝蠲潔，延佇來臨。

奠帛、初獻定平　原安平。　禮崇明祀，涓選休成。潔齋滌志，量幣告成。祈福維何，福我蒼生。陳饋奉酎，瞻仰雲旌。　原維神至止，螭駕雲旗。洋洋在上，淑景延禧。束帛承筐，展我誠斯。神示昭鑒，尚其無遺。神兮弭節，薦馨敢後。祀事方初，陳饋奉酎。神光熹微，嘉祥承候。百禮不愆，樂具入奏。

亞獻嘏平 原中平。 百末蘭生，有飶其香。升歌清越，磬管鏘鏘。牲牷肥腯，嘉薦令芳。神其歆止，在上洋洋。原以我齊明，率禮攸行。再拜稽首，旨酒斯盈。牲牷肥腯，交彼神明。尊罍上下，嚴假思成。

終獻富平 原肅平。 執事有嚴，再拜稽首。三爵既升，以妥以侑。盥薦有孚，肅茲籩豆。神其歆止，人民曼壽。原執事有嚴，品物斯備。非馨黍稷，用宣誠意。朱絃登歌，絲衣揚觶。於胥樂兮，神錫爾類。

徹饌盈平 原雍平。 王省維歲，有報有祈。六氣無易，平衡正璣。嘉生蕃祉，澤及蜎飛。百禮以洽，承神吉輝。原春祈秋報，歲省惟勤。含醇飲德，莫匪明神。惟神臨御，肸蠁逡巡。獻酬云畢，誠敬斯伸。

送神豐平 原寧平。 神兮旋馭，肅瞻景光。靈飈上下，無體無方。嘉承惠和，億兆溥將。歲歲大有，神其迪嘗。原出令明堂，神爽卒度。報功迎氣，崇祀斯作。神人以和，既康且樂。瞻望景光，邈彼寥廓。

太歲壇祈雨、報祀六章 乾隆十八年定。 中和韶樂，太簇商立宮，倍無射變宮主調。

迎神需豐　持元化兮，富媼神。秉歲籥兮，六氣均。馳雲車兮，風旗；殷闐闐兮，天門。情徬徨兮，孔殷。神之來兮，康我民。

奠帛、初獻宜豐　薦嘉幣兮，芳醴清。練予素兮，升飶馨。紛肸蠁兮，格歆。甘膏沃兮，神所令。

亞獻晉豐　啓山罍兮，攝椒漿。侑神宮兮，靈洋洋。族雲興兮，使我心若；惠嘉生兮，降康。

終獻協豐　清斝兮，三酙；揚翟籥兮，載愉。靈回翔兮，六幕；澤霶霈兮，遍八區。

徹饌應豐　禮儀備兮，孔時。音繁會兮，徹不遲。昭靈貺兮，迓蕃祉；田多稼兮，氾濩之。

送神洽豐　顧億兆兮，誠求。渥甘澍兮，神之休。慶時若兮，百昌遂。惠我無疆兮，歲有秋。

天神、地祇壇祈雨、報祀六章　乾隆七年定。　中和韶樂，天神黃鍾宮立宮，倍夷則下羽主調。地祇林鍾清變徵立宮，夾鍾清商主調。

迎神祈豐　雲車馳兮，風旆征。雷闐闐兮，雨冥冥。表六合兮，穹青。橫大川兮，揚靈。紛總總兮，來會；穆予心兮，齊明。

奠帛、初獻華豐　束帛戔戔兮，筐篚將。昭誠素兮，鬯馨香。瘼此下民兮，候有望。神垂鴻祜兮，渠未央。

亞獻興豐　疏羃兮，再啓；芳齊兮，載陳。惠邀兮，神貺；福我兮，人民。

終獻儀豐　犧尊兮，三滌；旨酒兮，思柔。誠無斁兮，嘉薦；神燕娭兮，降休。

徹饌和豐　禮既成兮，孔殷。潔明粢兮，苾芬。廢徹兮，不遲；至敬兮，無文。

送神錫豐　流形兮，露生。苞符兮，孕靈。介我稷黍兮，曰雨而雨；神之格思兮，祀事孔明。

巡祭泰山岱廟六章　乾隆十三年定。中和韶樂，林鍾清變徵立宮，夾鍾清商主調。

迎神祈豐　資元氣兮，鎮青陽。鼓橐籥兮，孕靈祥。行時令兮，東巡；式展禮兮，誠將。

奠帛、初獻華豐　金壇肅穆兮，黼帷張。瑟黃流兮，茅縮漿。昭誠素兮，舉初觴。神斯陟降兮，格馨香。

亞獻興豐　日觀兮，雞鳴。天門兮，鳳翔。犧尊兮，再獻；維神兮，降康。

終獻儀豐　醴齊兮，三薦；金牒兮，輝煌。申至敬兮，無祈；鑒予誠兮，齋莊。

徹饌和豐　瞻石閭兮，在望。實籩豆兮，大房。黍稷兮，非馨；明德兮，是將。

送神錫豐　禮成兮，孔臧。神駕兮，龍驤。膚寸而合兮，觸石而起；彌於六合兮，降福穰穰。

巡祭嵩山中嶽廟六章　乾隆十五年定。

迎神祈豐　中和韶樂，林鍾清變徵立宮，夾鍾清商主調。維靈嶽兮，鎮中央。展時巡兮，洛之陽。虔望秩兮，懷柔；儼對越兮，神光。

奠帛、初獻華豐　石闕岧嶢兮，鳴鳳翔。奏瑤笙兮，肅祼將。初奉斝兮，陳篚筐。至誠昭格兮，福無疆。

亞獻興豐　潁水兮，安恬；緱嶺兮，青蒼。黃琮兮，告薦；椒醑兮，芬芳。

終獻儀豐　香升兮，華黍；三滌兮，嘉觴。答靈響兮，嵩門；登萬寶兮，咸昌。

徹饌和豐　三臺蔚兮，峻極；二室鬱兮，相望。告徹兮，維時；懷德兮，靡忘。

送神錫豐　雲車兮，龍驤。仰止兮，高閶。玉漿含滋兮，金璧呈瑞；配天作鎮兮，長發其祥。

望祀長白山六章　乾隆十九年定。　中和韶樂，林鍾清變徵立宮，夾鍾清商主調。

迎神祈豐　天作高山兮，作而康。鍾王氣兮，應期昌。巡豐沛兮，來望。躬禋祀兮，虔將。

奠帛、初獻華豐　飶黃流兮，進初觴。緬仙源兮，心邈莊。靄佳氣兮，鬱蒼蒼。欣來格兮，惠無疆。

亞獻興豐　朱果兮，實蕃；靈淵兮，澤霶。淸尊兮，再獻；綿祚兮，純常。

終獻儀豐　具薦兮，玉饌；三酌兮，瓊漿。思王迹兮，彌欽；淸緝熙兮，敢忘。

徹饌和豐　松花水兮，湯湯。鴨綠波兮，泱泱。神飫兮，錫釐；如川至兮，莫量。

送神錫豐　祀事兮，孔臧。昭假兮，永明。邁周岐兮，越殷土；萬有千歲兮，長發其祥。

羣祀慶神歡樂　乾隆七年定，每歲祭先醫於景惠殿，火神廟、顯佑宮、關帝廟、都城隍廟、東嶽廟、黑龍潭龍神祠、玉泉龍神祠、輿工祭后土、司工之神、迎暘祭窨神、門神皆用之。三獻三奏。乾隆三十三年又重定關帝廟迎神、三獻、送神各一章。咸豐三年升入中祀，特製樂章，列後。

先醫　精氣緣乎理，調劑覩所頤。曰惟古聖，嘗草定醫，似鐵隨磁。沴除吉至，化工出自於指，萬姓永荷恩施。

顯佑宮　居所躔星軫，象緯環拱辰。貞元運轉，藏用顯仁。宥密基命，毓和葆順。潔粢醴，以昭信。日襄哉，贊大鈞。

東嶽廟　維嶽崧高五，泰岱常祀殊。累朝玉檢，柴望始虞。木德條風，吹萬畢煦，宅東隅以生物。仰天齊，鑒有孚。

都城隍廟　佳麗皇都勝，保障神力宏。萬方輻輳，尨夜不驚。正直聰明，癉彰如影，荷靈貺，篤其慶。固金甌，護玉京。

火神廟　離正南方位，燭照光九圍。粒民火食，功用不違。璀晔明粢，我民祈慰，覆祥靄，戢鶉尾。息融風，降福禧。

龍神祠　興雨祁祁應，歷歲恩屢覃。湫幽神御，農扈具瞻。寸合崇朝，十千有渰。黍膏溥，牟麥湛。賽神庥，以作甘。

門神　和氣嘉祥應，聖日華耀明。仰方泰紫，俯奠泰寧。遼廓紘瀛，此惟表正。食神德，蒙神慶。享明禋，億萬齡。

司工之神　仰眺銀河上，閣道如駕梁。儼神宅只，愉矣穆將。揆日鳴櫜，翳神斯掌。奠椒酒，以禋享。荷神庥，澤未央。

關帝廟　扶植綱常正，浩氣昭日星。絕倫獨立，英爽若生。俎豆常馨，夏彝胥敬；仰神德莫疇，並助邦家永太平。

乾隆三十三年，重定關帝廟樂五章

迎神　青湛湛，玉霄門。神來下，綵旄紛。宮牆輪奐，籩豆芳芬。光景動人民。丹心照日，浩氣扶輪。

奠帛初獻　調蘭醑，酌桂尊。神來饗，房俎陳。忠貫金石，義炳乾坤。純臣戴一君。力扶王室，不願三分。

亞獻　汎盎齊，觴再進。簫鼓諧，聲歌韻。武節絕倫，不辭利鈍。神勇天威震。方知舊史，未符公論。

終獻　禮秩秩，樂欣欣。儼威靈，至今存。惟靈惟佑，佑國佑民。典禮極隆文。式揚顯號，時薦明禋。

徹饌、送神　司儀告徹，靈風來汩。神聿歸，嘉徵萃。大濟羣生，善良胥得意。邪慝無伸喙，皇化所及。咸尊廟食，東西朔南靡弗曁。

咸豐三年，關帝廟樂七章　中和韶樂

迎神格平　懿鑠兮，焜煌。神威靈兮，赫八方。偉烈昭兮，累禩；祀事明兮，永光。達精誠兮，黍稷馨香。儼如在兮，洋洋。

奠帛、初獻翊平　英風颯兮，神格思。紛綺蓋兮，龍旂。斟桂醑兮，盈卮。香始升兮，明粢。惟降鑒兮，在茲。流景祚兮，翊昌時。

亞獻恢平　觴再酌兮，告虔。舞干戚兮，合宮懸。歆苾芬兮，潔蠲。扇巍顯翼兮，神功宣。

終獻靖平　鬱鬯兮，三申。羅籩簋兮，畢陳。儀卒度兮，肅明禋。神降福兮，宜民宜人。

徹饌彝平　物惟備兮，咸有。明德惟馨兮，神其受。告徹兮，禮終罔咎。佑我家邦兮，孔厚。

送神康平　幢葆葳蕤兮，神聿歸。馭鳳軫兮，驂虬騑。降烟熅兮，餘芬菲。願回靈盼兮，德洽明威。

望燎同　焄蒿烈兮，燎有煇。神光遙矚兮，祥雲霏。祭受福兮，茂典無違。庶揚駿烈兮，永奠疆畿。

文昌帝君廟七章　咸豐六年升入中祀，重定樂章。　中和韶樂

迎神丕平　秉氣兮，靈蹕。文運兮，赫中天。蜺旌兮，戾止。雕俎兮，告虔。迓神庥兮，於萬斯年。

奠帛、初獻俶平　神之來兮，籩簋式陳。神之格兮，几筵式親。極昭彰兮，靈貺；致蠲潔兮，明禋。升香兮，伊始；居歆兮，佑我人民。

亞獻煥平　再酌兮，瑤觴。燦爛兮，庭燎之光。申虔禱兮，神座；儼陟降兮，帝旁。粢醴潔兮，齋遬將。綏景運兮，靈長。

終獻煜平　禮成三獻兮，樂奏三終。覃敷元化兮，緊神功。馨香達兮，肸蠁通。歆明德兮，昭察寅衷。

徹饌懿平　備物兮，惟時。告徹兮，終禮儀。神悅懌兮，監在茲。垂鴻佑兮，累洽重熙。

送神蔚平　雲軿駕兮，風旗招。神之歸兮，天路遙。瞻翠葆兮，企丹霄。願迴靈眷兮，福我朝。

望燎同　煙熅降兮，元氣和。神光爥兮，梓潼之阿。化成耆定兮，櫜弓戢戈。文治光兮，受福則那。

順治元年，皇帝祭祀回鑾二章　導迎樂

天地羣祀祜平　皇天有命，列聖承之。我后配德，文匡武綏。海隅寧謐，神靈燕娭。於萬斯年，流慶降釐。

太廟禧平　於皇紹烈，累熙重光。銷鑠羣慝，我武奮揚。肅肅淸廟，峩峩奉璋。奠鬯斯馨，祚命無疆。

乾隆十七年，重定祭祀回鑾祐平十三章　樂章乾隆七年製，十七年始定凡祭祀回鑾樂皆曰祐平，而以慶典所奏者爲禧平。　導迎樂

圜丘　崇德殷薦，升燎告虔。惟聖能饗，至誠天眷。駕六龍，臨紫煙。佑命申，圖籙緜。

方澤　隤爾而靜，持載廣生。長至修祀，聿來光景。富媼愉，元德升。嶽瀆安，民物亨。

祈穀　民者邦本，食乃民天。爰卜辛日，大君殷薦。龍角明，祈有年。耒耜親，天下先。

雩祭　炎夏初屆，憫我穡夫。爲民請命，法駕載塗。明德馨，誠意孚。禾稼登，斯

樂胥。

太廟　儀若先典，追孝在天。鴻慶遐邑，烈光丕顯。祝事明，神貺宣。福庶民，千萬年。

社稷壇　分職三大，康乂國家。平土蕃穀，降休中夏。薦吉蠲，神不遐。徧九垓，羯祉嘉。

堂子　禋祀隆永，維統百靈。延福儲祉，奠安神鼎。修祀祠，通紫庭。降福祥，昭德馨。

出師、凱旋告祭堂子　維文武略，勳業攸崇。欽承睿算，往征不恭。扇仁風，在師中。月三捷，奏膚功。

日壇　雝肅音送，暾出自東。秉燭垂曜，與天用同。秩典修，皇敬通。表瑞輝，揚至公。

月壇　殷仲嘗酎，華黍若油。輿穀繁祉，受符天後。湧桂華，凝彩斿。玉燭調，千萬秋。

歷代帝王廟　時序羣品，端在一欽。衣德凝命，荷天之任。景軌儀，誠既歆。肅駿奔，顒若臨。

先師廟　先聖垂軌，千載是祇。虔奉師表，景行行止。奠兩楹，神降之。啓後人，文在茲。

先農壇　翩彼桑扈，仁氣布和。千畝親御，百祥膺荷。保介歆，穜稑多。帝手推，民樂歌。

清史稿卷九十七

志七十二

樂四

樂章二 御殿慶賀 禾辭 桑歌

皇帝元旦御殿二章 康熙八年定，乾隆七年重撰樂章。初製附載。 中和韶樂，黃鍾宮立宮，倍夷則下羽主調。

升座元平 維天眷我皇，四海昇平泰運昌。歲首肇三陽，萬國朝正拜帝閶。雲物奏嘉祥，乘鸞輅，建太常。時和化日長，重九譯，盡梯航。原於穆元后，敬授人時。四始和令，三陽肇基。鸞路蒼龍，載青其旂。迎氣布德，百工允釐。行慶施惠，及我烝黎。

還宮和平 聖人延俊英，鈞天樂奏繞彤廷。華夷一統寧，士庶歡忻樂太平。寶鼎御香盈，祥煙裊，瑞靄生。簫韶喜九成，齊慶祝，萬千齡。原有奕元會，天子穆穆。鏘鏘羣公，至自九服。正朔所加，海外臣僕。率土懷惠，萬民子育。千齡億祀，永綏茀祿。

皇帝長至御殿二章 康熙八年定，乾隆七年重撰樂章。初製附載。 中和韶樂，黃鍾宮立宮，倍夷則下羽主調。

升座遂平 陽回黍谷春，萬國衣冠拜紫宸。旭日耀龍鱗，雲物呈祥福祿臻。堯階蓂莢新，熙庶績，撫五辰。九服共來賓，調元化，轉鴻鈞。原乾符在握，道轉鴻鈞。天心見復，物始資元。景長舜日，紀協堯春。玉琯應瑞，寶曆肇新。衆正在位，輔翼一人。

還宮允平 皇心克配天，玉琯葭灰得氣先。彤廷臚唱宣，四海共球奏御筵。珠斗應璣璿，金鏡朗，麟鳳騫。人間景福全，咨屢省，懋乾乾。原萬國在宥，一陽斯溥。淵默臨朝，天職修舉。君子道長，駢珪聯組。瞻日書雲，產祥降嘏。宜暘而暘，宜雨而雨。

乾隆二十四年，平定回部，長至御殿，增撰武成慶語二章 中和韶樂，黃鍾宮立宮，倍夷則下羽主調。

升座遂平 陽回玉琯春，華闕晴暉映紫宸。聲教訖無垠，烽燧長清玉塞塵。絕域盡王臣，安作息，荷陶甄。奉贄獻靈珍。超三古，懋經綸。

還宮允平　淑氣轉瑤閶，緹幕葭飛啓百昌。恩威亙八荒，雪嶺天山道里長。納欵嚮明堂，三足烏，曁鳳凰。乾珍普降祥，彌顧禔，敕幾康。

乾隆二十四年，平定回部御殿，羣臣慶賀一章　丹陛大樂

慶平　紫霧氤氳浮彩仗，丹陛虎隊鵷行。敷文德，虞徽接響。靖邊徼，來享來王。

皇帝萬壽節御殿二章　康熙八年定，乾隆七年重撰樂章。初製附載。　中和韶樂，黃鍾宮立宮，倍夷則下羽主調。

升座乾平　祥雲扈紫冥，四海臣民祝聖齡。淑氣轉階蓂，堯籙羲圖燦御屛。嵩呼徧在廷，天呈瑞，地效靈。南極拱台星，億萬載，頌康寧。原二儀清寧，三辰順則。維帝凝命，函冒區域。仁恩廣覃，至於動植。久道化成，隆功駿德。聖人多壽，年世萬億。

還宮泰平　皇躬福祿宜，永紹鴻圖丕丕基。彤陛長仙芝，樂奏簫韶丹鳳儀。南山獻壽后，人心悅，天意隨。爲德徧羣黎，歌樂愷，萬年斯。原鑒觀惟德，丕命惟皇。肇茲壽域，薄海要荒。物性茂育，民俗樂康。冠帶之國，望斗辨方。曰惟萬年，同於昊蒼。

萬壽、元旦、長至三大節朝賀三章 常朝同。順治九年定，康熙年製樂章，乾隆七年重撰。又增宮中行禮雝平一章。初製附載。

丹陛大樂

羣臣行禮慶平　鳳凰在藪，麒麟在郊坰。不如國士充陛廷，野無遺賢宗有英。夙夜在公，在公明明。原皇覆萬宇，品物咸亨。九賓在列，百譯輸誠。濟濟卿士，式造在廷。帝仁如天，帝明如日。親賢任能，愛民育物。禮備樂成，聲教四訖。

外藩行禮治平　我淸世德，作求若天行。天盡所覆畀我淸，萬方悅喜來享庭。曰予一人，業業兢兢。原天盡所覆，以畀我淸。我德配命，涵濡羣生。萬國蹈舞，來享來庭。俁俁蹲蹲，視彼干戚。天威式臨，其儀不忒。

宮中行禮雝平　關雎四教，家邦作孚先。黃裳元吉地承天，六宮仁順化穆宣。麟之趾兮，萬福之原。

皇帝上元御殿二章 乾隆七年定。　中和韶樂，太簇商立宮，倍無射變宮主調。

升座怡平　皇心保泰和，海寓昇平樂事多。瓊樹長新柯，冰泮春風漲玉河。晴雲展細羅，擎堯酒，泛天波。花舞鳥能歌，齊拜手，賦卷阿。

還宮昇平　時雍頌帝堯，玉佩鏗鏘慶早朝。紫禁瑞煙飄，春意淩寒上柳條。和風禁苑饒，陳仙樂，奏簫韶。三五正良宵，宮漏永，月輪高。

皇帝常朝二章康熙年定。　中和韶樂

升座隆平　赫矣天鑒，眷求惟聖。保佑我清，既集有命。假樂大君，天位以正。涖下有容，監於萬方。念茲崇功，駿命孔常。

還宮顯平　於昭四后，誕降世德。亹亹我皇，克艱袞職。治定功成，中和建極。龍飛在天，鳳儀於廷。式奏王夏，垂億萬齡。

乾隆七年，重定皇帝常朝正月二章　中和韶樂，太簇商立宮，倍無射變宮主調。

升座隆平　敷天協氣鮮新，又蒼龍正晨。萬國歡心仰紫宸，皇天錫嘏懿純。陳充庭，華瑤金根。扇春風，風兆人，澤如春。睿周萬品，化洽無垠。

還宮顯平　淵然至道游神，協天行地文。照寓騰華若旱輪，淸明廣大和閶。恩滂洋，葭葦霑仁。念民生，生此辰，酌於民。瑞惟大有，寶則賢臣。

二月二章　中和韶樂，夾鍾清商立宮，倍應鍾變宮二調。

升座隆平　所無逸，恭己巖廊，萬寓協嘉祥。吹律圜鐘諧舜琯，負扆當陽。柳風初轉芽黃，翠甸輕雷蘇百昌。發生心，皇奉若；寬大詔，播天常。

還宮顯平　肅羣后，鳴佩鏘鏘，拜手仰龍光。初日曈曨奎壁麗，明庶風翔。普天和氣休穰，浹化鷹成鳩眼良。鬯清明，基宥密；恩溥洽，達要荒。

三月二章　中和韶樂，姑洗角立宮，黃鍾宮主調。

升座隆平　日麗風和徧寰區，新榆改火。龍旂荏苒晃鸞坡，赫如曦，皇升座。羣辟奏瑤珂，拂花茵，垂佩多。天門蕩蕩無偏頗，純嘏詠卷阿。

還宮顯平　瑞靄祥飇映彤墀，紅雲繚繞。一人淵默德光昭，百花中，千門曉。銅鶴篆煙飄，奏仙音，駕退朝。促耕布穀飛靈沼，盈耳說農勞。

四月二章　中和韶樂，仲呂清角立宮，大呂清宮主調。

升座隆平　玉宸旦婺中，天王御法宮。乘朱路，曳長虹。六六泠簫諧女鳳，萬物被薰風。阜財解慍，福祿來同。

還宮顯平　麥秋滿野登，桑穱繭已成。玉衡正，泰階平。上下交孚寰海靖，婦子樂盈寧。磬天亙地，茂豫桐生。

乾隆四十一年，平定兩金川，四月御殿二章　中和韶樂，中呂淸角立宮，大呂淸宮主調。

升座隆平　玉衡紀正陽，昇平景運昌。豐功著，威稜揚。險闢蠶叢歸指掌，決勝廟謨長。凱聲競奏，喜起賡颺。

還宮顯平　功成愷澤滂，兵消喜氣揚。櫜弓矢，掃欃槍。紫閣酬庸膺懋賞，虎拜沐恩光。萬年受祜，慶衍無疆。

乾隆四十一年，平定兩金川，御殿羣臣慶賀一章　丹陛大樂

慶平　遠播皇威鯨鯢掃，瘴雨蠻煙盡消。看振旅，歡聲載道。瞻天處，樂奏簫韶。

五月二章　中和韶樂，蕤賓變徵立宮，太簇商主調。

升座隆平　禁林淸，反舌無聲。登進忠良佞不行，南風假大而宣平。坐明堂，賞五德，法乘離以持衡。

還宮顯平　槿初榮，葽與朱明。天稷星邊漢影萌，紅輪照九神嘉生。念農芸，夏暑雨，穆皇心以靡寧。

乾隆四十一年，平定兩金川，五月御殿二章　中和韶樂，蕤賓變徵立宮，太簇商主調。

升座隆平　扇薰風，六幕祥融。共解征衣拜舞同，雲開玉壘昭膚功。頌聲靈，赫以濯；喜韜戈，績銘鐘。

還宮顯平　慶天中，凱奏勳隆。笮徼煙消化雨濃，磨崖紀勒銘重重。壯皇猷，沛帝澤；聽歡聲，徧堯封。

六月二章　中和韶樂，林鍾清變徵立宮，夾鍾清商主調。

升座隆平　鼓含少，黃宮諧鳳，伏庚光，赤帝騎龍。曄彼三星正昏中，茂對乘時穆聖衷。

陳金奏，宣景風，明光覲辟公。

還宮顯平　彌六合，黎元祝頌，奉三無，帝念淵沖。翕欝元雲滃宸楓，大雨時行黍稷芃。

虞琴奏，皇在宮，勤思劇月農。

七月二章　中和韶樂，夷則徵立宮，姑洗角主調。

升座隆平　金井桐飄大火流，夷則聲清律應秋。天行轉蓐收，黃茂滿田疇。曉光閶闔浮，搏拊戛鳴球。玉殿千官咸拜手，仰宸斿。

還宮顯平　鷹祭蟬鳴屆白藏，御廩初登穀始嘗。秋回禁陛涼，皇居奠總章。恩膏正溥將，零露浥瀼瀼。六合熙熙齊所卬，潔珠囊。

八月二章　中和韶樂，南呂清徵立宮，仲呂清角主調。

升座隆平　乾坤爽氣澄序，宮殿清光靜安。設九賓而法見，叶九和於天端。晻靄揚雲罕，玲瓏動玉鑾。烈徽猷兮萬世，肅纓冕兮千官。

還宮顯平　雲高漢迥參見，露白飆清洌寒。汔告成夫萬寶，祇祝釐於三壇。瑞穀歧而秀，玉粢好且完。喜盈寧兮百室，國安泰兮民歡。

九月二章　中和韶樂，無射羽立宮，蕤賓變徵主調。

升座隆平　鴻依銀渚，菊有黃華。隴雲飛，木葉下，百穀登場罷。芳辰逢令嘉，黃麾列正衙。豹竿移，龍鱗射，日上朱霞，天錫吾皇多稼。

還宮顯平　鞭鳴鐘動，簾捲烟斜。漾金風，香衣駕，天蹕言還暇。黃雲香滿車，邨邨晝饗耡。處深宮，心區夏，重恤民家，黼扆豳風圖畫。

十月二章　中和韶樂，應鍾清羽立宮，林鍾清變徵主調。

升座隆平　時合黃純，熙修司職，顓皇執坎持權。聽彤廷佩響，玉琯風宣。懷黃綰白趨丹陛，皇儀展，於穆同天。光華聖日，罘罳煥彩，暄到齊編。

還宮顯平　寰海豐穰，農夫之慶，深宮理化揮絃。念艱難稼穡，不敢游畋。琳瑯萬卷環天祿，三餘愛，清晏探研。時幾敕命，明良喜起，所寶惟賢。

十一月二章　中和韶樂，黃鍾宮立宮，倍夷則下羽主調。

升座隆平　七日陽來天地仁，萬象一中分。人從心上起經綸，綱紀三才屬大君。答陽臨玉扆，無私學化鈞，包元履德日勞勤。品類盛，荷陶甄。

還宮顯平　順氣祥風翔九垠，太史正書雲。沈幾先物福生人，淵默雷聲秉道眞。八風依序均，天根月窟循，昭乎若日正三辰。不遠復，以修身。

十二月二章　中和韶樂，大呂清宮立宮，倍南呂清下羽主調。

升座隆平　斗柄將東四序周，佳氣滿皇州。嘉平吉日諏，翠輅充廷立九斿。吾皇御大裘，法座侍王侯。服舊德，布新猷，穆若天儀福祿遒。

還宮顯平　太室黃雲紫氣蒙，時雪報年豐。天闕橐籥充，臘鼓催春天地通。皇家寶緒隆，契合動昭融。月西朓，日生東，萬載回環不息同。

閏月節前用上月宮調，節後用下月宮調，詞同前。除夕升座還宮，與十二月常朝同。耕耤禮成，慶成宮宴，與三月同。

文進士傳臚御殿二章　乾隆七年定。中和韶樂，蕤賓變徵立宮，太簇商主調。

升座隆平　啓文明，五色雲呈，珊網宏開羅俊英，梧岡彩鳳雝喈鳴。氣如珠，河似鏡，集賢才於蓬瀛。

還宮顯平　海榴舒，木槿初榮，宣賜宮衣最有名，薰來殿角微涼生。鳳棲梧，麟在囿，致皇風於昇平。

文進士傳臚羣臣慶賀一章　丹陛大樂

慶平　賢關大啓，五緯麗霄光。九苞彩鳳鳴高岡，日華五色舜衣裳。濟濟蹌蹌，多士思皇。

武進士傳臚御殿二章　乾隆七年定。中和韶樂，應鍾清羽立宮，林鍾清變徵主調。

升座隆平　寶殿雲開，朱檐日近，甲袍金瑣玲瓏。看敦詩說禮，國士之風。王朝楨榦資英俊，參帷幄，克詰兵戎。雲臺繪畫，勳名偉績，媲美前蹤。

還宮顯平　玉燭光調，金甌綏靖，兩階干羽雍容。念求賢渭水，兆協非熊。中林罝兔多賢士，資心腹，雲起風從。龍韜豹略，後先疏附，鵬翼摶風。

武進士傳臚羣臣慶賀一章　丹陛大樂

克生。

慶平　鷹揚鶚薦，厲翮九霄清。兎罝在野維干城，龍韜豹略蜚英聲。肅肅赳赳，王國乾隆四十八年，乾清宮普宴宗親，御殿二章　中和韶樂，太簇商立宮，倍無射變宮主調。

升座隆平　中天鳳紀開新，列堯階纁茵。聖德重華九族親，垂光惇敍家人。敷仙蓂，十葉宜春。扇雍和，和氣誾，郁祥芬。瓊蕤奉日，寶鄂承雲。

還宮慶平　璇霄氣應韶鈞，仰重熙令辰。行葦恩華衎燕申，歡承麟趾振振。霑椒觴，芳酎含醇。荷龍光，光被均，瑞璘彬。萬年聖壽，一本天倫。

乾隆五十年，乾清宮千叟宴，御殿二章　中和韶樂，太簇商立宮，倍無射變宮主調。

升座隆平　乾隆五十年春，月王正日辰。帝世重熙盛典陳，高年高會楓宸。有盈廷鶴髮臣民，望鑪香，開扇輪。共尊親，年逾書亥，福迓重申。

還宮慶平　雲開黼座氤氳，望天迴紫宸。九拜龍光舞蹈申，仙韶聲遠徧聞。退朝班仙仗繽紛，到蓬萊，攜紫雲。散仙羣，九重曼壽，千叟長春。

乾隆十三年，大學士忠勇公傅恆征金川授敕，御殿二章　中和韶樂，黃鍾宮立宮，倍夷則下羽主調。

升座隆平　臨軒策將聖武恢，仙仗挾風雷。龍驤虎賁羣英來，專閫正藉勒銘才。神機翊上台，恩隆轂是推。揚威邊徼圖雲臺，承廟略，往欽哉。

還宮顯平　絳霄瑞靄六龍迴，寰寓靖氛埃。天戈遙指閶闔開，敦忠秉信閫外裁。風雲列陣該，崇墉計日摧。鋒車電掣天馬徠，軍聲歡，騰九垓。

乾隆十三年征金川，羣臣慶賀一章　丹陛大樂

慶平　金殿晨開銅龍啓，推轂恩隆典儀。九重上，爭歌喜起；敷聲教，盡仰天威。

乾隆十四年，金川凱旋慶賀，御殿二章　中和韶樂，姑洗角立宮，黃鍾宮主調。

升座隆平　慶溢朝端，靄祥雲，河山淸晏，鈴旂迢遞迓歸鞍。赫元戎，緊良翰，靖獻寸誠丹。載干戈，和佩鸞。功成萬里勒銘還，遐邇共騰歡。

還宮顯平　雉扇徐迴，徧堯封，齊銷熢燧，依依楊柳六師歸。逮春耕，修農耒，論賞策勳隨。九重深，五絃揮。敷天率土哀時對，日月耀明威。

乾隆十四年，金川凱旋，羣臣慶賀一章　丹陛大樂

慶平　決勝從容籌上將，師行肆靖遐方。宣武略，更敷文德；垂衣治，端拱明堂。

乾隆八年，盛京謁陵禮成，御殿二章　中和韶樂，黃鍾宮立宮，倍夷則下羽主調。

升座元平　維天眷我清，一統車書四海寧。法駕蒞陪京，祠謁珠丘展孝誠。陟降舊宮庭，思祖德，答天明。佳氣繞龍旂，瞰聖日，海東升。

還宮和平　文思洽九瀛，神孫繼治洊昇平。皇初七德成，締造艱難景命膺。撫序惕中情，凝旒竚，若奉盈。昭茲萬億齡，列祖武，敬其繩。

盛京御殿慶賀二章　丹陛大樂

羣臣慶平　重熙累洽，紘瀛被仁風。穆如神孫臨鎬豐，橋山禮成御故宮。零露瀼瀼，有來雍雍。

外藩治平　萬方合敬，同愛所親尊。思木有本水有源，東西朔南咸駿奔。純固恪恭，日子雲孫。

乾隆五十年臨雍二章　中和韶樂，夾鍾清商立宮，倍應鍾清變宮主調。

升座盛平　辟雍建，規矩圓方，復古自吾皇。先聖宮牆千仞近，講學升堂。於論鐘鼓鏗鏘，春水圜橋流浩蕩。作君師，時萬億；隆禮樂，煥文章。

還宮道平　聖人出，天下文明，玉振叶金聲。日月江河照法象，自古經行。講筵雝肅和平，熙事純常茂典成。覺羣黎，敷五教；彝倫敍，萬邦寧。

乾隆五十年臨雍，羣臣慶賀一章　丹陛大樂

慶平　禮成典學，璧水監姬章。中天日月瞻容光，宸儀有肅拜舞行。壽考延昌，聖化滂洋。

嘉慶三年臨雍二章　中和韶樂，夾鍾清商立宮，倍應鍾清變宮主調。

升座盛平　建皇極，端拱垂裳，仰止重宮牆。鑾輅蒼龍親視學，鼓篋升堂，昭回雲漢爲章。璧水和風交澹蕩，播金絲，傳孔訓，盛羽籥，邁周庠。

還宮道平　睿圖洽，文教昌明，至德播膠黌。俎豆衣冠多藹吉，講藝橫經。聖人玉振金聲，明德新民萬世程。首修齊，崇格致，基誠正，奏治平。

嘉慶三年臨雍，羣臣慶賀一章　丹陛大樂

慶平　一人首出，作睹仰當陽。重華協帝煥文章，崇儒右學聖治光。鐘鼓鏘洋，拜舞軒饗。

乾隆九年幸翰林院二章　嘉慶九年幸翰林院同。　中和韶樂，黃鍾宮立宮，倍夷則下羽主調。

升座隆平　龍文五色皆，羽葆亭童法駕來。秘閣列清才，就日瞻雲瀛丈隈。象緯正三台，糺縵縵，卿雲迴。元首實康哉，舟用楫，鼎需梅。

還宮顯平　恩光浹面槐，瀛洲十八並追陪。南山頌有臺，酒醴笙簧霖雨諧。帝扆下蓬萊，金枝靄，秀華堆。文光耀九垓，求千里，始於隗。

太上皇帝元旦御殿二章　嘉慶元年定。　中和韶樂，黃鍾宮立宮，倍夷則下羽主調。

升座元平　壽寓鞏金甌，繩武乘乾甲子周。燕翼篤詒謀，子帝欽承德澤流。歲首建華斿，著衍莢，海添籌。五福萃箕疇。臚實政，訓鴻猷。

還宮和平　天下養尊崇，萬禩頤和郅治隆。泰運懋延洪，嘉會朝正萬國同。康强仰聖躬，八徵念，十全功。勵治尙初衷，膺篤祜，競呼嵩。

太上皇長至御殿二章　嘉慶元年定。中和韶樂，黃鍾宮立宮，倍夷則下羽主調。

升座遂平　陽回玉琯新，祗承忭蹈率臣民。行健政躬親，問安視膳秉鴻鈞。帝範示遵循，共球集，韶濩陳。皇祺茀祿臻，紀馨烈，頌恆春。

還宮允平　懿鑠纘羲圖，雨暘時若泰階符。逢年渥澤敷，三除玉粒五蠲租。元吉惠心孚，恩帀寓，德覃區。寅承保聖謨，履端慶，舞康衢。

太上皇帝萬萬壽節御殿二章　嘉慶元年定。中和韶樂，黃鍾宮立宮，倍夷則下羽主調。

升座乾平　壽祿位名全，猶日孜孜寶篆鐫。保佑命膺天，繼序重光福祚延。乾符久仔肩，文巍煥，武昭宣。瑞應角亢躔，龐褫衍，萬斯年。

還宮泰平　曼壽獻瑤樽，萬方玉食至尊尊。舞綵上儀敦，堯辰舜丙合乾坤。詄蕩啓天門。帝奉帝，孫有孫，祥雯燦紫闈。歌景福，飫洪恩。

太上皇帝三大節慶賀二章　嘉慶元年定。

皇帝率王公百官行禮慶平　御宇六旬，九有浹深仁。勳華一家禔福臻，歲萬又萬頌大椿。文武聖神，帝夏皇春。

宮中行禮雝平　雝雝在宮，天符人瑞同。太上立德更立功，京垓億兆運龐鴻。雲礽衍慶，萬福來崇。

丹陛大樂

嘉慶元年千叟宴，太上皇帝御殿二章　中和韶樂，太簇商立宮，倍無射變宮主調。

升座隆平　乾隆六十一年，授嘉慶始元，叟宴三開鉅典傳。天家尊養彌虔，建惟皇錫極無偏。率臣鄰，逮戶編，曁垓埏。軒宮初御，春殿長筵。

還宮慶平　儀鸞扇合鑪煙，聽仙韶繹然。盛禮觀成九拜虔，翹瞻斗運辰躔。退朝班，皇極門前。頌堯仁，贊啓賢，合羲年。聖能昌後，天不違先。

太皇太后三大節御宮二章　康熙二十二年定。　中和韶樂

升座升平　嘉樂聖母，慈徽穆穆。協德坤元，以涵以育。以天下養，永綏天祿。皇情

展慶，禮明樂淑。億萬斯年，受茲介福。

還宮恆平　天祐皇家，景命薦申。宮幃重慶，繁祉川臻。如南山壽，集嘏斯純。我皇樂只，燕及臣民。薄海內外，罔不尊親。

太皇太后三大節宮中慶賀一章　康熙二十二年定。

丹陛大樂

晉平　彤庭景麗，旭日祥風。繽紛綵仗，奕奕璇宮。鴻慈燕喜，歡洽聖衷。萬方一軌，來賀來同。千官拜舞，樂胥有融。維壽維祺，天地並隆。

皇太后三大節御宮二章　康熙二十二年定，乾隆七年重撰樂章。初製附載。

中和韶樂，南呂清徵立宮，仲呂清角主調。

升座豫平　慈幃福履昌，瑞雲承輦獻嘉祥。徽流寶冊光，玉食歡心萃萬方。旭日正當陽，綏眉壽，樂且康。瑤池蓂葉芳，如山阜，永無疆。原有懿慈幃，惟天下母。厚德之符，含宏九有。式嗣徽音，以昌厥後。寵綏受之，遐不單厚。福祿來求，如山如阜。

還宮履平　璚宮瑞靄霏，翬翟山河上袞衣。寶籙慶璇幃，萬國歡愉頌德徽。長日麗晴暉，青鸞舞，鳳在墀。康强福祿宜，億萬載，祝期頤。原百禮既洽，燦然其章。瑞雲承輦，麗日舒長。萬方玉食，愉懌未央。言旋彤幄，凝祉儲祥。一人有慶，萬壽無疆。

皇太后三大節慶賀二章　康熙二十二年定，乾隆七年重撰樂章。初製附載。　丹陛大樂

皇帝率王公百官行禮益平　皇家燕喜，福壽協慈幃。千官拜舞，萬國瞻依。靄璇宮，聖日輝。原品物咸亨，景光清泰。展禮孔皆，式瞻嘉會。金石相宜，貫珠編貝。思媚思齊，德音四沛。以介繁禧，萬年保艾。曰壽而臧，曰昌而大。

宮中行禮雝平　詞與皇帝三大節同。

乾隆二十四年，平定回部，長至皇太后御宮二章　中和韶樂，南呂清徵立宮，仲呂清角主調。

升座豫平　慈寧集慶長，坤元叶德煥嘉祥。晴暉轉一陽，玉食承歡福履昌。西極盡來王，同稽首，頌壽康。堯階蓂葉芳，受茲福，永無疆。

還宮履平　瑤宮靄紫煙，日麗彤墀百福全。德範播堯天，文笥珠璣晉九邊。翬翟耀瓊筵。添宮綫，玉卮前。綏和兆萬年，永樂愷，協璣璿。

皇后三大節御宮二章　康熙二十二年定，乾隆七年重撰樂章。初製附載。　中和韶樂，南呂清徵立宮，仲呂淸角主調。

升座淑平　承天地道光，嗣徽音兮儷我皇。椒宮壼敎彰，萬國爲儀燕翼昌。彤管紀芬芳，春雲渥，環佩鏘。安貞德有常，敷內政，應無疆。原乾資於坤，儷尊宸極。皇化攸宜，母儀萬國。履順含章，茂明內德。福履永綏，迺燕迺翼。

還宮順平　瑤樞煥上台，椒殿風和麗景開。晴旭上蓬萊，佳氣氤氳徧九垓。祥雲護燕禖，培麟趾，毓蘭荄。雉扇影徘徊，看瑞靄，集宮槐。原椒宮奕奕，陰敎修明。褘衣有耀，環珮和鳴。禮容孔恪，萬國來成。關雎之德，流美風聲。

皇后三大節宮中慶賀一章　康熙二十二年定，乾隆七年重撰樂章。初製附載。　丹陛大樂

正平　正坤維兮儷皇極，母儀昭萬國。福履永綏，將六宮，承法則。原采章有蔚，禮備樂宣。令儀令德，率履無愆。型家而國，實惟承乾。旣淑且和，景福緜緜。

同治十一年，皇帝大婚，行册立禮，御殿二章　中和韶樂

升座宜平　作合慶從天，高懸日月照垓埏。交泰叶坤乾，鸞鏘鳳噦樂翩躚。星彩麗弧

韆，雙璧合，五珠聯。瓜瓞喜緜緜，綏福履，萬斯年。

正使受節愉平　祥暉耀九閶，鳳節蜺旌命肅將。雅調奏鏗鏘，玉管瓊璈廣樂張。賡詩媲洽陽，鋪鴻藻，煥龍章。福祿奉霞觴，富且壽，熾而昌。

大婚前一日閱册寶，慶賀三章　丹陛大樂

皇帝升座澄平　玉檢金泥寶氣騰，日月頌升恆。雲霞仰蔚蒸，椒壁蘿圖瑞彩凝。河洲德化興，海宇慶波澄。光復旦，福雲礽，謨烈昭垂億載承。

皇太后升座儀平　萬國共球奉壽卮，端冕肅隆儀。輝煌鳳詔披，玉册金符福祿宜。天容靜有思，晬穆拜瑤墀。纘前緒，答恩慈，嘉禮宏前百世基。

羣臣行禮普平　黼黻昭文仰大觀，高奉五雲端。嵩呼萬歲歡，鵷鷺成行擁百官。維皇宥密單，締造念艱難。膺寶籙，御金鑾，億載丕基鞏石磐。

大婚前一日閱册畢，皇帝詣慈寧宮行禮，皇太后御宮二章　中和韶樂

升座豈平　祥雲五色飛，旭日曈曨映紫微。曙景麗旌旂，仙仗分行寶篆霏。承歡舞綵衣，歌壽愷，切瞻依。展禮報春暉，隆孝養，慰慈幃。

還宮懌平　仙璈響禁城，簫管均調雅頌聲。旭日鳳凰鳴，瑞靄繽紛賀禮成。慈顏喜氣迎，擁豹尾，導蜺旌。雲奉翠華明，馭大丙，暢由庚。

大婚宣制，皇帝御殿二章　中和韶樂

升座叶平　翠琯銀簧下紫霄，仙樂奏咸韶。趨班肅百僚，傘蓋鳴鞭侍早朝。惟皇日月昭，玉燭慶時調。文傳武，舜紹堯，一德心源切旰宵。

正使受節舒平　雲蒸御案香，龍節高擎喬采彰。嘉禮敬延康，繼繼繩繩百代昌。睢麟爲世祥，歌渭涘，慶洽陽。嘉氣溢天閶，祝聖壽，壽無疆。

大婚朝見皇太后御宮二章　中和韶樂

升座喬平　祥暉麗紫宸，天地同和萬國春。協氣轉鴻鈞，燕翼詒謀百福臻。星雲爛漫新，嘉禮備，雅樂陳。至德頌慈仁，洪寶籙，衍疇倫。

還宮忻平　吉日承歡厚德酬，侍燕禮虔修。芬芳潔膳羞，玉食瓊漿旨且柔。笙簧雅韻流，儀衞轉華斿。調玉燭，鞏金甌，穆穆隆儀福祿遒。

大婚朝見次日，皇帝詣慈寧宮行慶賀禮，皇太后御宮二章　中和韶樂

升座軒平　蓬萊旭日紅，鳳閣龍樓瑞靄中。儀衞拱璇宮，肅肅旌旂拂曉風。維皇茂矩崇，禮既洽，樂交融。孝養萬方隆，瞻景福，共呼嵩。

還宮頤平　閣道迴環輦路花，宮殿燦雲霞。蓬壺歲月賒，六合光明萬福嘉。鳴鑾返翠華，喜氣正無涯。德自大，頌非誇，華祝衢歌遍邇遐。

大婚朝見次日，皇后詣慈寧宮行慶賀禮，皇太后御宮二章　中和韶樂

升座翕平　懿範雍和內治襄，儷日月同光。承天地有常，喜洽璇幃慶未央。虔恭淑德彰，褘鞠頌儀詳。蘭馭肅，翠旍颺，紹繼徽音式萬方。

還宮孚平　茂典邁嬪京，妊姒相承世德宏。內治稟儀型，晬穆慈顏福履盈。垓埏樂永清，陳葆佾，簇霓旌。璆佩節和聲，雲輅舉，日華明。

大婚朝見次日，皇帝御內殿二章　中和韶樂

升座蕃平　二曜光昭萃茂釐，乾籙應昌期。中宮肅盛儀，肇正人倫萬化基。篤棐福祿宜，麟趾叶風詩。炳帝極，衍宗支，萬葉千春海寓熙。

起座理平　虔修肅拜儀，納福躋仁百祿宜。協氣迓蕃釐，輦路塵淸六馭馳。祥雲護瑞曦，迴玉輅，繞彤墀。湛澤九天滋，宣嘉頌，慶昌期。

大婚朝見次日，皇后御內殿二章　中和韶樂

升座惠平　蘭殿椒闈迓帝庥，懿德軼河洲。良辰協吉諏，位正坤維內治修。嘉祥百祿遒，黼黻煥新猷。輝翟彩，導鸞斿，邐迤祥雲輦路周。

還宮祥平　中禁宏開靄吉祥，律度協珩璜。賡歌茀祿康，彩煥星軒法服彰。豐祺衍熾昌，福履慶齊長。遵玉戺，晉椒房，坤順承天德有常。

大婚朝見次日，慶賀五章　丹陛大樂

皇太后升座，皇帝行禮康平　雲書爛縵祥，舞綵宮中愛日長。雅樂叶笙簧，一曲南陔奏未央。金鑪嫋篆香，看鳳翥，喜鸞翔。聖壽祝無疆，醲澤被，惠風颺。

皇太后升座，皇后行禮巽平　宮扇彩雲移，遙瞻鳳輦駐彤墀。文裀錦繡披，太祝初宣展拜儀。肅穆答鴻慈，徽音嗣，福履綏。祥開百世基，綿泰祉，正坤維。

皇帝升座，皇后行禮諧平　雉尾雲開喜氣生，嘉禮慶初成。關雎句載賡，一片承平雅頌聲。鴛鴦福祿盈，鸞鳳叶和鳴。光四表，暢八紘，風始周南雅化行。

羣臣行禮燮平　丹鳳銜書降九天，香嫋鵲鑪煙。歡聲動八埏，成蓋青雲朵殿前。光華億萬年，鵷鷺肅班聯。輝寶鼎，邕宮懸，雨露無私聖澤宣。

宮中行禮晏平　坤儀令德崇，六服光輝典禮隆。瑞靄滿中宮，綵仗雲旗麗景融。鑪煙接陛楓，容肅穆，福龐洪。理內頌成功，宣閫政，贊皇風。

大婚行禮次日筵宴，皇帝御殿二章　中和韶樂

升座會平　天心眷至人，璧合珠聯耀紫宸。雅化洽雎麟，祥靄彤廷百福臻。鐘鼓韻清新，調律呂，奏韶鈞。寰海共尊親，昌聖緒，敍彝倫。

還宮忭平　煦日祥光煥翠旂，冠佩集螭頭。宮中拜賜優，歡洽皇心百祿遒。香煙仗外浮，班散玉階儔。敷駿惠，式鴻猷，慶典覃禧九服周。

皇太后賜后母宴，御宮二章　中和韶樂

升座序平　寶扇雲移法駕臨，萬國盛儀欽。仙韶協舜琴，曉旭凝輝耀玳簪。慈顏悅豫

深，錫福徧壬林。延景祚。頌徽音。媲周家，仰太妊。

還宮愷平　樂奏鈞天吉禮成，燕衎洽羣情。璇幃喜氣迎，歡承壽母共稱觥。金萱萬歲榮，闓澤普埏紘。廻龍馭，擁霓旌，堯趨舜步協安行。

大婚賜承恩公親屬宴四章　丹陛大樂

皇帝升座調平　瑞靄嫋鑪香，丹陛班分鵷鷺行。懿戚喜稱觴，衣冠蹌濟覲龍光。壺中日正長，陳酒醴，肄笙簧。虞陛效賡颺，和以樂，壽而昌。

后父率親屬謝恩，羣臣行禮介平　祥光麗几筵，鳳管鸞笙奏九天。雨露拜恩先，圭爵欽承寵詔宣。嵩呼玉陛前，揚抃舞，肅班聯。篤慶祝堯年，歌椒衍，卜瓜綿。

后母率親屬行禮，入座衎平　曈曨曉日明，五色祥雲靄禁城。瑞應泰階平，冠裳濟濟拜丹楹。璇宮喜氣盈，陳酒醴，奏韶韺。燕衎荷恩榮，膏澤渥，頌同聲。

后母率親屬謝恩阜平　堯廚蓮獻祥，六膳和調出上方。珍味列芬芳，春滿宮壺雨露香。衢尊酌醴漿，醲化洽，茀祿康。肅拜效賡颺，介景福，熾而昌。

大婚頒詔，皇帝御殿二章　中和韶樂

升座端平　堯天景運長，民物咸熙庶事康。離照炳當陽，萬里山河日月光。昇平寶祚昌，福無量，壽無疆。四表煥文章，歌喜起，頌明良。

還宮融平　嘉祥帝眷孚，乾始坤元合聖謨。蕃祉炳皇圖，藻景昭陳協氣敷。宣綸懔步趨，編璧葉，瑑金符。喬采煥雲衢，六禮備，衆情愉。

光緒十五年大婚，閱册畢，皇帝詣慈寧宮行禮，皇太后御宮二章　中和韶樂

升座邕平　祥暉靄紫宸，瑞滿乾坤淑氣新。寰海慶同春，作合從天萬福臻。瑤階雅樂陳，和鸞鳳，詠睢麟。垂裕荷慈仁，崇典禮，敍彝倫。

還宮懌平　綵仗萬花迎，雅雅魚魚慶禮成。琴瑟聽和鳴，鳳翥鸞翔引韻清。璇闈喜起賡，開帝運，愜皇情。寰宇際昇平，徵瑞應，動歡聲。

大婚宣制，皇帝御殿二章　中和韶樂

升座叶平　樂譜簫韶奏九成，儀鳳叶和聲。鑪香篆裊清，萬國共球集帝京。宸修德克明，景運啓元亨。懸金鏡，察玉衡，南面垂裳御八紘。

正使受節舒平　絲綸錫自天，龍節莊持映日鮮。璧合並珠聯，玉檢金泥紫誥宣。欽哉

命敬傳，椒蕃衍，瓜瓞綿。歌聲徧垓埏，祝聖壽，億萬年。

大婚前一日閱册寶慶賀二章　丹陛大樂

皇太后升座儀平　詩詠周南肇始基，聖配正坤維。惟皇肅上儀，展拜雍容侍玉墀。貽謀賴聖慈，獻壽晉瑤巵。延景祚，慶昌期，瓜瓞綿綿福履綏。

羣臣行禮普平　冠佩趨蹌仰九重，僚寀樂登庸。三多祝華封，夔拜皐颺效靖恭。維皇駕六龍，作覯筮雲從。占嘉會，慶嘉逢，四海欣霑帝澤醲。

大婚朝見皇太后御宮二章　中和韶樂

升座喬平　春光滿禁闈，和煦風柔拂翟幃，虔拜仰恩暉。宵旰勤劬綜萬幾，顯翼翼，扇巍巍。齊政察璿璣，欽德至，嗣音徽。

還宮忻平　宴罷欣逢大禮成，鳳輦映花明，鸞旗拂柳輕。五色雲霞綵仗迎，蔆闈喜氣盈，椒殿曉風清。調玉琯，奏瑤笙，一片承平雅頌聲。

大婚朝見次日，皇帝詣慈寧宮行慶賀禮，皇太后御宮二章　中和韶樂

升座軒平　曙景絢蓬瀛，閶闔天開瑞靄生。紫幰彩霞明，舞蹈歡呼徹鳳城。慈闈喜氣盈，儀具舉，禮初成。孝養竭精誠，調管籥，奏韶韺。

還宮順平　巍煥龍樓𨼕絳霄，日彩麗金貂。猊鑪篆馥飄，輦路花深漏響遙。雲軿樂御調，法曲和笙簫。隆禮備，德音昭，萬福來同際聖朝。

大婚朝見次日，皇后詣慈寧宮行慶賀禮，皇太后御宮二章　中和韶樂

升座翕平　風始宏開萬福基，厚德正坤維。思齊啓嗣徽，修栗雍宮贊贄時。祥暉駐玉墀，鑾輅展文螭。循茂典，答皇慈，日月承天曜二儀。

還宮孚平　天地二儀平，芼荇求賢內治成。懿德纘維行，瓜瓞綿延慰聖情。彤墀福喜盈，揚翠葆，擢朱英。旋輅節韶韺，雲雉轉，玉鸞鳴。

大婚朝見次日，皇帝御內殿二章　中和韶樂

升座蕃平　元氣昭融運二儀，風始德宣詩。春初瑞應時，萬化淵源萬福基。軒裳肅茂規，姒幄駐祥曦。調玉琯，衍金支，鍾祉延釐頌聖慈。

起座理平　虔作禮初成，壼範柔雍翊聖清。寶輅叶鸞鳴，金戺彤墀喜氣盈。雲移雉扇

明，回地紐，轉天紘。雅樂譜韶韺，珠露湛，玉芝榮。

大婚朝見次日，皇后御內殿二章　中和韶樂

升座惠平　正始風開萬福原，玉輅慶臨軒。含章贊至尊，乾曜坤儀應德元。風生九陛溫，旭映六宮暄。迎淑氣，沐仁恩，卿喬葳蕤受祉繁。

還宮祥平　繞轂花迎上苑春，輦路淨無塵。宮鶯囀語新，內治修明樂最眞。清芬挹藻蘋，雅化溯雎麟。歌采采，詠振振，茂祉繁釐慶翕臻。

大婚朝見次日慶賀五章　丹陛大樂

皇太后升座，皇帝行禮康平　祥雲麗九天，丹陛歡承聖母前。壽愷祝洪延，垂裕綿長紀萬千。寶鼎裊香煙，雙璧合，五珠聯。雅樂叶宮懸，恩澤普，福疇全。

皇太后升座，皇后行禮巽平　彩仗導丹軿，韶咸樂奏八風宣。宮花繞御筵，鏤檻文墀展細旃。璆佩拜儀虔，慈顏煦，曼福駢。山呼徧九埏，元正月，萬斯年。

皇帝升座，皇后行禮諧平　褘服葳蕤茂典祥，向日月輝光。承天地久長，容蹈凝華德象彰。和鳴協鳳凰，景福集鴛鴦。瞻袞冕，節琚璜，慶洽宮闈萬葉昌。

羣臣行禮燮平　糺縵星雲煥紫宸，芭鳳采璘彬。蘿圖萬福臻，寶瑟瑤琴雅韻新。恩周雨露勻，薄海慶同春。凝鼎命，闡坤珍，鶼鰈偕登道路遵。

宮中行禮晏平　彤庭瑞靄縈，象服增華煥采明。正位翊昇平，德協坤貞品物亨。來綏福履成，輝黼黻，式璜珩。芬蕙引風清，調鳳瑟，叶鸞笙。

大婚行禮次日筵宴，皇帝御殿二章　中和韶樂

升座會平　祥光曜紫宸，泰宇宏開九陛春。雅化肇睢麟，采荇歌兼詠采蘋。薄海識尊親，仰皇極，頌皇仁。仙樂奏咸鈞，逢嘉會，宴嘉賓。

還宮忭平　慶典欣成日正中，頌禱效呼嵩。新承帝眷隆，歡洽皇心喜氣融。祥煙靄九重，綵仗擁花紅。占人壽，卜年豐，聖澤覃敷六合同。

大婚賜承恩公親屬宴二章　丹陛大樂

皇帝升座調平　左右肅班聯，鵷鷺分行別後先。戚畹萃親賢，夔虎鳴鑾應管絃。鏗鏘禁漏傳，瞻舜日，覲堯天。拜舞錦袍鮮，列玉砌，侍瓊筵。

后父率親屬謝恩，羣臣行禮介平　鑪煙篆裊香，朶殿春和旭日長。夔虎效賡颺，搢笏

垂紳玉佩鏘。隆儀九拜彰，飫酒醴，叶笙簧。寶籙衍休祥，綏福祿，頌鶬鶬。

大婚頒詔，皇帝御殿二章　中和韶樂

升座端平　皇圖聖德宣，金鏡調元喜共延。紫極麗中天，華祝嵩呼億萬年。歡聲動八埏，階啓泰，位乘乾。瑞靄玉鑪煙，輝玉戺，炳珠躔。

還宮融平　綵綸被萬方，丹鳳書銜日月光。天語懍煌煌，慶典欣成錫祚長。休徵應雨暘，顏有喜，頌無疆。盛治贊垂裳，夔虎拜，鳳鸞鏘。

乾隆十七年，重定慶典所奏禧平十五章　導迎樂

臨雍　崇聖尊道，乾德下交。思樂多士，化流芹藻。鼓篋徵，經術昭。聽講環，宏育陶。

巡狩方嶽　棽麗六飛，入蹕出警。省方觀民，施惠行慶。一人行，萬人幸。載道歡，瞻天聖。

元日進表　元正朝享，臨御萬方。閶闔通啓，太平呈象。旅貢陳，軒樂張。徧海隅，瞻帝光。

長至進表　黃鍾應律，玉琯迴陽。書雲薦瑞，迎日履長。共球集，韶濩張。奉金函，來萬方。

萬壽節進表　神聖文武，提絜六符。綏以眉壽，罄宜多祜。邁斗維，呈瑞圖。萬歲聲，山應呼。

皇太后萬壽節進表　昭受天貺，鍾慶發祥。文母禔祉，福隆尊養。錫類蕃，慈訓彰。億萬年，臨壽康。

皇后千秋節進表　坤德柔靜，陰教順承。螽斯麟角，允維嘉應。寶冊鐫，天慶膺。求嗣徽，如月恆。

進實錄　昭示無垠，謨烈聿皇。垂布方策，日星輝朗。配典墳，揚耿光。永繹思，綏萬邦。

進玉牒　瓜瓞滋長，椒實衍昌。公姓千億，福疇維嚮。定角仁，朱芾皇。錫類洪，咸樂康。

頒時憲　欽若誠亶，皇正朔頒。分秒無忒，玉衡齊貫。敬授時，宜暑寒。稽事明，民庶歡。

頒詔　申命重巽，綸下九閽。句出萌達，百昌咸振。象魏懸，輅鐸巡。德意宣，天地春。

殿試送牓　賢網寬整，才俊畢登。疏附先後，一人維聖。教澤長，多士盈。景運開，龍虎蒸。

迎吻　皇作宮殿，因地順天。如竹苞矣，美哉輪奐。鳥翼飛，松桷梴。芋且寧，居萬年。

皇帝親耕進種稑　農作農正，鸞輅勸耕。種稑嘉種，降康延慶。帝耤開，農政行。我稼同，明賜成。

皇后親蠶進筐鉤　戴勝告時，西陵肇典。爰舉懿筐，爰臨柘館。御鞠衣，登瑞繭。金鉤陳，嘉義展。

皇帝耕耤三十六禾詞一章　雍正二年定。

光華日月開青陽，房星晨正呈農祥。帝念民依重耕桑，肇新千耤考典章。告蠲元辰時日良，蒼龍鸞輅臨天閶。青壇峙立西南方，犧牲簠簋升芬芳。皇心祇敬天容莊，黃幕致禮虔誠將。禮成移蹕天田旁，土膏沃洽春洋洋。黛犂行地牛服韁，司農種稑盛青箱。洪縻在手絲鞭揚，率先稼穡爲民倡。三推一撥制有常，五推九推數遞詳。王公卿尹咸贊襄，甸人千耦列雁行。耰耡既畢恩澤滂，自天集福多豐穰。來牟蕎𦮲森紫芒，華薌赤甲秈稈秎。秬秠三種黎白黃，稷粟堅好碩且香。穈芑大穗盈尺長，五菽五豆充墉場。穄粢穈穈九色糧，蜀秫玉黍兼東廧。烏未同收除童粱，雙歧合穎徧理疆。千箱萬斛收神倉，四時順序百穀昌。八區九有富葢藏，歡騰億兆感聖皇。

皇后采桑歌一章 乾隆七年定。

躬耕禮成詔井桑，蠶月吉巳迎辰祥。金華紫罽五翟光，瑞雲彩映椒塗黃。壇南宿戒惟宮張，西陵展事搖珩璜。齋肅恭敬柔雍彰，金鉤綠籠懿筥筐。尙功尙製奉以將，柔條在東涵露香。鞠衣三摘鳴鳩翔，月靈臨賁龍精昌。黼黻五色質且良，昭事上帝祠烝嘗。儀型宇宙帥妃嬙，衣食滋殖被萬方。

清史稿卷九十八

志七十三

樂五

樂章三 筵宴　鄉飲酒

太和殿閱皇太后徽號册寶，海上蟠桃一章 乾隆七年定。 中和清樂

海上蟠桃乍熟，日邊紅杏初芳，慈幃履慶承天貺，景福正綿長。一解 啓蓬萊，排仙仗，露溥溥，凝仙掌，褘衣翟服爛明璫。耀金鋪，日擁扶桑。喜風和駘蕩，鑪熏百和香，太平有象，孝德光昌。二解 殿當中，雲光瀁，鴐臨軒，金閨敞，孝思不匱重天常。展瑤函，寶册輝煌。喜風和駘蕩，鑪熏百和香。太平有象，孝德光昌。三解 紫霞杯，葡萄釀，九華鐙，芙蓉桁，流霞紺雪酌天漿。頌期頤，地久天長。喜風和駘蕩，鑪熏百和香。太平有象，孝德光昌。四解 玉

衡平，金波朗，湛露融，階蓂長，雲璈法曲奏清商。奉慈徽，長信傳芳。喜風和駘蕩，鑪熏百和香。太平有象，孝德光昌。五解 萬方玉食尊親養，孝治烝烝天下仰，敬歌萬壽無疆。趨辭

嘉慶元年，太上皇帝三大節筵宴三章 進饌，中和清樂；進茶、進酒，丹陛清樂

進饌莢衍箕疇之章 莢衍箕疇，春滿瀛洲，六甲慶重周。功德誰儔！位祿兼名壽，並包帝道王猷。十全建極八徵念，五福居長百祿遒。駕蒼周，軼赤劉，共臚萬萬添籌。一解 敬維作所酬高厚，圜壇冬至齋宮就。方壇夏至明禋奏，祈年雩祭均循候。加玉表精忱，縮鬯通聲臭，珠囊氣協神祇祐。二解 遵守寶籙，朝朝誦大猷，萬乘謁珠丘，冠服貽謀，弓矢貽謀。盛京賦，賦鴻庥，霞綳燃處明如晝。紀恩堂，堂構綢繆。習騎射，御驊騮，歲歲木蘭蒐狩。三解 宵衣問夜傳清漏，瑤殿上，勤政名留。不待雞人報曉籌，燃絳蠟，答詞頭。四解 睿慮充周，後樂先憂，茅檐蔀屋蓋藏謀。不惜金鏐，蠲租賜復登仁壽，茨粱在野羅漿酒。吉亥親耕勤早穫，雨暘驛遞馳封奏，沃壤年年報有秋。五解 包羅星宿，御丹毫，文成萬首。味腴餐秀，有數萬餘篇摛錦繡，丹黃四庫皆經奏。更臨雍宣講，璧水環橋欣覯。禮成釋菜，又看典茂鴻都，石經鐫就。六解 二十矢，天弧彀，廣運南朔東西，威棱處處周。拓疆二萬，亥步全收。遐陬襁負投，歸降歸順，更兼廓喀鯤番一候。七解 仁壽貞符同輻輳。十一世，金枝秀。聯珠合璧，月將

日就。二千里黃河清瀲，仙蝶呈祥晴雪後。慶昌期，中天候，重逢重遘。八解　玉燭金甌，天行一日一周。孜孜惟日耄期猶，自强不息符乾九。膺篤祜，璿莢珠籌，子帝承歡千萬壽。

趨辭

進茶玉燭調元之章　玉燭調元，日彩旭曈曨，正聯珠合璧慶重逢。星輝雲爛藹和風，角亢吐耀辰居拱。春意盎，瑞光融，看萬年枝更動，萬年觴奉，添籌積算乾綱總，一家堯舜貞符共。繞陛雲烟擁，壽介衢尊，恩流寶甕。一解　主敬宸衷，後天而奉，紀元周甲蘿圖鞏。隆授受，養尊崇，積京垓，臣民頌，萬禩慶延洪。如日方中，麗桐軒，輝松棟。二解　瓜瓞緜緜，椒衍金枝重，五福名堂萬福同。瑤牒書石衆瑞徵，麟趾慶恆鍾，繩繩繼繼，叠見祥雲擁。祝來昦，奕禩荷蒼穹。三解　武於鑠，十全同頌，文丕煥，四德俱隆，箕疇錫福福來崇。皇極慶，道泰時雍。四解　恩牓制科，先中慶遭逢，杏花春雨桂秋風。澤龐洪，年逾耆耋觀光踊，遠超五老首曹松。首曹松，七旬以外成均貢。五解　會耆英，三千衆，奏鈞天廣樂同雲夢。甘膏渥，湛露濃，十年方舉燕方疃，鳩飾許攜筇。六解　藏富三農，八蠲常貢，偏隅薄歉停輸供。問暘雨，罷租庸，樂京坻，勤耕種，鼓腹共融融。寰宇綏豐，舞康衢，賡豳頌。七解　就日瞻雲九宇同，占風協律集球共，嶽修川效朝正衆。拓輿圖，河玉山葱，里逾二萬入堯封。奉車書，玉帛重重。八解　昌辰嘉會隆儀重，聽雅樂九成鳴鳳。八極盡承風，九瀛齊獻頌。趨辭

進酒日麗瓊霄之章　日麗瓊霄，春風先盎蓬萊島。樂奏簫韶，天賜徵難老。一解　祗承皇道，歡心萬國會三朝。正籌添玉荚，更斗轉珠杓。紆縵縵，袞衣依黼座；爛輝輝，瑤斝奉瓊膏。慶昌辰，重光重潤；仰景運，稽舜稽堯。養隆山海，美軼祁姚。二解　奕葉臚歡衍慶饒，詠振振，瑞牒標。瑤林琪樹萬尋高。蘭芽馥郁彤墀繞，幔亭仙樂元音妙。祥光絢鳳條，祥飆暖鳳巢，集雲礽獻壽和風劭。欣舞綵，燦螭坳。三解　列清班，鵷鸞翮高。鹽梅一氣調，看肅肅衣冠拜絳旓。北闕開，催曉箭，西山爽，靜鳴梢。斟沆瀣，酌葡萄。四解　欣邇英，日轉槐龍清影搖。更集賢，風綏梅花雜絮飄。喜華纓共彯，爐烟暖未消。鳳池頭，仙翰染；鸞掖外，珮聲敲。齊祝頌，聖壽天高。五解　更皤皤黃髮飄，玉杖初扶，來聽雲璈。祝萬八昌期鎬燕，列三千吉語衢謠。六解　皇州暖，淑氣調，千門萬戶歡聲早。九衢初旭和光繞，東華紅輭雲烟裊。黃圖紫陌總臚歡，萬年枝上鳴春鳥。七解　聯三殿，達四郊。綿區帀宇茅檐表，綺塍繡罫農功早，提壺布穀春聲好。兕觥共願獻公堂，衢尊衢室歌鴻造。八解　威棱震，德化遙。王會冠裳，海角山椒，長股僬僥。瑤階上，干羽功昭。趨閶闔，拜舞兼歡蹈。帀爻閭，赤帝飄飆。紈牛露犬輸奇寶，兜離僸昧，盡入咸韶。九解　玉河縹緲，星海迢遙。占城馴擾，撣國招邀，南掌山高，荷蘭飄飄，卻值元正齊到。慶中天，仰碧霄，路繞銅標，韻叶鸞鑣。占青雲，疊來重譯；趨黃道，共上輕軺。會嘉慶，舞雲翹，南諧北燮祥輝耀。鳧趨魚藻，式燕翔翾。十解　軼黃農，超羲昊，進長生，水玉膏，金鑑常懸帝範高。羣欽帝德蕘蕘，煥珠弧，上瑞先昭。泰策乾符，上下交頌，兼容並包。積京垓億兆，霞觴重酌種蟠桃。趨辭

皇帝三大節、上元、除夕筵宴三章　進茶、進酒丹陛清樂，進饌中和清樂

進茶海宇昇平日之章　海宇昇平日，景物雍熙，徧乾坤，草木樂清時。河清海晏麥雙岐，麟游鳳集枝連理。風瀸瀸，日依依。正蓬壺乍啓，天顏有喜。金門嶰竹傳仙吹，金猊篆裊香烟細，合殿歡聲殷地。一統山河，萬年天子。一解 佳氣佳瑞滿皇畿，天門詄蕩御筵披，千峯叠嶂排晴翠。動龍蛇，日煖旌旗，青葱玉樹萬年枝。燕溫溫，玉卮金墀。二解 天工四序平分歲，皇心惟念小民依。一自農功始、祁寒暑雨徧疇咨。崇墉櫛比，豐樂成民瑞；眞民瑞，茅檐外，簫鼓樂豳詩。三解 溯當年，深仁厚澤；到於今，累洽重熙。皇心繼述踵前徽，勤宵旰，敕惟時惟幾。四解 孝饗吉蠲，修祀事，奉明粢。于豆于登祼繁禧，爲民祈聖心無逸。天麻至，天心錫福聖無爲。聖無爲，太平恭己垂裳治。五解 得賢臣，襄上理，賁干旌，連茹彙征至。蟬有緌，鷺在墀。九苞颺彩映朝曦，來集上林枝。六解 民俗恬熙，盈寧婦子，康衢黃髮偕兒齒。食舊德，服新菑。想中天，堯舜世，鼓腹共游嬉，亦越於茲。戴堯天，遵舜軌。七解 重譯來時，梯航萬里，冠裳玉帛圖王會。於萬載，太平基。想中天，堯舜世，鼓腹共游嬉，亦

越於茲。戴堯天，遵舜軌。八解 皇心和豫陽春似，自萬類，光輝盛美。四海共傾葵，五雲齊獻瑞。趨辭

進酒玉殿雲開之章 玉殿雲開，金門春在蓬壺界。日月昭回，景福齊天大。一解 乾坤清泰，五雲深處是三台。看句陳北指，更閣道南迴。明朗朗，左樞兼上相；爛熒熒，龍角枕河魁。際中天，珠聯璧合；仰紫極，鸞至鳬來。一人有慶，萬國春臺。二解 府事修和籲俊才，扇仁風，徧九垓，萬方樂育仰栽培。一人宵旰符眞宰，幾康劼毖天工代。民生亦快哉，饔飧廑聖懷。勵憂勤，保大持盈泰。歌帝力，望堯階。三解 香馥馥，葡萄潑醅，天漿泛玉杯，光灩灩，露從仙掌開。北斗傾，萬壽觴；南山獻，延壽杯。慶玉食，萬方來。四解 看蓬瀛春煖，林巒間早梅。喜風和日麗，年華入睿裁。況山巔水隈，玲瓏萬卉開。綠芊芊，蘚似茵，紅灼灼，花如海。雨過也，隱隱輕雷。五解 到清和，暑風來。茂對乘時，長景恢台。敞水殿，紅紛綠駭，曳暄颸，楊柳毿毿。六解 金飆至，商序回，清秋皓月揚光彩。芙蓉初日舒蓓蕾。平疇穲稏黃雲藹，歲登大有萬民歡，皇仁優渥敷天戴。七解 寒雲沍，四序垓，一陽來復天心泰。兕觥釃酒公堂介，豐年蜡饗吹豳賽。乾資美利本無言，帝恩廣運眞無外。八解 天呈瑞，愜睿懷。金鏡光輝，玉燭和諧。鳴鳳雝喈，堯棟上，雲影徘徊；舜琴中，慍爲吾民解。奏南薰，還阜民財。冠裳玉帛圖王會，皇風蕩蕩，聖德巍巍。九解 淵思往代，茅茨土階，不圖不繪。黃

屋心齋，不築崔嵬。不重玫瑰，不貴腥羶葅醢。郤猩脣，減豹胎，惟寶賢才。亦有鹽梅和舟楫，九棘三槐。念民依，饑渴殷懷，顧時和，田不汙萊，神倉御廩藏精粺。五風十雨，無僭無差。十解 日晶熒，雲靉靆，蓂葉芳生玉階。紺露丹霞接上台，帝居深在蓬萊。泛瑤觴，玉斝雲罍，宮漏銅壺緩緩催。頌元首明哉，喜君賡臣拜，太平時節萬年杯。趨辭

進饌萬象清寧之章　萬象淸寧，海寓承平，瑞日麗彤廷。乾主大生，坤職資生，四序不言而成。宸居端拱敷皇極，帝道無爲法健行。五緯明，百度貞，萬邦額手歡慶。一解 軒圖麗日懸金鏡，堯階蓂莢舒長景。陽回黍谷開春令，帝車運轉杓攜柄。天道本無言，主德惟居敬，萬邦咸頌吾皇聖。二解 歡幸，累洽重熙際太平，萬國獻葵誠。簪紱盈廷，筐篚充庭。圖王會，奏咸英。微飔不動珠簾卷，露溥溥，仙掌高擎。酒初馨，薦瑤觥，共祝一人有慶。三解 彤墀上，花甎布影。瑤階上，鑪烟細生。鳳凰鵷鶵敞雲屏，宮漏悄，玉壺淸。四解 泰階久平，大有屢登。上林草木瑞光凝，卿雲景星。梯航萬國冠裳整，香烟盎盎排蓮井。宮殿風微仙樂盈，九成韶箾來儀鳳，穆肅天容晬以淸。五解 庭燎初炳，仰垂裳，一人有慶。明離午正，又千道彩霞籠瑞景。西山峩峩分翠黛，共南山獻壽，北斗天漿溟涬。天長地久，永茲九野盈寧，萬方綏定。六解 念世德，承天命，況復寶籙鴻圖，嘉祥歲歲呈。五風十雨，九穗雙歧，紫芝朱草榮。木華連理，更兼之，屈軼階前指佞。七解 欣慶，際昌期，觀聖政。億萬載，培周鼎。宵

衣旰食，日邁月征。殫厥心，爲民求瘼，莒葉抽時花綻杏。寫豳風，又思省，春省秋省。八解玉振金聲，皇朝功德慶成。從此年年獻兕觥，佳節良辰喜交並。傾堯酒，堯棟雲生，壽籙綿天共永。趨辭

除夕、上元、上燈火樹星橋一章乾隆七年定。中和清樂

火樹星橋，爛煌煌，鐙月連宵夜如晝。春風料峭，鈞天奏徹箾韶。烟雲中，瑞靄交，籠著鮫綃。錦繡叢，萬花繚繞。魚龍夭矯，嵩祝聲高。一解分明是洞天，是絳霄。分明是靈臺靈囿靈沼。更春光乍到，景物暄妍雨露饒。又黃上柳條，漏洩春陽在野橋。二解賀聖朝，世德遙。鬱曈曨，日麗霄。聖嗣聖，重明繼照。萬民歡樂，萬方熙皡。昇平節，瑞應昭，瓊蕊飄蕭。寶殿開，法曲雲璈。魚龍夭矯，嵩祝聲高。三解金枝麝氣飄，西吠琉璃四照。影娥池，鳳燭燒，百子池，涎爇龍膏。九華鐙，篆烟消。寒星纍纍綴銀霄，蟻穿九曲珠光耀。好良宵，是皇家，景福滔滔。四解滿山椒花簇，百枝嬌，月輪正高。鐙和月，一片冰霄，是皇家，景福滔滔。五解殿當中，黼座高，春悄銅壺漫敲。笙歌千萬里而遙，是皇家，景福滔滔。六解良宵正好，正好良宵。看皇都，萬井多娛樂。良宵正好，正好良宵，蓬壺清窈，銀海光搖。百和香，霏瑤島；紫羅囊，繡綵飄。花匼帀，東風吹飽，同慶淸朝。七解小梅梢，暗香浮動，淡

烟籠罩。月上柔枝，露滴輕苞。今宵裏，巷舞衢歌，徧寰瀛，同慶清朝。八解　願春光，年年好，三五迢迢。不夜城，燈月交，奉宸歡，暮暮朝朝。成喬成卿，萬朶祥雲護帝霄。趨辭

圖昌。

雍正二年，耕耤禮成，筵宴三章

進茶雨暘時若之章　祥開黼座兮，布瓊筵。笙歌迭奏兮，天樂宣。三推既舉兮，賜豐年。五風十雨兮，時不愆。優渥霑足兮，溉大田。皇心悅豫兮，福祿綿。

進酒五穀豐登之章　龍犂轉兮，春風生。帝勤稼穡兮，供粢盛。戒農用兮，勸服耕。富教化行兮，百穀成。禾九穗兮，麥兩莖。黍稷重穋兮，充棟楹。歲登大有兮，怡聖情。堯樽特進兮，玉醴盈。勞酒禮飲兮，邁鎬京。

進饌家給人足之章　嘉禾炊饌兮，雲子芳。仙廚瓊粒兮，匕箸香。吾皇重農兮，禮肅將。明昭感格兮，錫嘉祥。千倉萬箱兮，百穀穰。崇墉比櫛兮，遙相望。豐亨樂利兮，遍八方。家多充積兮，野餘糧。含哺鼓腹兮，化日長。朝饔夕飧兮，壽而康。萬邦同慶兮，璿

乾隆七年，重定耕耤筵宴三章　進茶、進酒丹陛清樂，進饌中和清樂

進茶喜春光之章　喜春光，將瑞靄集，斗杓運，農祥正，土脉融。平野水泉滋，景風至，農夫塗脛。長隄柳，繭館條桑映。簑共笠，村謳相永。頌元后，眉壽萬年；育我民，四方歡慶。一解　看風烏翔玉樹外，帝座臨瑤階影。百辟趨，搢笏共朝天，摳衣拜，田夫瞻望，簫韶奏，磬管聲依永。寢園內，朱櫻初迸。玉井藕，十丈移根，安期棗，似瓜晶瑩。二解　是瑤池來，閬苑薦，世間物，如何並。嗛雪甜，王母遠相將，笑留核，冰桃還勝。吾皇念，菽粟眞民命，異物捐，芳甘俱屏。富方穀，在歲有秋，勞則思，若時恆性。三解　辨土宜，頒月令。偏紫陌，野人望杏。玉盤待賜，紅垂上苑櫻。趨辭

進酒雲和迭奏之章　雲和迭奏，聽倉庚載鳴，玉壺清漏。萬井歡娛，桑柘陰濃綠樹稠。紅牆外，柳絲微嚲鵶黃瘦，更桃李喧妍晴晝。聖天子勞民勸相，今日青轅黛耜，芳塍如繡。一解　霞觴獻壽，願吾皇萬年，與天齊耇。玉斝金罍，柏葉芳馨綠蟻浮。彤墀下，緋衣玉帶兼青綬，更父老摳趨在後。共慶祝皇圖鞏固，從此五風十雨，年年大有。二解　皇心在宥，念春風始和，不忘耕耨。婦子盈寧，宵旰仍懷饑溺憂。深宮內，心齋常屛瑤池酒，喜天耤旣栽黃茂。坐廣廈，與民同樂，但見遐阡邇陌，黃童白叟。三解　芳旨陳，金石奏。進九醞，在廷拜手。萬年永錫，稱觥樂有秋。趨辭

進饌風和日麗之章　風和日麗，時鳥初喚，春晴卓午。清畊外，一犂春雨。玉砌旁，萬

年芳樹。共慶天田成禮後，聖主一游一豫。看零雨桑田，疏疏秧馬，闐闐村鼓。一解 雲開寶殿，玉案初進，金盤齊舉。蘭英末，盈盈翠醑。蓬池膾，紛紛細縷。玉粒長腰雲子飯，來自神倉天庾。正樂奏咸英，春旗簇仗，塗歌巷舞。二解 吾皇廑念，四海黔首，吾胞吾與。所無逸，九功六府。繪豳風，築場治圃。一粟一絲民力在，信是農家辛苦。更問夜求衣，亮功熙績，治登三五。三解 勸九歌，修六府。飭太史，順時覛土。禮成樂備，堯廚扇萐莆。趨辭

乾隆四十八年，乾清宮普宴宗親三章 進茶、進酒丹陛清樂，進饌中和清樂

進茶瑞旭中天麗之章 瑞旭中天麗，慶溢昌期。敞金門，嘉敍宗支。叢雲五色蔭仙芝，華林萬樹連瑤戺。光煜爚，景逶迤，正韶風乍吹。奉乾清燕喜，奉乾清燕喜，天家慶篤重光瑞，五雲深處龍樓侍。寶胄衍，振振公子。九族天親，九重樂事。一解 蕃祉嘉燕播仁慈，播仁慈，因緣時節匪遲遲。銀潢一派瞻天咫，瞻天咫，並家人禮拜丹墀。並家人禮拜丹墀，寅秩惇敍典行時，更鴻儀同瞻光被。二解 椒繁瓞衍瓊華紀，都從若木秀新枝。襲慶從今始，特恩四品列華資。雁行接次，綵服紆金紫。尊其位，富貴以親之。三解 棣華篇，軒宮展愛，梓材書，彊畎敷菑。宸躬敎養本無私，申天顯，庸庸祗祗。四解 合族敦宗傳古禮，肆筵几，行葦方苞叶歌詩。太平時，同榮壹體華連理，同菑異畝穗雙歧。穗雙歧，周家仁政親親

始。五解 況皇朝，洪錫類，賁天庥，光贊放勳治。恩載推，禮則宜。鳳麟左右並來儀，黃幕受洪釐。六解 影颺蒼旗，聲騰仙吹，言情俯講家人禮。仙掌露，似珠霏，仙掌露，似珠霏。帕傳柑，盤撒荔，滿袖共香攜。寵沐無涯，拜恩華，玉案底。拜恩華，玉案底。七解 寶序相輝，溫顏有喜，篚筐昭貺便蕃意，陳玉帛以將之。燦精鏐，列錦綺，御墨與封題。寵沐無涯，拜恩華，玉案底。拜恩華，玉案底。八解 曦輪垂照光輝美，億萬載，花跗韡韡。禮樂茂前徽，史書欽聖瑞。趨辭

進酒珠斗杓迴之章 珠斗杓迴，銅龍春靄祥雲繪。壽寓熙臺，慶衍靈長派。一解 天潢嘉會，九華敷影扇菱開。看天榆銀映，更日杏紅栽。輝爛爛，綵屏翔玉勝，馥霏霏，仙木間宮梅。接花茵，宗英師濟。仰紫座，文治昭回。瑞綿姬籙，氣盎堯階。二解 化日舒遲景蕩駘，聯萼跗，樂耈鮐，瓜綿百世溯豳部。雲礽萬葉猗蘭茝，蟠根仙李嗤唐代。承華懋哉，玉牒鏤瓊瑰。導璇源，鴨綠三江大。球琳品，楨幹材，球琳品，楨幹材。三解 蹌濟濟，寶胄肩排，天家一氣培。展懿親，仁恩敷睿懷。肅肅兮，珪瓚酬，雍雍也，金石諧，接武上天街。四解 喜酬庸五等，一番爵賞開。慶惇宗九族，一般袞繡裁。總擢秀三台，一時蕃翰才。荷龍章，寵載頒，承鳳綍，銜新拜。列坐處，紫綬青緺。五解 望南山，獻頌來。辛韭登盤，剛卯鐫牌。光艷艷，麟衫鶴彩，羽翩翩，花翎黃帶。六解 晴雪影，映松釵。鑪烟金穗飄芳靄。枌榾餞帖

垂銀蓮，唐花繡纈珠千琲。觚稜鳷鵲旭初升，宮壺仙漏春如海。七解 祥麟趾，威鳳喈，金華葩璫承芝蓋。蒼龍才蜺飈靑旆，昭華瑞琯三陽泰。周家宗室是城垣，高陽才子多元凱。八解 椒花醴，柏葉醅，露湛尊罍。霞映罘罳，風扇金階。黃幄上，曦御徘徊。泛瑤觴，玉是和闐採。泛瑤觴，玉是和闐採。二千人歌咢縈懷，天顏笑語春生靄。東西序列，昭穆班排。九解 金枝玉蕾，蕙蘂蘭荄。棣華孔懷，蓼蕭樂愷。不立監催，不藉卿陪，不用糾儀史在。化雍和時麗，佳芽逗宮槐。頌進臺萊，斟和氣，酎象淸淮。聽和聲，樂奮春雷。聽和聲，樂奮春雷。願年年北斗樽迴，東廂壽酒賡歌拜。旅酬禮洽，積慶圖開。十解 受洪禧，千萬載，降福穰穰孔皆。六幕和風扇九垓，融融佳氣蓬萊。仰堯文蕩蕩巍巍，親睦平章淳化推。更行葦篇裁，協簫韶天籟，五雲長捧紫霞杯。趨辭

進饌景麗仙瀛之章 景麗仙瀛，雲靄彤庭，煜煜燦芝英。春風送晴，春露含清，寶鑪香篆徐縈。羽儀幸接靑霄路，紳佩欣聯紫闥情。鸑鷟鳴，蓫莆生，萬年珠樹同慶。一解 金支派衍雲礽盛，一規仁壽懸高鏡。卿雲色嚮瓊枝映，工歌先唱麟之定。阿閣動和風，步屧三霄聽，趨陪邀得天家幸。二解 堪慶，四海熙和際治平。丹陛彩霞明，枝耀華萃，葉茂祥蓂。宣韶濩，奏咸英，中天華日曈曨正。瀉珍珠，滿溢金莖。延皇屬，論宗盟，亙古於斯爲盛。三解 看樓角，初陽暹映，聽枝上，宮鶯早鳴。天廚特敕賜芳馨，春有腳，似恩榮。四解 金盤自明，玉

盌自瑩，山腴水豢未須稱。蘭烝蕙烝，由來禁臠誇珍盛。淳熬將出龍頭鼎，多是鹽梅滋味成。不須更啖如瓜棗，但飽天恩總益齡。五解　龍墀位定，慶振振，寶牒分榮。祥鍾鵲果迓多福，自天申景命。今朝公姓駢蕃會，念靈根式固，日幹光華交映。洪釐懋錫，好占五色雲邊，宗人星炳。六解　晝漏永，瑤階靜，遙見雉尾雙開，天顏喜氣凝。展親誼篤，溫綸款被，廣殿樂盈盈。氣求聲應，頌茂緒彪鴻，一人有慶。七解　深幸鎬京詩，同拜命，棣萼會，安能並。分餐玉食，鳳髓麟羹。更飄來仙音一片，暖律新調笙吹應。飫春膏，恰今番人勝花勝。八解　愷樂歌成，咸邀四品殊榮。俊髦耆年總玉潢，賚予歸來黃帕擎。慶仙源，景福凝，承彩雲，長護蓬萊頂。趨辭

乾隆五十年，千叟宴三章　進茶、進酒丹陛清樂，進饌中和清樂

進茶壽愷昇平瑞之章　壽愷昇平瑞，慶叶重熙。仰宸躬，行健天儀。乾符象顯泰階期，久於其道唐虞際。超頊佶，軼循蜚，正宵衣旰食。德之純不已，德之純不已。輿圖二萬鴻勳啓，全書三萬奎文麗。允文武，古稀天子。四海羲圖，萬年軒紀。一解　燕啓拜舞首宗支，首宗支，公卿牧伯共追隨。歸田人許扶鳩至，扶鳩至，更陪臣海外高麗。更陪臣海外高麗，封翁壽爵上丹墀，並皤皤，皓首龐眉。二解　黃鸝練雀羣僚底，兜鍪隊帥旅熊羆，濟濟章縫士。

宸躬撫錫徧羣黎，老農匠藝，鼓舞軒饕喜。軒饕喜，春筵上，萬萬萃期頤。三解 溯當年，龍光喜起，到於今，燕翼謀貽。五皇繼述茂前徽，重開燕，重光奐麗。四解 尙爵朝廷先尙齒，觥稱兕，千復千人介維祺。樂淸時，東膠養老三王治，南山獻頌九如詩。九如詩，引年今日多加禮。五解 況天家，諸福備，慶會元五代同堂喜。桐有蘀，蘭載猗。春風花發萬年枝，瓜瓞衍洪禔。六解 福有由基，人惟德致，君王有道嘉祥備。風皞皞，景熙熙，風皞皞，景熙熙。合諸天，環大地，都是吉雲垂。日月無私，普人間，添甲子。普人間，添甲子。七解 寶翰天題，元音虞陛，人分一首賡颺義。聯百韵，柏梁詩。聯百韵，柏梁詩。帝庸歌，人七字，金石播英詞。日月無私，普人間，添甲子。普人間，添甲子。八解 天人嘉應重華世，問史策，誰能媲美！珥筆慶昌期，稱觴千萬歲。趨辭

進酒紫禁春開之章 紫禁春開，壺天雲靄羣仙會。願祝臺萊，春滿三千界。一解 春風寰海，紫霞同上萬年杯，仰乾淸辰共，正泰運天開。紅瑟瑟，初陽昇若木；白輝輝，晴雪在宮槐。換桃符，千門懸彩。喧爆竹，萬戶轟雷。南弧獻瑞，北斗斟醅。二解 大禹崇情惡旨懷，但尋常卻酒杯。獸樽庭下醴成醅，罍樽陌上春濃海。瓦樽田畔盤堆菜，同浮玉罍。不是等閒排，是豳風春酒公堂介。稱觥衆，徧九垓，稱觥衆，徧九垓。三解 雲縵縵，卮琢瓊瑰，皚皚映玉階。光灔灔，和闐白玉材。碧瀯漿，芳滿壺，黃封醞，甘滿罍，德產自西來。四解 有年華九

十，幾人壽耇鮐。更頭銜一品，幾人廊廟材，總優老恩推。幾人手賜杯，照天光，席近前，斟天酒，春生靄。三爵也，酡貌春回。五解 更芳筵，布兩階。萐莆堯廚，桃實瑤臺。但到處，飽餐沆瀣。問何人，曾聞天籟。六解 三百歲，合三槐，綸扉阿伍兼嵇蔡。朝天免使晨星戴，寒風免使朝珂待。天恩頤養享康寧，傳來感激羣寮寀。七解 瞻雲日，閱嶠來，春巡六度江干屆。春綸兩度殊恩沛。新銜司業諸生拜。持將百五歲春秋，酬恩萬倍籌添海。八解 堯尊沛，周賚排。如意瓌材，繡緞雲裁。鳩杖天街，三十兩，人帶銀牌。萬民衣，字寫皇恩大。萬民衣，字寫皇恩大。帶爐烟，捧出瑤階。兒孫巷陌傳佳話，人間誰到，天上初回。九解 山龍繡綵，金石雍諧。德貫三才，堂顏「五代」。勝上春臺，勝拜堯階，勝祝華封人在。帝揮絃，民阜財。壽世羲媧，大有埏垓。問來朝榮甲挑纔，樂春盤，有酒如淮。樂春盤，有酒如淮。願年年，天上春來，香山洛社人千倍。燕毛禮洽，燕喜圖開。十解 願從今，嘉會再，壽宿長明上台，千叟恩榮燕屢開。重將十體詩排，積篇章，無量京垓。敷錫宜民福孔皆，感雨露，恩栽壽佛醍醐海，五雲長是繞蓬萊。趨辭

進饌壽宇同登之章 壽宇同登，萬國咸寧，協氣徧寰瀛。三霄露盈，三殿春生，一人端拱乾清。鵲鑪鸞扇祥烟裊，珠樹銀旛繡影縈。鷺序橫，虎拜成，布筵設席同慶。一解 先春瑞雪農祥正，上辛一日豐年定。鷄竿詔下新韶令，階蓂六葉良辰慶。迎氣浹旬旂，剪綵來朝

勝，駢蕃瑞叶筵前應。二解 昭敬，白髮蒼顏氣屏營，黃帕正高擎。瑤檻趨迎，瓊陛階升。移雕案，近金莖，柘黃傘直龍銜柄。望紅雲，低傍前楹。調寶鼎，晉仙羹，捧向御筵端正。三解 何須侈，麟腴鳳脡，何須詡，駝峰豹羹。君王旰食爲民情，菲飲食，禹功成。四解 綏桃露零，碧藕風清，摘梨大谷瑞烟凝。金盤幾層，安期巨棗如瓜贈。餦餭粔籹高頭飣，不是尋常燕席橫。回城三果徠包貢，帝耤天禾種得成。五解 龍墀排定，啓黃封，四豆甘凝，天庖味永，看八百瓊筵班列整。羣臣長飽天家祿，有田間瓦甂鼓腹，兒孫偕慶。今朝筵上，又來飽德堯廚，含滋周鼎。六解 執醬爵，祝噎哽，更有春仲羅鳩，君親袒割牲。古儀傳會，諸儒掇拾，何如此日誠。一堂和樂，仰君酢臣酧，情親禮敬。七解 歡慶，玉筵頒，天語命。克食賜，傳餐盛。鼎珍禁臠，共得斟羹。更招來孫曾扶掖，六膳攜歸仙味敻。飫堯廚，荷分惠，儃樽非幸。八解 授几儀成，三千黃髮盈庭，今古何人見此會，億兆京垓燕屢行。願長此萬壽稱觥，照世杯明仁壽鏡。趨辭

乾隆九年，幸翰林院筵宴三章 進茶、進酒丹陛清樂，進饌中和清樂

進茶文物京華盛之章 文物京華盛，論道崇儒。萃衣冠，禮樂在鴻都。木天藻飾舊規模，翬飛鳥革何軒翥。麟在囿，鳳棲梧。牙籤分四庫，更芸香辟蠹，綺窗青瑣連朱戶。颺輪不

隔瀛洲路，鈴索丁冬風度。寮寀雍容，鵷行鷺序。一解 欣遇，欣遇小春初，五雲深處啓鑾輿。鳴鵉風細雲霞曙，擁橋門，萬歲山呼。詞林曠典古今無，泝心源上接唐虞。二解 聖皇自昔需元輔，都俞吁咈矢嘉謨。斆學先稽古，旁求爰立夢相符。後先疏附，左右皆心膂。皆心膂，如魚水，在藻更依蒲。三解 況我朝雨露涵濡，採瓌材並植天衢。承明著作重璠璵，欲方駕子雲相如。四解 聖學高深超邃古，得元珠。乙夜丹黃性所娛，不知劬。琳琅宛委圖書府，赤文綠字德充符。德充符，敦龐渾厚登三五。五解 戛球琳，鳴簨虡。際中天，堂上虞琴撫。獻堯樽，接舜壺。金甕玉膾出仙廚，湛露共霑濡。六解 巍煥天書，鸞翔鳳翥，羲文奎畫雲霞護。光藻井，麗金鋪。矢卷阿，零露湑。枚馬共嚴徐，億萬斯年，慶龍光，歌燕譽。七解 勖爾簪裾，勉思建樹，風雲月露終無取。崇實行，是眞儒。矢卷阿，零露湑。枚馬共嚴徐，億萬斯年，慶龍光，歌燕譽。八解 翠華臨幸恩光溥，重儒術，榮生藝圃。天祿被春風，石渠霑化雨。趨辭

嘉慶九年幸翰林院樂章，改第二解「欣遇欣遇小春初」，爲「欣遇欣遇仲春初」。餘詞同。

進酒延閣雲濃之章　延閣雲濃，蘭臺日麗。鑾輿蒞，香泛玻瓈，九醞傳仙醴。一解 深嚴丹地，高張黼座面南離。看廣庭碧蔭，早淸露晨晞。錦煸爍，綵仗和風度。玉琮琤，香階晝漏移。光瀲灩，雲開蓬島，霧氤氳，香裊金猊。鳳來丹穴，鶴在丹墀。二解 雲漢爲章際盛時，命冬官，斧藻施，雕楹玉碣煥玉楣。采椽不斲無華侈，五經貯腹便便笥。臨軒集衆思，賢才聖

所資。慕神仙，虛妄誠無謂，惟得士，致雍熙。三解 啓天祿，斯文在茲，宵然太乙藜。入承明，花甎日影移。覆錦袍，蒙眷禮，撤金蓮，歸院遲。賜玉膾，自蓬池。四解 緬崆峒問道，虛懷諮具茨。更金華侍講，流清鑒不疲。信鴻逵羽儀，通經淺漢韋。樂橫汾，燕鎬京，歌在藻，思行葦。咸英奏，春酒初釃。五解 集簪裾，燕鳳池。柳外輕颸，曲沼漣漪。陋宋主，賞花垂釣，笑唐宗，結彩評詩。六解 班聯肅，樂有儀。天廚下逮皆珍味，凝甘天酒還如醴，御鑪靉靆香烟細。賡歌颺拜萬年歡，年年侍奉天顏喜。七解 天顏喜，福履綏。太和保合中天世，珠聯璧合奎坦麗，一心妙衍圖書祕。賡歌颺拜萬年歡，年年侍奉天顏喜。八解 玉河東抱，清且漣兮。斯干既詠，不日成之。稽古論思，銀牓親題，用作儒林之氣。培其根，達其枝，無貳無欺。若作和羹爲舟楫，惟爾攸資。思贊襄，日有孜孜。亮天工，庶績咸熙。須將器識先文藝。有爲有守，汝翼汝爲。九解 湛露濃，卿雲麗。滿院芝蘭臭味，秋水蒹葭寤寐思。鶴書時賁巖隈，伴青松，商維仙芝，拜手羣歌既醉詩。更束帛安車，徧山巔水湄，得賢致理聖無爲。趨辭 嘉慶九年，改第九解「稽古論思」爲「天祿儲材」。餘詞同。

進饌玉署延英之章 玉署延英，環佩葱珩，法駕幸蓬瀛。龍口琮琤，碧沼澄清，壺天一鏡空明。廣筵日近，祥雲覆阿閣，風微寶篆縈。象緯呈，泰階平，儒林額手歡慶。一解 皇心無逸常居敬，松軒雲牖勞咨儆。深宮遐覽千秋鏡，淵思汲古資修綆。唐虞授受親，奎壁圖書炳，百年禮樂於斯盛。二解 多幸，朝野從容際治平，麟閣集簪纓。鳳敞雲屏，鵠立軒庭。徵法曲，奏咸英，青袍紅綬相輝映。露瀼瀼，芳瀉瑤觥。瑟黃流，飫大烹，共祝一人有慶。三解 小山上，參差桂影，梧桐上，雝雝鳳鳴。尊罍次第沐芳馨，早斜日映簾旌。四解 三都兩京，鼓吹縱橫，五車四庫擷菁英。大鳴小鳴，柏梁黃竹追高詠。仰看五緯駢東井，天獻珍符答睿情，何止高陽聚德星。五解 天心籲俊，灼知見宅心，三俊自天保定，更保佑自天申景命。思皇多士生王國，更拔茅連茹，多士彙征並進。白駒空谷，尚無金玉爾音，席珍待聘。六解 行漏永，銅烏靜，從此書帶芊綿，承恩盡向榮。五老游河，堯心光被，垂衣文教成。萬方蹻首，喜蜉蝣蟋蟀，氣求聲應。七解 堪慶，佩縑囊，隨後乘，祕書省。龍光炳，丹黃點勘，削簡汗青。勤著述，手讎目覽，玉尺冰裁時共懍。入承明，不須看，花影甎影。八解 玉振金聲，儒林徧荷殊榮。五色雲從畫棟生，石室芸臺有餘清。頌聖壽，悠久高明，學海年年仍望幸。趨辭 嘉慶九年詞同。

乾隆五十年，臨雍賜茶君師兼一章　丹陛清樂

仰君師兼，道統集，講筵啓，圜橋聽。御論宣，皇極示綱常；五倫敍，君仁臣敬。家慈孝，與國人交正。誠不息，維天之命。體行健，同德乾元；亹緝熙，同符前聖。一解 向階前，初聽講罷，穆穆瞻天垣正。左右趨，耆彥服膺誠。摳衣拜，朝班釁序，聖賢裔，弟子青衿

整。紹心學，外王內聖。五十載，久道而成。萬千歲，生民之盛。二解 況鴻儀彰，盛典備，四門學，岐周並。王制云，天子曰辟雍，笑炎漢，三雍非正。訓辭著，復古眞王政。泥古誣，重言申命。燕千叟，新歲禮行。辨五更，舊文論定。三解 告禮成，晉玉茗。霑渥賜，敷茵共慶。一規璧水，長隨敎澤生。趨辭

嘉慶三年，臨雍賜茶皇圖昌一章　丹陛清樂

正皇圖昌，道揆協，典文啓，師儒盛。序仲春，諏日吉辰良，廣筵肆，圜橋觀聽。崇經義，屛百家浮競。敦實學，人知興行。牖羣蒙，惟聖敷言；衆說郛，折衷彝訓。一解 會章縫，談經講席，抑抑威儀攸愼。集大昕，先鼓儆於庭。偕槐市，同瞻雲日，大哉言，著論千秋準。本皇極，大中至正。景聖域，鼓舞奮興。溯文瀾，優游涵泳。二解 喜春風暄，化雨浥，菁莪長，薪槱詠。踰漢庭，惇誨集石渠，更天祿，羣儒參證。軼唐代，陸孔葘經訓，玉燭調，珠囊金鏡。霑敎澤，庶彙敷榮，肅御扆，兩言敬勝。三解 告禮成，晉玉茗。霑渥賜，敷茵共慶。作人壽考，延洪億萬齡。趨辭

乾隆十四年，金川凱旋，豐澤園筵宴三章　進茶、進酒丹陛清樂，進饌中和清樂

進茶景運乾坤泰之章　景運乾坤泰，八表歸懷。迅除戎，玉壘陣雲開。一封箋表達堯階，天顏大霽宣寮寀。抒壯略，運奇才，建膚功奏凱。永敉寧邊界，錦江春色消烟靄。人工健羨天工代，方叔師干應賽。績著旂常，榮褒圭玠。一解　指授，指授特宣差，何殊吉甫頌平淮，運籌帷幄成功快。賀澄清，燕啓蓬萊，祥光熗煜襲罘罳。暖融融，瑞氣南來。二解　歸而飲至垂方策，平安火報樂無涯。五服施章采，萬方寧謐陟春臺。車書玉帛，丕冒如天大。同天大，慶酬庸，列爵耀三台。三解　緬嚴冬，旗麾色展；喜今春，笳鼓聲諧。都緣廟略聖親裁。移時節，埽浮雲浮埃。四解　我武維揚羣虎拜，詠良哉，來享來王亙紘垓。貢金臺，洗兵何必臨魚海，作舟端藉濟川材。濟川材，還資燮理調仙鼐。五解　望前途，戈倒載。荷包蒙，赦宥加寬貸。驅獸散，叶鳳喈。用湯鑾方福孔皆，琛賮喜盈階。六解　花雨輕篩，香雲結靄，鴻鈞氣轉陽和屆。挖杏頰，暈桃腮。睠盈筐，嘉實采，玉案早安排。春並恩長，暢宸襟，符帝賚。七解　三殿歡諧，千官樂愷，堯尊舜樂欣重再。知有喜，永無猜，睠盈筐，嘉實采，玉案早安排。春並恩長，暢宸襟，符帝賚。八解　明良遭際光千載，喜振旅，歡騰中外。駿烈協賡歌，鴻猷標史册。趨辭

進酒聖德誕敷之章　聖德誕敷，皇威遠布資元輔。授鉞前驅，蕩定昭神武。一解　鴟張巴蜀，臨軒推轂掌兵符。便霜戈西指，更羽騎南趨。威凜凜，先聲馳遠徼，顯巍巍，撻伐審

孤虛。仰台垣，權操左相；寄專閫，星耀中樞。濯征咫尺，克捷須臾。二解 奮武揆文秉聖謨，甫臨衝，奏捷書，覲光揚烈志何如。申明紀律嚴軍伍，指揮決勝天威助。風雲八陣圖，機宜式範模。勵公忠，德敎忙宣諭。恢覆載，宥頑愚。三解 承睿算，天兵勦除，何愁蜀道紆。卜遄征，鷹揚出上都。凍日寒，棧入雲，嚴風勁，雪載塗。乘橇走，殫勤劬。四解 乍營開細柳，溫同挾纊餘。懍自天成命，聲靈震八區。把宵人翦除，握要似摧枯。息氛祲，淬戈鋋，修文德，陳干羽，振士氣，忠信交孚。五解 競輸誠，悔負嵎。面縛來降，釜底游魚。開湯網，遄宣露布；慰徯心，不事征誅。六解 班師慶，報捷初，鳴笳疊鼓催前部。不驚鷄犬咸安堵，威名綽著追强弩。太平一統萬年歡，潛消兵氣成霖雨。七解 和風扇，淑景攄，承恩旣醉趨鵷鷺。端資啓沃聯心膂，儲胥常見風雲護。堂廉一德慶昇平，春光怎及恩光溥。八解 霑優渥，賜大酺。三爵言言，拜錫宮壺，饜飫天廚。波瀲灩，湛露涵濡。競稱觥，介壽綏多祜。好韶華，春盎雲衢。垂裳有道開昌宇，光浮玉盞，麗映金鋪。九解 龐洪異數，羣歌樂胥，威馳六合，位重三孤。進獻嘉謨，出靖邊隅，允作中朝砥柱。企都俞，佐唐虞。百辟嚴趨，殿陛山呼。師濟濟，颺拜歡娛。戛鏘鏘，依永笙竽。萬斯年，玉燭安舒。河清海晏金甌固，榮生虎竹，喜溢簪裾。十解 日舒長，時和煦，萬彙從茲昭蘇，寶篆氤氳裊御鑪。玉缸香泛醽醁。想當年，在藻依蒲，鎬燕何曾今昔殊。慶槐鼎雲需，賡君臣相遇，曈曨旭日照宸居。趨辭

進饌日耀中天之章　日耀中天，慶祝堯年，淑氣正暄妍，嫩柳芊綿，艷李飄翩，遐方永息烽烟。雲峯四起迎宸幄，霞綺千重映御筵。韜略宣，羽書傳，臣鄰雀躍歡忭。一解　和風麗日祥雲見，九天閶闔開宮殿。笙簧酒醴昇平燕，勳標麟閣王猷顯。寅亮載周官，動風徵堯典，干戈載戢民遷善。二解　堪羨，衞霍功勞相後先，樓可上籌邊。征罰斯專，步伐寧愆。中軍實，督戎旃。布昭聖武彰天罰，旣來庭，底用攻堅。福如川，酒如泉，共沐恩波不淺。三解　貔貅統，山苞禹甸，欃槍埽，風調舜絃。來威補入雅詩篇，車嘽嘽，鼓淵淵。四解　王師載旋，揚厲無前，溫綸鐘鼎姓名鐫。安邊定邊，天涯靜處消爭戰。蠶叢鳥道奇功建，高奉霞觴北斗連。旌旗柳拂春風暖，一點葵心傍日暄。五解　仙人六膳，藉鹽梅，分嘗禁臠。玉階舞忭，懸日月，雙開明雉扇。共歡天意同人意，賞九重春色，飽聽流鶯百囀。風光滿美，從看香噴金猊，花明上苑。六解　晝漏迴，晴霞絢，嗣此作楫爲霖，台鼎合韋絃。雲韶燦設，彩仗森排，徵歡物更妍。一人有慶，定鮮藏戈甲，文修武偃。七解　婉孌，醉仙桃，催曉箭。見花外，高旂轉。治登上理，海宇晏然。億萬載，兵銷刑措，惕厲精勤資拜獻。喜今朝，最難忘，皇眷天眷。八解　贊化調元，方蹤周召，名賢裒對敷天。景福全臨照，恩光應普徧。奚止是甲士三千，鼇極高擎欣永奠。趨辭

乾隆二十五年，西陲凱旋，豐澤園筵宴三章　進茶、進酒丹陛清樂，進饌中和清樂

進茶聖武光昭世之章　聖武光昭世，品彙咸熙。看平戎，玉塞卷雲霓，開疆已軼漢關西，顯承謨烈追前紀。朝授鉞，暮鳴鼙，正三軍鼓吹，便武成誌喜。論功青史應無比，天心眷顧君心慰。吉甫平淮遜美，績著鷹揚，榮分龍衞。一解　堪羨，堪羨亞夫儀。晴開細柳拂前麾，英風埽盡樓蘭壘。擴車書，萬里丕基，仙韶一派繞彤墀。御鑪烟，瑞靄霏霏。二解　投戈解甲風雲會，休休士女樂和綏。嘉樂承慈惠，九重咫尺懔天威。鵷班鷺隊，羣至如星綴。如星綴，堯階上，干羽舞龍墀。三解　想前茲，伊犂大定，喜今朝，回部全歸。鐃歌齊唱耀旌旗，回頭望，過東漸西被。四解　廟算都緣天錫智，相機宜，乙夜勤勤檄親披。壯邊陲，月弓星箭皆精銳。邪氛綏靖斬鯨鯢，從教斧鉞驅民癘。五解　聽風聲，同鶴唳。倒前途，草木皆兵騎。迎簞食，實繒綈，前歌後舞盡傾葵，回向仰光輝。六解　笳鼓聲催，平安火遞，春臺普徧祥光起。纘偉績，誌豐碑，際昇平，揚盛美。仙燕錫蓬池，億萬斯年，集皇圖，符帝軌。七解　運應昌期，師師濟濟，御筵載啓瞻雲日。威赫赫，德巍巍，際昇平，揚盛美。仙燕錫蓬池，億萬斯年，集皇圖，符帝軌。八解　賡歌環慶唐虞際，看蹻蹻師臣拜稽。駿烈兆鴻禧，祥和開壽域。

趨辭

進酒禹甸遐通之章　禹甸遐通，周疆遠控資良棟。撻伐成功，庭引來儀鳳。一解　吾皇

端拱，軍書方略授元戎，把準夷擴定，更朔漠來同。奉玉帛，大宛分左右，貢瑤琛，布魯盡西東。沛殊恩，豺狼解網，思負義，梟獍逞凶。雉盟既背，螳臂稱雄。二解　師律嚴明主將忠，颺征麾，拂綵虹，衝開朔雪與嚴風，溫如挾纊咸歡哄。先聲士氣矜餘勇，貔貅百萬雄，風雲指顧通，笑么麽小醜懷恇悚。鷘魑魅，竄豜豵。三解　揚我武，王師肅雍，憑將跋扈窮。諒鳥覆危巢豈待風。釜底魚，迹漫逃，負嵎虎，勢莫容。騎甲馬，埽狂童。四解　待風淸三窟，天山月掛弓。更撫懷百雉，旌旗漫蔽空。任狼奔匿叢，妖氛莫避蹤。渡西洱，似催枯，臨拔撻，如泉湧。逢義旆，雙殄元兇。五解　競歸懷，樂㤟懞。願隸王臣，爭效球共。瞻舜陛，玄黃納貢。達堯庭，牋表連封。六解　班師至，露布工，西維部落咸風動。非關矜武窮荒隴，鴻謨自是承先統。聖朝大命一時新，勳華千祼膺天寵。七解　皇心悅，式燕崇，追陪三殿趨鸞鳳。涵濡湛露成歌頌，卷阿再續周詩詠。明良此日慶都俞，天河洗甲知無用。八解　葭灰起，律應宮。銀雪繽紛，苑樹雕瓊。杕杜歌融，聲窈窕，叶羽諧鐘。競承恩，拜爵玻瓈捧。喜時晴，光曨曨，金甌永固山河重。春生瑞草，慶溢祥松。九解　需雲乍擁，晴霞晝烘，百僚鵠立，瑤佩丁東。仙仗崢嶸，芝蓋玲瓏，洵是珠輝玉瑩。奏師曚，閒笙鏞，偉烈豐功，述祖歌宗。光奕奕，安石來紅，響蕭蕭，宛馬從東。拜氍毹，簪紱雍容，油油三爵威儀重。鶴聞倡和，鳳叶萋菶。十解　醉仙廚，花漏永，放牛歸馬功成，帝德醍醐拜賜榮。玉階蓂莢蔥蘢，想當年燕鎬營豐，樂

愷興歌今昔同。喜瑞靄璇宮，更辰居星拱，一庭端拜進瑤觥。趨辭

進饌聖治遐昌之章　聖治遐昌，牒紀嘉祥，六幕仰重光，化日舒長。瑞啓金閶，照臨亶被殊方。星雲爛縵膺天慶，風雨和調佐帝觴。廓畈章，靜欃槍，皇威遠域宣暢。一解 金莖玉露融仙掌，堯天晴日輝金牓。將軍閫外褰威敵，櫜戈進爵春雲盎。麟閣紀勳名，瀲灩恩波廣，桓桓在泮王猷壯。二解 遐想大業，神功邁漢唐，殊策靖疆場。兵氣恢揚，士馬騰驤。申天討，遏蠻荒，廟謨布算風雷卷，握韜鈐，指授戎行。慶綏康，載旂常，奏凱師旋舞唱。三解 榆關外，蜺旌虎帳，邊城望，蜂窠蟻房，人皆赤子盡來王。清沙漠，殪天狼。四解 歸而解裝，人盡軒昂，葱山蒲海百花香。神揚氣揚，論勳飲至先名將。金樽次第邀前賞，西域葡萄美且芳。共欽王道無偏黨，向日葵心率土將。五解 和光駘蕩，酌瓊巵，珍饈百釀。蓼蕭露瀼，瞻肅穆，天容霄漢朗。大官六膳調金鼎，向御筵供奉，雉扇明開兩兩。雲霞萬狀，眄茲瑞氣輝煌，三山蓬閬。六解 承燕喜，皇風邕，從茲斥堠無驚，甲胄衅而藏。珍符紛郁，瑞應駢羅，天心降福穰。誕敷文德，更阜財解慍，薰琴接響。七解 瞻望沐皇仁，抃衆仰，似花柳春前放，仙桃錫燕，恩普德洋。解戰袍，歡騰貔虎，還擬圖形麟閣上。靖烽烟，願長迓天錫神貺。八解 酒醴笙簧，恩膏欣徧巖廊。來享來王曰是常，偃武修文覘治象。何異詠洛水泱泱，食德飲和聲教廣。趨辭

同治十一年，大婚，皇后朝見，進饌一章　丹陛大樂敬平

瑞日麗扶桑，晴開上界金閶。雲移雉扇張，褘衣鞠服儷當陽，肅拜答穹蒼。垂環佩，叶珩璜。安貞度有常，升桂殿，晉萱堂。一解　慈闈樂且康，侍宴瑤池篤祜長。介壽喜稱觴，絳霞紺雪酌瓊漿，恩風習習翔。調鳳律，奏鸞簧，仙樂聽鏗鏘。德音播，雅化彰。二解　正位佐垂裳，坤順承天地道昌。醲膏頌普將，八紘和氣釀休祥，臨照徧殊方。輝寶籙，燦珠囊，降福慶穰穰。延洪緒，永無疆。趨辭

光緒十五年，大婚，皇后朝見，進饌一章　丹陛大樂敬平

瑞氣盎簾櫳，金鑪香裊翠烟籠，瑤階旭日烘。瓊卮玉琖映玲瓏，奉畢侍深宮。儀有象，福延鴻。一解　歡承鳳閣中，入覲慈闈鉅典崇。介壽樂融融，問安視膳秉淵衷。躬膺錫賚隆，瓊筵盛，玉食豐。二解　韶樂奏雍容，歌風動，詠露濃。三解　清蹕度花叢，滿進金樽酌醴醲。瞻依戀九重，詒謀燕翼賴宸聰。祝嘏效呼嵩，容肅肅，度雝雝。福祿慶來同，顏有喜，樂無窮。趨辭

同治十一年，大婚，賜承恩公及王公大臣筵宴三章　進茶、進酒丹陛清樂，進饌中和清樂

進茶圖肇鴻基之章　圖肇鴻基，祥徵燕喜。華筵肆寵荷隆儀，賜茶宣敕使。一解 趨侍嘉燕沐恩施，蹌蹌濟濟肅威儀，雙開雉扇瞻天咫。運璣衡，穆穆裳垂。泰交景運洽重熙，政平成，理本修齊。二解 華門積善迎繁祉，祥鍾蘭闈毓坤儀，寵眷從今始。龍章鳳誥荷恩暉，榮封五等，圭爵貽孫子。貽孫子，承嘉貺，福祿屢綏之。三解 集冠裳，彤廷展禮。肆笙簧，丹陛歌詩。王公列辟翊綸扉，奏鈞韶，聽咸賡樂只。四解 內外修和成郅治，徵嘉禮。位定乾坤，慶良時，迓祥禧。同榮瑞木枝連理，綏豐秀麥穗雙歧。穗雙歧，周文仁政睢麟始。五解 播鴻麻，襄上理，衍雲礽，虹流電光瑞。配二儀，序四時。瑟琴迭和樂怡怡，豫悅仰慈闈。六解 景煥祥曦，聲騰仙吹，龍團佳茗天家賜。金莖露，注瑤卮，帕傳柑，盤薦李，擕袖異香霏。玉案親依，近龍光，延燕喜。七解 川媚山輝，禮明樂備，祥符億載過姬姒。雲糺縵，鳳來儀，戴堯天，游舜世，懿戚與榮施。玉案親依，近龍光，延燕喜。八解 衢樽同酌醲膏被，欣燕洽，情文備致。九敍慶成功，三辰瞻獻瑞。趨辭

進酒寶扇祥開之章　寶扇祥開，金爐香靄欣嘉會。永錫詩諧，春滿三千界。一解 運隆交泰，普天人共樂春臺。看金樽初泛，更玉譜新裁。烟嫋嫋，祥輝分禁柳，樂融融，喜氣上宮

槐。邕皇風，周南化啓，歌聖治，闕北恩來。詩賡荇菜，慶洽蘭陔。二解 嘉禮初成百福該，共騰歡，徧九垓，螽斯麟定頌聲諧。隆儀共仰嬪京邁，龍光燕喜欣和會。班聯萃衆才，軒虁愜聖懷。迓蕃釐，普慶乾坤泰。歌正始，覲瑤階。三解 葡萄泛瓊漿舊醅，香濃萬壽杯。看肅肅筵從玉殿開。調鏗鏘，夔律叶。韵瀏亮，鳳管催。喜福祿，自天來。四解 聽雎洲載詠，雲霞爛縵開。更鸞笙迭奏，簫韶宛轉諧。恰天上春回，宮花錦繡堆。漏迢迢，日似年，光瀲灧，杯如海。鈞天唱，境擬蓬萊。五解 肆芳筵，布兩階。芑茂堯廚，桃實瑤臺。漫斟處，味同沆瀣。齊拜揚，共酌金罍。六解 翡翠斝，鸚鵡杯，瓊瑤璀璨呈光彩。飲和共樂仁風逮，皇仁廣被如天大。乾坤合拱獻嘉瑞，駢蕃慶典羣欣戴。七解 儀文備，德意恢，宸宮化起天心泰。壽觴更喜兕觥介，和聲鳳翥兼鸞翽。嘉祥普慶徧寰瀛，二南風教眞無外。八解 凝繁祉，怡聖懷。鐘鼓聲催，琴瑟音諧，雅頌詩裁。歌椒衍，餘韵低徊。詠瓜綿，喜舞兩宮綵。慶昇平，更祝臺萊。蹌蹌濟濟逢良會，皇情穆穆，帝治巍巍。九解 臯颺禹拜，舜陛堯階。金奩玉膾，寶琖瓊罍。燕衎叨陪，凫趨偕來，嘉會嘉賓樂愷。千祥臻，萬福來。有酒如淮，澤被埏垓。集羣工，位列棘槐，進百爾，人盡鹽梅。看盈盈日麗雲開，珠聯璧合輝光靄。箕疇福衍，華祝聲諧。十解 受洪釐，千萬載，啓金閶，拜玉階。旭日和風接上台，繽紛綵仗雲排。步花甎，如上春臺，宮漏銅壺緩緩催。欣和樂無涯，被恩膏汪濊，五雲高奉紫霞杯。趨辭

進饌天地成平之章　天地成平，品物咸亨，瑞應協璣衡。乾主大生，坤職資生，兩儀斡運祥呈。衣冠虞舜光華治，鐘鼓周文豫悅情。八音鳴，百度貞，玉牒萬年流慶。一解　德齊覆載剛柔應，星雲輝爛中天詠。和風甘雨綏豐慶，二南宣化敷仁政。巷舞及衢歌，咸頌吾皇聖，萬方和樂斯爲盛。二解　多幸，烟嫋鑪香瑞靄縈，懿戚聚簪纓。酒酌瑤觥，樂奏銀笙。欣嘉會，荷殊榮，螭坳彩仗光輝映。露瀼瀼，珠瀉金莖。羣喜起，效歌賡，上祝一人有慶。三解　宮槐上，流烏駐影。岡梧上，飛鳳送聲。尊罍次第沐芳馨，侑以樂，奏咸韺。四解　金盤叠呈，玉椀高擎，山腴水豢未須稱。蘭烝蕙烝，天廚飽飫誇珍盛。威儀秩秩衣冠整，領略鹽梅許作羹。從敎悟得調和意，合獻嘉猷佐治平。五解　坤維位定，贊乾符，禮敎修明。恩膏叠沛，錫圭爵，常膺寵命。今朝丹陛龍光覲，拜溫綸，賜燕翼翼，維恭維敬。庶幾夙夜靖共，爾職勤修，勛猷彪炳。六解　晝漏永，瑤閶靜，遙仰雉扇雲開，天顏喜氣增。寶瑟初調，瑤琴叠奏，廣殿樂盈盈。珠囊金鏡，卜瑞啓蘿圖，螽詵麟定。七解　欣慶，際昌期，凝景命，協禹範，培周鼎。旁流協氣，翠蓂祥蓂。更喜見山川樂壽，鸑鷟騶虞昭瑞應。慶時和，燠寒調，春令秋令。八解　樂翕諧聲，椒房眷屬恩承，搢笏鳴珂盡俊英，喜祝金枝玉葉榮。綿瓜瓞，繼繼繩繩，圖籙延長天共永。趨辭

同治十一年，皇太后賜承恩公妻及親屬筵宴三章　進茶、進酒丹陛清樂，進饌中和清樂

進茶慶叶重熙之章　慶叶重熙，祥成嘉禮。隆恩賁燕侍璇墀，歡聲殷大地。一解　嬪京迎渭徽音嗣，螽詵麟定衍金枝，錫慶從茲始。特恩賜燕播仁慈，肆筵授几，蹌濟紆金紫。紆金紫，懿親展，福履以綏之。二解　際昌期，鴻恩渥被，喜今茲，燕翼謀詒。卿雲糺縵靄皇畿。延景運，誕受洪釐。三解　齎器執尊敦古禮，展隆儀，軒曜承光日依依。景逶迤，華林萬樹連瑤戺，叢雲五色蔭仙芝。蔭仙芝，壺中日永中天麗。四解　彩映朝曦，祥騰紫氣，掖庭親屬承恩禮。甘露降，似珠霏。帕傳柑，盤撤荔，滿袖共香攜。億萬斯年，拜恩光，今日始。拜恩光，今日始。五解　晝漏頻移，香階晴霽，篚筐昭貺駢蕃集。多且旨，樂有儀。際昇平，揚盛美，鈞樂奏瑤池。億萬斯年，拜恩光，今日始。拜恩光，今日始。六解　神聖作合陰陽理，洪錫類，繩繩繼繼。四海共傾葵，萬邦齊獻瑞。趨辭

進酒運會昌盈之章　運會昌盈，海宇澄清，喜氣靄彤廷。寶籙欽承，嘉禮初成，九霄日月齊明。宏開北闕輝龍陛，共祝南山酌兕觥。百禮洽，萬福同，喜沐天家恩寵。一解　璇闈侍燕霞觴奉，殽烝醴薦華筵盛。聯班懿戚冠裳炳，龍旂葩瑵祥輝映。鴻祉恰凝庥，燕喜新頒慶，彬彬齊上嘉祥頌。二解　欣幸，拜舞丹墀仰聖明，燕衎荷殊榮。金罍酒澄，寶鼎香凝。雲

腴馥，露漿馨，流歡飲福承恩命。樂優游，玉潤金聲福祿成。福祿崇，人在蓬壺蹈詠。三解 恆春樹，卿雲瑞擁。長樂花，靈曜祥呈，玲瓏樓閣敞銀屏。銅漏轉，玉階晴。四解 藻繢承平，琴瑟和鳴，好風調出鳳鸞聲。簫韶九成，人間天上同傾聽，鈞天歌闋朝儀靜。雅雅魚魚縟彩生。追陪仙掖聯簪紱，拜賜天廚飫鼎烹。五解 盛美躬逢，應知萬里歡騰，就日瞻雲蟻慕情。食德飲和被澤醲。錫祉福，齊頌升恆，億萬斯年寶祚永。趨辭

進饌鈞天疊奏之章 鈞天疊奏，仰思齊太妊，徽音並茂。瑞啓萱幃，鸞輅從容蒞鳳樓。同歌舞，瑤池競進長春酒。況甘旨，左宜右有。億萬世，謀詒燕翼；欣睹壬林祜篤，中綏福祜。一解 霞觴獻壽，慶長生未央，歡承太后。鳳髓麟羹，柏葉馨香湛露浮。彤墀下，椒房親宴芳樽侑，更珍品分頒命婦。願懿戚同心同德，長飫天廚鼎饌，繁釐普受。二解 恩覃宇宙，喜含和履平，傾心拜手。飽德詩賡，共祝皇家百祿遒。璇宮內，寶罏香馥霑衣袖。聽玉琯，聲諧銀漏。從今始，含飴豫慶，定卜祥徵瓜瓞，慈仁裕後。三解 叶銀笙，陳鳳卣。排仙仗，輝煌文黼。飲和食德，謳歌九州。趨辭

光緒十五年，大婚，賜承恩公及王公大臣筵宴三章 進茶、進酒丹陛清樂，進饌中和清樂

進茶圖肇鴻基之章　圖肇鴻基，風追喜起。延景運，荷隆儀，歡聲騰遠邇。一解　躬桓蒲穀列丹墀，賜茶宣敕沐鴻施，九重綸綍欣同被。仰恩暉，獻藿傾葵，龍團鳳餅味含滋。注金甌，露挹瑤池。二解　華門積善徵蘭芷，天心眷顧正坤維，至德侔周姒。永風詩，荇菜參差，化行俗善，推曁從今始。從今始，膺多福，家室慶咸宜。三解　度翩翩，紆青拖紫，韵悠悠，吹竹彈絲。頒來佳茗溢金巵，漱芬芳，旣甘且旨。四解　平治修齊逢盛世，中宮位定采蘩時。飭威儀，著箴規。紫宸作耦稱同體，彤庭端範翊昌期。翊昌期，覲型嬀汭追隆軌。五解　宮商調角徵，頌仁慈，敬纘箕裘緒。念在茲，釋在茲，璇闈侍膳奉盤匜，孝治迓蕃釐。六解　雪澡香霏，雲腴味美，金莖露湛重霄賜。調瓊液，晉瑤巵。華如桃，穠如李，甌泛碧琉璃。御案親依，仰天顏，眞尺咫。七解　彩耀旌旗，儀修冠履，飲和食德延繁祉。貽燕翼，衍螽斯。爲騶牙，爲麟趾，戚屬與榮施。御案親依，仰天顏，眞尺咫。八解　醲膏飽飫芬流齒，霑闓澤，欣歌樂只。乾極儷坤珍，祥符綿萬紀。趨辭

進酒寶扇祥開之章　寶扇祥開，猊鑪烟靄占交泰。八極宏恢，春盎乾坤大。一解　重霄澤沛，泛醍醐，寵錫新醅。看光浮玉琖，更香溢瓊杯。歌濟濟，趨蹌依北闕，勰貞貞，舞蹈詠南陔。毓芝蘭，棻敷柯葉，綿瓜瓞，肇始根荄。垂裳肅穆，奉斝徘徊。二解　黼黻輝煌集衆才，禮初成，百福該，嵩呼華祝徹天街。雲霞五色迎華蓋，星辰萬點輝珠旆。從容步帝階，賡颺

愜聖懷，聽鏘鏘鸞鳳鳴佳會。春似海，酒如淮。三解 雕梁璹瑁排，瑤觴琥珀揩，正碧宇春旋北斗魁。綠凝烟，含禁柳，紅捧日，映宮槐。筵式啓，宴叨陪。四解 看盈盈，酒滿金樽釀最佳。聽聲聲，漏永銅壺箭屢催。恰日度花甎，高烘紫禁隈。奏笙簧，鳳律諧。綿統緒，鴻慈戴，徽音欣見嗣思齊。五解 迓休和，偏九陔。銘晉椒盤，慶洽蘭陔。二南風化眞無外，詠河洲，雅句新裁。六解 融風暖，淑氣催，甘敷雨露徵滂霈。寰區共樂皇仁逮，酴醾馥郁邀恩賚。金鏞振響叶龍吟，瑤琴譜曲諧鸞噦。七解 葡萄酒，翡翠杯，諼闈祝嘏觥同介。珩璜度肅瓊琚佩，旌旗彩耀龍蛇繪。鴻基鞏固萬斯年，驩聲遠逮三千界。八解 宮殿啓，閶闔開，和煦風回。璀璨雲堆，錦繡霞裁。鈞天唱，境擬蓬萊。惟坤柔，德合乾剛配。千祥集，萬福咸來，賓筵歌舞明良會。材皆麴蘖，人盡鹽梅。九解 鸞翔鳳翽，鵷鷺徘徊，臯颺夔拜，羆虎追陪。酒酌金罍，樂奏瑤階，天地祥符交泰。八音調，六律諧。庶事康哉，元首明哉。祝維祺，有臺有萊。賡雅化，條肆條枚。挹瓊漿，玉琖欣開。金盤捧出蓬池膾，恩周夏甸，歡動春雷。十解 帝基昌，熙景繪，邁姜嫄，啓有邰，攸敍彝倫福孔皆。萬方賴，兆民懷。卜從今瑞應三階，風雨和甘化理該。恩澤徧埏垓，德教孚中外，衢歌巷舞樂無涯。趨辭

進饌天地成平之章 天地成平，禮樂修明，景運啓元亨。乾德資生，坤德資成。和聲叶，鳳凰鳴。虞廷致治由嬀水，周室開基肇鎬京。四時行，百度貞，南面垂裳居正。一解 俔

天作合徵文定，雎麟化被周疆盛，式歌且舞欽仁聖，歡承壽母蘭陔永。爵進紫瑤觥，妊姒徽同景，榮懷永錫拜家慶。二解 歡幸，椒殿祥雰寶扇縈，酒醴百壺清。綺饌調鯖，雅奏鏗鯨。協輿頌，愜皇情，冠裳濟濟龍光覲，繪麒麟，焜耀簪纓。槐棘列，蓼蕭賡，濃露九霄沐潤。三解 和曦暖，嬀簧轉韵，薰風動，虞琴送聲。金樽玉琖喜同傾，麟羹進，鹿脯烹。四解 霞杯色瑩，雲液香清，天廚水陸不知名。稱觴酌觥，殷罍夏鼎相輝映。悠揚拊石夔鳴磬，珍重調梅傅作羹。甄陶元氣開昌運，黼黻勳華萃散閎。五解 璇宮晝靜，贊乾樞，懋啓休禎。分茅胙土，拜綸綍，親承寵命。煌煌天語垂謨訓，勵丹忱，業業兢兢，無忘恭敬。庶幾出壯屏藩，入贊昇平，鈞衡共秉。六解 玉漏永，金爐爐，欣看華蓋高擎，宸旒喜氣迎。松棟雲輝，蓂階日麗，淑氣滿春城。天開景運，卜瑞啓珠囊，鼇延金鏡。七解 欣慶，湛恩覃，醲澤飲，佐禹範，匡周鼎。臣鄰翊贊，治定功成。願更祝，珠聯璧合，二曜五星昭瑞應。翼燕謀，詒孫子，麟振麟定。八解 誼美恩明，祥符至，瑞光呈。主聖臣賢喜起賡，譜出承平雅頌聲。膺繁祉，騰茂蜚英；億萬年，綿綿祚永。趨辭

賜衍聖公部宴洙泗發源長一章 乾隆七年定。宴正一眞人上清碧落樂章，光緒中停止，詞俚不載。

洙泗發源長，麟鳳流芳久，眘茲後裔，克紹箕裘。詩書敎澤延，禮樂家聲舊。茅社長膺

天眷厚，際端冕凝旒。桓圭章甫，彤廷舞蹈，時覲春秋。一解　詔宗伯，使饔人進羞，大酋獻酬，形虎形鹽，訓恭訓儉，慈惠兼施寵錫優。勵嘉修，素風益懋。庶不負，皇朝渥澤，旨酒思柔。二解

賜文進士部宴啓天門一章　乾隆七年定。五十年，改奏棫樸詩五章。賜考官各執事官宴，奏鹿鳴三章。具詩樂譜，不載。

啓天門，日麗黃金牓。趁驊騮，緩步青雲上。論聖賢，事業無涯量，況平生溫飽何曾望。念鯫生，叨渥澤，天來廣。雖持寸草心，莫報君恩蕩，涓埃矢竭酬天貺。一解　玳筵內，金壺玉漿。月臺上，絲竹鏗鏘。繼自今，木天淸敞。增泰巖，不辭土壤。二解

賜武進士部宴和氣洽一章　乾隆七年定。五十年，改奏兔罝詩三章。

和氣洽，泰階平。皇威截，烽烟靖。念兔罝，亦有干城，虎頭猿臂交相慶。看鵰翮，秋來勁。一解　須知道，羽扇綸巾，還有那，弓强箭勁。更兼之，武庫縱橫。效折衝，驊騮騁。執戈殳，衞羽林，備公侯腹心。二解

鄉飲酒高宗自製補笙詩六章

南陔　我逝南陔，言陟其岵。昔我行役，瞻望有父。欲養無由，風木何補。我逝南陔，言陟其屺。今我行役，瞻望有母。母也倚閭，歸則寧止。南陔有筍，籜實勹之。孱孱孩提，敦噢咻之。愼爾溫凊，節爾旨肴。今爾不養，日月其慆。

白華　有白者華，不汙纖塵。咨爾士兮，宜修其身。不修其身，乃貽羞於二人。有白者華，婉茲靜好。咨爾女兮，宜修婦道。不修婦道，乃貽羞於二老。白華匪玉，涅而不緇。白華匪蘭，芬乃勝之。我擷白華，載詠載思。白華匪玉，質玉之令。白華匪蘭，臭蘭之淨。我擷白華，載思載詠。

華黍　瞻彼阪田，厥黍始華。胝足胼手，嗟嗟我農夫。瞻彼阪田，黍華以秀。胼手胝足，惟勤斯殖茂。華有不秀矣，秀有不實矣，其雨其雨矣，杲杲日出矣，惄予愁之恤矣。

由庚　由庚便便，東西朔南。六符調燮，八風節宣。由庚容容，朔南西東。惟敬與勤，百王道同。由庚廓廓，東西南朔。先憂而憂，後樂而樂。由庚恢恢，南朔東西。皇極孰建，惟德之依。

崇丘　澗松童童，蛙黽鄰兮。丘草萋萋，藹青雲兮。凡百君子，愼乃託身兮。澗松童童，澗則卑兮。丘草萋萋，丘則崎兮。凡百君子，審所依兮。有崇者丘，物無不遂。有卓者道，愚無不智。資生育德，永植毋替。

由儀　在上曰天，在下曰地。君君臣臣，父父子子。在下曰地，在上曰天。父父子子，君君臣臣。由其儀矣，物則熙矣。儀其由矣，物則休矣。

清史稿卷九十九

志七十四

樂六

樂章四 筵宴舞曲　大宴笳吹樂　番部合奏

元旦、冬至、萬壽三大節，慶隆舞樂九章

於鑠皇清，受命於天。光延鴻祚，億萬斯年。天開令節，瑞啓階蓂。共球萬國，聖壽千齡。粵自我先，肇基俄朶。長白之山，鵲銜朱果。綿綿瓜瓞，長發其祥。篤生列祖，積慶重光。式廓舊疆，東訖海表。聖聖相承，永世克紹。一章　赫赫神功，龍飛崛起。戎甲十三，奮迹伊始。復讎靖難，首克圖倫。天戈一指，震懾强鄰。九姓潛侵，滅迹如埽。蒙古五部，來奉大號。明師四路，五日而殲。定鼎遼瀋，都城巖巖。陣雲五色，江冰夜凝。天助有德，應運而興。二章　天亶聰明，覆幬下國。遠服邇歸，誕敷文德。四方來附，雲集景從。建長命官，庶職是綜。爰創國書，頡文羲畫。聲協元音，萬古不易。爰定軍制，綵旒央央。或純或間，永奠八方。締造鴻謨，創成大業。錫福無疆，慶鍾千葉。三章　佑啓哲嗣，光闡前猷。昭崇駿德，誕迓天庥。攜貳綏懷，朝鮮歸款。世奉東藩，釐爾圭瓚。三十五郡，厥角稱臣。西被佛土，重譯來賓。濯征有明，耀師齊魯。電埽郊圻，有而弗取。略地松杏，屢殪敵軍。百戰百克，用集大勳。四章　帝德廣運，昭受鴻名。建國紀元，永定大清。敦睦九族，彝倫式敍。尚德親賢，股肱心膂。三館是闢，鑑古崇儒。郊社禘嘗，式賁皇圖。爵秩以班，六曹承政。百工允釐，萬邦表正。威鑠函夏，德配蒼穹。敬承無斁，駿烈豐功。五章　帝授神器，統一寰瀛。翦滅巨寇，乾坤載清。一著戎衣，若雨甘雨。大告武成，作神人主。躬親大政，飭紀整綱。制禮作樂，昭示典常。納諫任賢，愼微慮遠。定律省刑，萬世垂憲。克勤克儉，忠厚開基。景命維新，兢業自持。六章　聖神建極，道冠百王。六十一年，福祚久長。天縱聰明，沖齡御宇。孝奉兩宮，德隆千古。三孽蠢動，一舉蕩平。海氛永靖，浪息長鯨。親御六師，三征沙漠。威肅惠懷，鋤頑扶弱。禹功底績，虞典時巡。敷天率土，莫不尊親。七章　惟天行健，神聖則之。典學勤政，作君作師。無逸爲箴，宵衣旰食。一人憂勞，綏此萬國。文經武緯，地平天成。中和立極，玉振金聲。億萬斯年，覲光揚烈。敬天勤民，體元作哲。天鑒孔彰，翼翼後王。儀型皇祖，帝祚遐昌。八章 瑤圖炳煥，六合雍熙。星輝雲爛，風雨以時。翕受嘉祥，調和玉燭。治靄皇風，道光帝籙。東漸西被，北燮南諧。梯航琛賮，畢致堯階。日升月恆，萬拜蒙福。擊壤歌衢，嵩呼華祝。秩秩盛儀，洋洋頌聲。紹休列祖，永慶昇平。九章

嘉慶元年，太上皇筵宴，慶隆舞樂九章

洪惟太上，景福自天。紀元周甲，席瑞循環。丙辰肇歲，寶命躬膺。昊慈默籲，祖武敬繩。初願克符，弗踰前紀。誕畀元良，丕承宗祀。孟陬朔旦，端啓重光。大廷授受，申錫無疆。精一執中，心傳欽守。媲美勳華，世躋仁壽。一章 維聖握符，祗嚴昭事。肅肅泰壇，惇稱殷禮。兆南就位，有舉必躬。祈辛卜稼，祭雩占龍。陟降靈祇，精禋肸蠁。四序鈞調，百神歆享。雨暘寒燠，曰風曰時。八徵敬念，九寓醇熙。壽增上臺，弗懈益虔。茂膺多祜，翕應蕃駢。二章 謨烈顯承，福基萬億。對越在天，升馨昭格。羹牆申慕，彝訓式欽。晨興惕若，寶籙披尋。四蒞陪都，珠丘展謁。絺構艱難，緬維開國。威宣弧矢，化肅冠裳。祗循前典，曰篤不忘。繼繼繩繩，昭哉嗣服。於萬斯年，錫茲祉福。三章 聖人敕政，綜攬萬幾。至誠悠久，維日孜孜。恭乃壽徵，健爲乾體。洞照八埏，勵精十晷。丹毫批奏，彤陛延英。劭

農履耤，展義巡行。相度塘隄，於河於海。肄武習勤，賚藩宣愷。純一不已，用介大年。貞恆保泰，往牒孰肩。四章 民應如草，聖澤如春。大鈞默運，宙合同仁。五免丁糧，三蠲庾米。豁欠寬徵，恩覃肌髓。爰諮稼穡，普及封圻。偏隅有告，大賚靡施。民隱燭微，吏猷選最。岸獄平反，拊循攸賴。乾坤幬載，日月照臨。莫名帝力，允享天心。五章 聖謨廣運，文德誕敷。道隆金鏡，象麗瑤樞。禮正圖編，詩釐樂府。四庫分排，七閣崇庋。講筵著論，史鑒宣評。圜橋集鼓，泐石橫經。文薈三千，詩裒五萬。雲漢倬章，日星炳煥。作人敷教，恩牓駢聯。楩柟杞梓，良材蔚然。六章 皇猷赫濯，載纘武功。殊方奉朔，逖裔從風。準部回疆，天戈疊指。二萬輿圖，宅畋斯啓。金川再定，卭僰犁庭。樓船震懾，海嶠敉寧。緬孟攸關，交南狃闕。衞藏安禪，徼夷向日。鴻勳十告，馳驟禹湯。苗頑率服，纘繼紫光。七章 範九五福，惟帝時承。億齡瑞啓，奕葉祥凝。寶篆「十全」，堂顏「四得」。甲子稽撓，貞元衍易。洪開壽寓，疊舉耆筵。珍府闡繹，景緯昭宣。惟德之基，惟福之積。芝檢文輝，蘿圖慶溢。九如曼羨，八表蕃釐。重輪繼照，光我皇儀。八章 太上立德，咸五登三。崇稱卻讓，湛澤均覃。動植蕃昌，禪瀛照洽。子帝承顏，來昆引牒。祥源益溥，慶祚洪延。瑤圖汁紀，珠斗輝躔。純嘏緝熙，康彊逢吉。光啓帝期，永綏皇極。會元章蔀，正載經畡。願齊聖算，長頌臺萊。九章

乾隆二十六年，皇太后七旬萬壽，慶隆舞樂二十章

皇太后萬壽彌增，皇帝至孝以承。洪福同山海，歡聲率土騰。一章 歲當辛巳建，壽屆七旬隆。怡愉太平日，舞蹈徧寰中。二章 太后宏溥慈仁，宮闈式維均。綿延百世澤，長此樂長春。三章 盛際集禎祥，祈年日正長。臣民敬申輿頌，慶覃恩敷八方。四章 聖節開嘉燕，雍容舞疊獻。允茲祺壽綏，神人共歡忭。五章 金鑰曈曨曉開，成行彩仗先排。臣工大小陪位，會朝稱慶無涯。六章 皇帝仁孝兼至，聖母福壽同綿。載考古史所紀，罕得於斯盛焉。七章 皞皞熙熙盛世，氤氤氳氳元氣。皇太后聖壽無疆，皇帝孝思不匱。八章 如日之升，如月之恆。慈壽綿綿，如南山是徵。九章 皇帝聖治臻隆，庶彙被澤胥濃。以茲悅懌聖母，允宜福壽攸崇。十章 大孝章矣，茀祿長矣。敷天嗤嗤，樂時康矣。十一章 聖時文教昌，萬彙欣解阜。多福允受茲，清寧並悠久。十二章 異域輸誠，稱臣奉琛。屬國以萬數，雲集合歡心。十三章 殊方一以平，德威既遐布。長治而久安，慈懷同增豫。十四章 回部偕來賀，德化漸以深，戴恩永無極，迭喜承皇心。十五章 迺陟金陛兮，慶筵載陳。迺展舞綵兮，至德洽於無垠。十六章 鐘鼓既宿懸，和聲娛愷樂。九重進版圖，王會式增廓。十七章 曰雨曰暘時若，省歲實維屢豐。泰宇既安既阜，嬉游何幸風同。十八章 浹兮淪兮，沐湛恩兮。九州萬國，戴逾殷兮。十九章

聖母延洪康且頤，行慶施惠人無遺。願集多祜綏維祺，勿替引之億萬斯。二十章

乾隆三十六年，皇太后八旬萬壽，慶隆舞樂十八章

聖母萬萬歲，既壽而康。皇帝踰六旬，孝治彌光。絪縕化宇兮，太和翔洽。諸福畢至兮，純嘏爾常。一章　重光冒卯歲序新，萬壽八秩啓今辰。景祜自茲以永，慶日引而月升。二章　皇帝舞綵，聖母燕喜。協氣充周，福祿萃止。三章　璇宮丹臒新增，卿雲糺縵交凝。瑞符翕集，如松柏之茂承。四章　奉安輿以時邁，迺東至於岱宗。陟喬嶽而行禮，百神衞祐咸來從。五章　普陀肇靈刹，宗乘宣祝延慈釐。羣藩諸部長，咸來膜拜瞻威儀。六章　敷天合歡忭，共球萬邦獻。玉册揚徽稱，煇煌晉萱殿。七章　慶筵樂備，孫曾效舞。成文協節，嘏辭疊舉。八章　壽如南山崇，福如瀛海廣。運會超郅隆，亙古實無兩。九章　振振繩繩樂含飴，擗擗總總福履綏。奉進如意肩相隨，同祝聖壽徵攸宜。十章　金門詄蕩開，彩仗棽麗陳。羣工忭賀，莫不尊親。十一章　八方太平日，負戴來紛闐。僉曰盛哉乎斯世，維申慶於萬年。十二章　湛恩汪濊，中外禔福。臣庶戴德，久而彌篤。十三章　鴻化迪矣，昭爲奕矣。羣黎百姓，洽敎澤矣。十四章　慈訓式於九圍，維聖母之貽。醲膏浹無外，勿替引令祺。十五章　歲功屢告豐穰，五風十雨兆祥。荷昊穹兮錫佑，協皇心兮降康。十六章　遠藩內面誠殷，土爾扈特願歸我幅員。率戶口以數萬

計，呼嵩鞠𦡱來如雲。十七章　慈顏有喜安以愉，德洋恩普周寰區。純休永永慶那居，億萬斯年樂于胥。十八章

道光二十五年，皇太后七旬萬壽，慶隆舞樂九章

日升月恆兮，天行不息。惟聖母之壽，與天無極。一章　淵渟岳峙兮，地道有常。惟聖母之壽，應地無疆。二章　辰維良，月維吉。玉觴陳，金奏列。動六琯之春陽，七旬之慶節。三章　皇帝奉爵，龍袞以侑。左撫舜琴，右酌堯酒。合薄海臣庶，爲聖母壽。四章　聖母燕喜，悅豫且康。乃稽慶典，載考彝章。覃恩闓澤，用錫祉於萬方。五章　萬方有慶，四海同春。凡我髦士，以逮蒸民。仰思齊之盛化，咸蹈德而咏仁。六章　和風習習，甘雨祁祁，嘉穀六穗。瑞麥雙歧。祥源福緒，惟聖母之貽。七章　萬姓香花，千衢歌舞。敬祝聖母，誕膺多祜。樂意徧八埏，歡聲騰九土。八章　皇帝聖德，惟聖母是承。龍池春麗，鳳液祥凝。永介慈福，延億萬齡。九章

同治十三年，皇太后四旬萬壽，喜起舞樂二十章

皇太后萬壽無疆，孝思共仰當陽。多福符三祝，維天降百祥。一章　歲逢甲戌，恭遇四

句。普天祝嘏，𩊚𩊚啟啟。二章　延洪綿寶籙，佳節慶長春。敬獻升恆頌，歡聲徧九垠。三章九垠溥被崇釐，大化式於璇帷。萬姓瞻依切，千秋統緒垂。四章　垂簾十一年，夾輔任親賢。長治久安歌永賴，武功懋兮文治宣。五章　皇躬資撫育，訓政昭嗣服。燕翼荷貽謀，鴻庥多景福。六章　生民遂，元化濡。遏朘削，寬租逋。普樂利，醉醍醐。熙熙皞皞，懌懌愉愉。七章殊方如砥平，聲教旣遐布。建此丕丕基，慈懷信增豫。八章　皇帝仁孝兼隆，聖母萬福攸同。盛世人民樂愷，淸時景物照融。九章　閶闔千門啓，安輿駕鳳來。德暉欣普照，歡喜上春臺。十章　鬱鬱葱葱氣佳，行行綵仗齊排。鷺序鵷班陪位，會朝稱慶無涯。十一章　萱室開嘉燕，萬年觴疊獻。良辰壽而康，神人共歡忭。十二章　我皇舞綵，聖母情怡。太和翔洽，福祿來爲。十三章　奏五英，親九族。麟定歌，鴻恩沐。本支百世感深仁，天潢一派益敦睦。十四章　藩王部長咸來賓，重譯殊方職貢陳。赤子之慕抑何深，凡有血氣同尊親。十五章　奔走偕來趨闕廷，鞠䐠忭舞祝遐齡。錫之冠帶列藩屛，小懷大畏懍威靈。十六章　皇帝治洽重熙，垂裳恭己無爲。以茲怡悅壽母，允宜福履綏之。十七章　大孝章矣，茀祿康矣。勿替引之，純嘏長矣。十八章　五風十雨兆嘉祥，頻書大有告豐穰。盛哉斯世泰而昌，神功炳焯煥珠囊。十九章　同游化宇戴高厚，躋金陛兮介眉壽。慈顏有喜安以愉，與天地兮同悠久。二十章

光緒十年，皇太后五旬萬壽，喜起舞樂二十章

至哉坤極，悠久無疆。猗歟令德，合撰含章。堯門疊瑞，姒幄披祥。一人有懌，萬壽彌臧。一章 星麗南弧，日躔北陸。緹室葭飛，彤階蓂續。太史占雲，伶倫候玉。上下和同，受天百福。二章 天心復旦，聖節長春。磬壤齊慶，亙霄奉珍。月儀外宙，雲瑞中宸。運隆禮樂，感極天人。三章 其禮伊何，鎏册璆章。鸞回寶勢，鳳欱奇香。金支景聚，璇衞雲張。肅雍長樂，艾熾耆昌。四章 其樂伊何，韶頀亮希。天歌抗律，雲舞蹌儀。重華縵縵，八風回回。玉節金和，嗣音之徽。五章 福以德昌，慶因善積。齊莊有臨，幾康無斁。訓流藹覲，風光椒掖。畢管書儀，傾璜奉式。六章 助隆庶政，啓佑我皇。櫜威弓矢，輯瑞梯航。氈鄉卽敍，島譯賓王。慈和偏服，保畏彌光。七章 於維廣運，上媲昊穹。春育夏養，內怗外懞。薰琴解慍，嘉玉祈豐。萬年翔洽，百室熙隆。八章 鄧林翹秀，崑岫搜奇。旁求俊乂，分職官師。四聰明達，三宅周咨。卷耳進賢，如歌風詩。九章 聖人在上，席啚綏和。慈雲蔭遠，愛日暉多。仁獸歸藪，靈禽在柯。士朝而忭，民野而歌。十章 帝隆孝治，躬奉天經。凝旒沖幄，鳴玉慈庭。文容屬屬，舜慕烝烝。百禮既至，四海其承。十一章 丕顯宗親，蕆時嘉會。遡月瞻星，編珠貫琲。璇源益濬，玉葉知芘。訓儉示恭，行慶施惠。十二章 濟濟卿士，將將會朝。人瞻丹扆，天臨慶宵。縟文炳藻，睿孝圖瑤。呼嵩祝華，頌魯歌姚。十三章 亦有藩長，綴於朝儀。

酎珍溢阼，貢騢騂墀。來賓璋馬，往賚金犀。旣畬皇祉，咸歡壺彝。十四章 帝命重申，如綸如綍。劭農賜租，勸位詔祿。熙熙春臺，渠渠夏屋。慶賞雲興，歡聲雷速。十五章 昭禮告秩，慈顏愷康。旋輝玉堿，鳴豫瑤觴。喬皇聖孝，菴藹休昌。鉤鈐旣朗，延嘉亦芳。十六章 黃屋長今，彤箴自古。媯汭嬪虞，塗山贊禹。徽德孔明，重規襲矩。以祉元吉，宜延遐緒。十七章 甲子章蔀，循環無端。易圖大衍，羲畫先天。箕疇演福，軒策調元。維天佑聖，於斯萬年。十八章 嶙嶙五岳，而岱之宗。瀸瀸百川，而海斯容。兩儀淸穆，八表熙雍。湛恩波沛，峻算山崇。十九章 靈貺便蕃，昌期綏茂。帝暉緝熙，母儀純佑。遐邇壹體，小大稽首。壽考維祺，克昌厥後。二十章

光緒二十年，皇太后六旬萬壽，喜起舞樂二十章

皇太后福壽同緜，皇帝仁孝兼全。天佑聖母，錫之大年。一章 閼逢歲之陽，其陰在敦牂。其日維吉，其月曰良。二章 王會大同，星紀五復。萬國萬年，以介景福。三章 猗歟母儀，翼我聖主。曰仁曰智，允文允武。四章 其武維何，謐謀璇幄。龕靖神州，威讋殊俗。五章 其文維何，崇儒禮賢。奎章藻耀，雲漢在天。六章 其智維何，明燭萬里。中外一家，宮府一體。七章 其仁維何，如湯如堯。蠲租發帑，以恤民勞。八章 民勞休止，庶優游止。雖休勿休，

民瘼求止。九章 自普天而率土兮，咸浹髓而淪肌。聖皇之德兮，聖母之慈。十章 茂矣美矣，薦嘉祉兮。唐矣皇矣，純嘏爾常矣。十一章 纍印若綬，颺拜稽首。壤歌衢謳，逮及童叟。十二章 累譯而至，屬國以萬計。咸含和而吐氣，頌曰盛哉乎斯世。十三章 大矣孝熙，聖皇之思。以天下養，永奠此丕丕基。十四章 行慶施惠，湛恩汪濊，而熾而昌。眉壽無有害。十五章 迺鏤璆册兮瑑瑤章，迺展瓊筵兮奉玉觴。迺瞻金陛兮穆穆皇皇，迺奏雅樂兮喈喈將將。十六章 琴瑟在御，鐘磬在簴。鼗乎而鼓，軒乎而舞。十七章 蕩蕩八荒，惠問所翔。願聖母壽，應地無疆。十八章 圜穹戴笠，徽音四塞，願聖母壽。與天無極。十九章 荷天衢，提地釐，迄於期頤。萬有千歲，福履綏之。二十章

乾隆四十五年，高宗七旬萬壽，慶隆舞樂九章

皇帝萬萬壽，福如大海源。浩元氣兮春和溫，澤洋溢兮彌乾坤。一章 歲維庚子，恭遇七旬。太平有象，鴻禧日新。二章 班禪覲後藏，十方皈依舉延企。瑞靄集豐年，廣法輪，宗風被。三章 麗正門，開詄蕩。王公大臣，拜舞瞻天仗。旗罨靄，芬芒芒。五雲朗，鑪烟上。四章 敬天勤民久，純德四海敷。皇帝壽，萬萬年，孔固南山如。五章 蒙古衆台吉，青海衞拉特。愛之如赤子，傾心世歸德。六章 土爾扈特歸順，武義金川威震。如天大德曰生，蹈舞揚休入

觀。七章　曼壽多福，臚歡無疆。如松柏茂，萬葉純常。八章　皇子及孫曾，稱觴介眉壽。祝祝鴻禧兮歲其有，與天地兮同悠久。九章

乾隆五十五年，高宗八旬萬壽，慶隆舞樂十八章

皇帝萬萬壽，福如大海源。亭育德恩普，休和暢八埏。一章　歲維庚戌，恭遇八旬。神人祝嘏，景福益臻。二章　洞開九重，辟公呼嵩。祥光罨靄，歌舞攸同。三章　敬天勤民，歲書大有。萬壽無疆，山岳悠久。四章　文光炳二曜，武烈宣萬方。義正以仁育，遐邇胥來王。五章　燕千叟兮嘉龐眉，賜筇帛兮拜鴻施。臚歡介祉兮叩彤墀，羣登壽寓兮祝蕃釐。六章　篤天潢，賜章服。燦五采，親九族。本支百世感殊恩，歡洽羣情益敦睦。七章　臨雍釋菜，文教振興。人材樂育，爲國之楨。八章　輯四庫書，譽髦鼓舞。惠茲藝林，上下今古。九章　修藏兮譯金經，廣善緣兮福羣生。慈雲布濩兮光晶瑩，和風甘雨兮彌八紘。十章　藩王部長咸來賓，遐荒重譯職貢陳。依光慕化同尊親，赤子之慕中外均。十一章　安南國王趨闕廷，鞠跽忭舞祝億齡。寵以冠帶列翰屏，聲教遠暨海國寧。十二章　緬甸來庭，寵膺綸詔。頒印錫封，永綏炎徼。十三章　生番嚮化，傾心太平。恩浹肌髓，威畏惟誠。十四章　聖明四照，福綏綿綿。吉祥屢臻，億萬斯年。十五章　永承天庥，祥徵滋至。載頌九如，祚延萬世。十六章　子孫曾玄戲綵舞，壽而

康兮祝純嘏。歲歲年年福履增，天地合德同博溥。十七章 中和舞樂邁韶頀，普天率土歡同聲。慶萬壽兮茀祿膺，受天佑兮莫不承。十八章

嘉慶十四年，仁宗五旬萬壽，慶隆舞樂九章

皇帝萬萬壽，壽與天無疆。秉德貞恆篤鴻祜，珍符曼羨恩滂洋。一章 歲維己巳，聖節五旬。六合昌阜，啿啿陽春。二章 我皇功德冒八極，埽除羣慝登衽席。磑磑卽卽師象山，永綏生民偃兵革。三章 民生遂，元化濡。遏朘削，寬惸逋。饜餮粥，襲裾襦。樂皞皞，安愉愉。四章 作之君，作之師。孔容保，誕教思。厚莫厚，訓宗支。仁莫仁，箴八旗。五章 繼統恭勤兮儉德先，有孚惠心兮靡回延。泉府充羨兮軫民艱，馮鱗輯和兮功濬川。六章 重民耕織，雨暘寒燠。圖輯授衣，纂志祖考。大孝備矣，養民爲寶。七章 辟公卿士，俊髦龐蒙。雲施山應，降福穰豐。綿綿瓜瓞，上怡皇衷。八章 承昊佑兮撫八紘，洪景命兮方升恆。率土臚歡兮，重譯職貢，於萬斯年兮，福祿永膺。九章

嘉慶二十四年，仁宗六旬萬壽，慶隆舞樂九章

九有嘉吉萬彙昌，貞冬嫗煦日載陽。帝承昊貺錫兆庶，聖壽曼羨長無疆。一章 十榦十

二枝，紀歲周復始。皇帝壽齊天，循環萬甲子。二章 北曁窮髮南雕題，耕桑直過崑崙西。黃河安恬日東注，波澄鏡海騰朝曦。三章 景風翔兮卿雲升，民游壽宇兮化日恆。世龐鴻兮多耇耋，生逢太平兮由高曾。四章 厚民生，省厥愿。立嘉禾，稂莠茀。崇正教，恥且格。惠元元，徧帝德。五章 繼皇統兮承祖澤，王業艱難兮孝思靡極。眷遼瀋兮夙法駕，式考訓兮永無斁。六章 帝廑烝民，拯之德政。曰雨曰暘，天心協應。熙熙春臺，豐年屢慶。七章 日月方升恆，川嶽咸效順。祝嘏萬方同，梯航集琛賮。八章 歲己巳兮恩普錫，今茲己卯兮六旬聖節。帝澤汪濊兮，海寓樂康，願逢旬慶兮萬有千億。九章

乾隆四十八年，乾清宮普宴宗親，世德舞樂九章

天開聖清，覺羅肇興。列祖繼緒，統一寰瀛。一章 溯祥長白，垂統發跡。幅員廣大，景附悅懌。二章 聖皇立極，與天比崇。純常茀祿，昌後隆宗。三章 篤親九族，錫恩覃厚。金黃帶垂，峨冠品授。四章 枝蕃萼榮，皇情則怡。嘉承天和，方春載熙。五章 璇宮肆筵，宗人爰集。黼繡盈庭，班行辨級。六章 皇睠有喜，便蕃賚予。侍衞賜茶，恩涵露湑。七章 肫仁溥澤，大府頒金。皇慈旣渥，以洽壬林。八章 宗人拜舞，臚歡忭祝。億萬斯年，永綏多福。九章

乾隆初，巡幸盛京，筵宴，慶隆舞樂一章

皇天明命，篤生太祖。錫之聖智，奄有東土。於聖太祖，開基創業。始制國書，同文六合。曰若太宗，嗣承天命。肇造區夏，仁育義正。太宗如天，丕冒純德。於鑠大清，懋建皇極。興京聿興，盛京斯盛。惟其至仁，九有託命。欽惟聖皇，追慕深思。率祖攸行，惠我嘉師。敬觀實錄，日星爲昭。祖業艱難，中心忉忉。乃頒明詔，播告臣氓。恭謁祖陵，旋軫陪京。皇帝篤誠，珠丘展覲。文武從臣，駿奔效藎。我皇聖哉，細大不遺。從臣文武，體恤周知。乃出邊關，乃經蒙古。閱七愛曼，藩部悅舞。御光遠臨，旃裘畢來。宸衷軫念，錫賚恩恢。受我皇恩，祝我聖皇。合十膜拜，恩膏溥將。蒞克爾素，駕言行狩。手格虎殪，馬射熊仆。英哉我皇，舍矢如破。獲獸孔多，萬人腹果。爰蒞舊邦，爰謁三陵。既躬既親，我心則平。豈敢憚遠，豈敢畏險。至止禮成，心猶繾綣。皇帝大孝，承祭至敬。肅將明禋，萬邦爲鏡。皇仁懋哉，重齒敬老。清問殷勤，德施浩浩。盛京蒞止，臨朝閱武。御崇政殿，恩敷率土。

乾隆八年，巡幸盛京，大宴，高宗御製世德舞樂十章

粵昔造清，匪人伊天。天女降思，長白闓門。是生我祖，我弗敢名。乃繼乃承，逮我玄

孫。一章　玄孫累葉，維祖之思。我西云來，我心東依。歷茲故土，仰溯始謀。皇澗過澗，締此丕基。二章　於赫太祖，肇命興京。哈達輝發，數渝厥盟。如龍田見，有虎風生。戎甲十三，王業以興。三章　爰度爰遷，拓此瀋陽。方城周池，太室明堂。不寧不靈，匪居匪康。事異放桀，何心底商。四章　丕承太宗，允揚前烈。倬彼松山，明戈耀雪。以寡敵衆，杵漂流血。惜無故老，爲余詳說。五章　余來故邦，瞻仰橋山。慰我追思，夢寐之間。崇政清寧，載啓南軒。華而不侈，鞏哉孔安。六章　維我祖宗，欽天敬神。執豕酌匏，咸秩無文。帷幔再張，尊俎重陳。弗渝弗替，遵我先民。七章　先民宅茲，載色載笑。今我來思，聖日俯照。爵我周親，藎臣並召。亦有嘉賓，歡言同樂。八章　懿茲東土，允維天府。土厚水深，周原膴膴。南陽父老，於是道古。有登其歌，有升其舞。九章　我歌既奏，我舞亦陳。故家遺俗，曷敢弗因。渾灝淳休，被於無垠。勿替引之，告我後人。十章

乾隆十四年，金川凱旋，筵宴，慶隆舞樂一章

乾隆聖世，瀛寓乂康。元首惟明，股肱惟良。景運鴻昌，休德茂著。統馭八埏，惠液遐布。金川小醜，蠢爾冥頑。惟時弗率，跳梁窮邊。用申天討，聲罪執言。長驅驛駕，油雲斯屯。聖謨廣運，決機萬里。聿簡賢臣，良弼是倚。曰忠曰勇，經略戎功。心堅金石，誠格蒼

穹。身先烝徒，跋履巖阻。晨夕盡瘁，均勞共苦。姦宄是殛，逆諜是攘。國憲孔昭，我武孔揚。窟穴梨止，嵒巢圮止。堅卡隳止，峻碉毀止。爰褫其魄，爰喪其膽。震慴股栗，潛伏於坎。如鼠竄穴，如鱗游釜。號呼哀籲，再三求撫。元臣執義，憤欲蕩除。帝德好生，曰免駢誅。六條攸約，虔慄遵循。恩綸祗奉，解網施仁。丕革厥心，匍匐奔赴。除道築壇，香雲擁路。帝仁覃敷，六合滂洋。蘇其枯朽，賜以再生。展也滿兵，彌月功成。云何其速，皇猷是憑。神功炳焯，乾坤軒豁。九重勝算，明並日月。勒諸瓊玖，昭諸汗青。禮成鉅典，樂奏昇平。膚功克奏，慶筵是侑。太和絪縕，翔洽宇宙。卿雲糺縵，景緯珠聯。梯航琛賮，億萬斯年。

乾隆二十五年，西域平定，筵宴，德勝舞樂一章

祖志繼成，翦滅遠叛。籌畫從容，疆闢二萬。川原式廓，乃經土田。廟算宏深，天心契焉。車楞內訌，丐恩臣服。爵錫王公，周恤其屬。鬼蜮阿酋，匍匐帝庭。寵以藩服，秉鉞專征。俘達瓦齊，再生曲宥。念彼軍勞，崇封晉授。阿酋狡獪，將伏天誅。妄冀非分，叛於中途。反覆二心，棄厥妻子。役屬離散，巨惡宜爾。汲水萬里，欲息燎原。似彼狂酋，徒然自燔。竄俄羅斯，疫戕其命。遐方酋王，爰獻於境。滿洲索倫，淩波飛渡。奮勇莫當，峻嶺爰

度。俘厥逋逃，收彼牲畜。取彼子女，如摧朽木。弓矢所加，賊壘莫禦。急思兔脫，震駭無措。蠢爾賊衆，作亂變更。帝德涵濡，悖獨遂生。豈曰窮兵，豈曰黷武。乘時遘會，忍弗遠撫。回首在囚，解其禁錮。甫還庫車，流言煽布。惟彼兇渠，負君莫比。罔念聖恩，能弗切齒。伊犁既戢，諸部賓服。豫策久長，悉收回族。二賊潰逸，命將追遏。踰其穴巢，直抵巴達。爰遣侍衞，乃得其情。回長搏顙，獻馘輸誠。邃古莫稽，列史具在。殲寇如斯，未有儗類。欃槍淨掃，寰宇昇平。師出以正，中外永清。睿謨惟誠，宵旰無逸。宏奏膚功，聖心斯懌。順我者昌，逆我者亡。旌別恐遺，天語孔彰。酬庸封爵，表勇錫名。昭茲懋賞，章采聿明。誅鋤元惡，大功告成。如春育物，德合淸寧。

道光八年，重靖回疆，筵宴，德勝舞樂二十章

道光聖世，德洽紘埏。獻琛奉賮，有翼有虔。一章 蠢茲逆回，逋誅小醜。喙伏荒裔，敢爲戎首。二章 麌麌其羣，驛驛其氛。涉卡潛煽，不戢自焚。三章 皇赫斯怒，爰命揚威。汝往討亂，執訊以歸。四章 渾巴什河，先聲克振。進殲柯坪，靡有遺燼。五章 沙崗㟅㟅，我兵旣攻。三莊埽穴，十日奏功。六章 奏功一月，四城迅復。伯克跪迎，額頌神速。七章 莫赤匪狐，莫黑匪烏。星弧所指，並伏其辜。八章 帝軫八城，蠲厥租賦。耄齡歡慶，九天甘澍。九章 於

鑠宸謨，十條誕敷。罪人務得，勿俾稽誅。十章稽誅勿俾，征師勿俟。次第凱還，以息勞勩。十一章蒼莽四山，偵騎周環。妖鳥攸投，庭弓攸彎。十二章歲旣宴矣，烝徒驤驤。制梃撻賊，阿圖什莊。十三章我追彼竄，自昏徂旦。抵鐵葢山，去路倏斷。十四章爰喪其馬，爰曳其兵。奪彼短刃，縶以長纓。十五章城柳初荑，驛騎載馳。都人夾道，遙望紅旗。十六章櫜弓錫組，告於天祖。歸善慈闈，孔晏受祜。十七章勒碑誌事，御門受俘。聿啓喜宴，露湛雲需。十八章旨酒旣嘉，隊舞入侑。小大稽首，我皇萬壽。十九章聖武維揚，聖恩維長。覆仁飫義，萬壽無疆。二十章

大宴笳吹樂六十七章 乾隆七年定。

牧馬歌 人君之樂，恃此紀綱。兆民之樂，恃我君王。室家孔宜，夫君之力。朋友有成，和輯之德。

古歌 八種成壞兮，實人世之常。墮迷網中兮，慾鎖與情韁。愚人無識兮，樂茲殊未央。執空爲有兮，謬語其奚當。

如意寶 不澡心於羣經，具本性而無明。不服膺於佛乘，說妙行而聽熒。

佳兆 一人首出，萬國尊親。湛恩汪濊，普被生民。百花敷榮，一日悅目。灌頂寶光，

萬衆所伏。

誠感辭　良胡畏哉，襄以至誠。良胡過哉，竭己所能。良胡僞哉，語無文飾。良胡怠哉，罔敢休息。

吉慶篇　有君聖明邁戴天，有臣靖共勝後嗣。健婦持家過丈夫，如意寶珠惟孝子。

肖者吟　滅除己罪，仗佛眞言。如欲療病，惟良藥存。菩提鐙兮，出衆生於黑暗；智慧梳兮，櫛六慾之糾纏。

君馬黃　大海之水不可量，天府寶藏奚渠央。良朋和睦益無方，聖有謨訓垂無疆。

懿德吟　人君能仁，烝黎之父。君子和平，羣相肺附。懿厥哲人，實維師傅。匿智懷私，乃民之蠹。

善哉行　惟安惟和，心意所欲。無貳無虞，朋友式穀。

樂土謠　分人以財，惠莫大焉。施人以慧，寧不踰旃。

踏搖娘　日將出兮，明星煌煌。壽斯徵兮，秀眉其龐。三十維壯，五十遲暮。莫親祖母，莫尊祖父。

頌禱辭　我馬蹀躞，行如流水。儁英滿座，交親悅喜。族黨婣婭，咸富且貴。酌酒爲歡，既多且旨。

慢歌　十五歡娛八十衰，壯容華茂遲暮悲，祖妣最親祖尊哉。

唐公主　遵王之路兮，愆尤希。素位而行兮，夫奚疑。

丹誠曲　罔有敗事兮，遵道而行。長無離析兮，順親之情。

明光曲　瞻彼日月，虛空發光。聖君聖母，焜燿萬拜。

吉祥師　日月之明兮，容光必照。聖君之明兮，烝黎咸造。

聖明時　際聖明時，良我福只。橫被恩澤，良我祿只。

徽言　倏忽變遷，順其自然。如彼蜃樓，余生渺焉。

際嘉平　諸惡莫作，菩提薩多。暝曚妄行，用墮三塗。

善政歌　經何本，本於宗。身何本，媼與翁。罪何本，嗔爞爞。福何本，和雍雍。

長命辭　靡言不適於道兮，水萬派而朝宗。夫惟外道之妄語兮，并自畫而不通。

窈窕娘　惴惴原獸，思全其身。兢兢庶士，思庇後昆。

湛露　維彼愚人，惟知己身。維此哲人，心周萬民。

四賢吟　六欲相牽，微生是戀。歎彼駒光，如夢如電。

賀聖朝　慈悲方便，永斷疑情。極樂淨土，不滅不生。

英流行　知之而作兮，明哲所由。不知而作兮，庸愚之儔。慮而後動兮，卓彼先覺；率而妄動兮，是乃下流。

堅固子　馬蹀躞兮，身不獲康。念此身兮，本自無常。馬騰驤兮，生不獲寧。念此生兮，本自無生。

月圓　良馬之德，於田可徵。良朋之行，相交乃明。

綏歌　良馬云何，乘者所思。良朋云何，久而敬之。

至純辭　惟帝力兮勞來，父母力兮免懷。乘騏驥兮馳驟，仗巨擘兮弓開。

美封君　貢高專美，曰惟不仁。擁貲自厚，不久四分。惟不惺惺，乃不戒懼。凶心常萌，誰與共處。

少年行　嗟棄捐於巖穴兮，盍遠播夫芳聲。嗟終老於草莽兮，盍永垂夫令名。

四天王吟　悲哉北邙，令聞宣揚。北邙悲矣，青史不渝。

宛轉辭　瞻彼中林，芃芃萬木。旃檀有香，生是使獨。萬類咸若，攘攘芸芸。民之父母，首出一人。

鐵驪　載飛載翔，惟翮是憑。爲聲爲律，惟心是經。射之能中，惟指是憑。交之能善，惟和斯恆。

木槵珠　瞉之成雛兮，孚化之功。羽用爲儀兮，賦命之隆。迪彼愚蒙兮，惟聖之功。

明厥本性兮，實在己躬。

好合曲　維勤斯哲，安不可懷。溺茲小樂，至樂難期。

章阜　乾照無私，聖教無類。謨訓洋洋，鑒茲不昧。

天馬吟　騏驥不羣蹇驢，鴻鵠不偕斥鷃。騶虞不邇狐狸，聖哲不昵愚賤。

大龍馬吟　疇知幻軀，祕此佛性。疇不退轉，佛恩來證。上德墮落，疇其知病。下士頓起，疇其知競。

始條理　福慧天亶，誠哉難覯。通人達士，豈奚易逅。

追風赭馬　葱兮蒨兮，山有芳蘭。僮兮祁兮，首有妙鬘。

迴波辭　元首明哉首出，股肱良哉罕匹。賢夾輔兮王室，莫執左道兮蟊賊。

長豫　景行行止，下民堪憐。宜汎愛衆，毋逆忠言。

平調　騏驥適我體，橐鞬衞我身。嘉言資我道，經史沃我心。

遊子吟　升彼高阜兮，思我故鄉。有懷二人兮，莫出戶堂。陟彼崔嵬兮，思我故鄉。有懷二人兮，莫出垣牆。

平調曲　帝王無逸，天地和寧。辟公膚敏，兆民阜成。

高士吟　日之升，天爲經。民之行，君爲程。水之流，隨坎盈。牝之游，駒之情。

哉生明　非冒於貨賄也，感兄弟之敬心。非貪於飲食也，感父老之誠忱。

高哉行　云何致太平，睪然望皇衢。人生夫何常，善保千金軀。民之不能忘，令名照神區。子孫振繩繩，百千萬億餘。

圓音　身無常，花到秋。名無常，雷不留。財無常，蜂釀蜜；水無常，海發漚。

三章　敬尊佛敕，如滋甘雨。莫行邪惡，種茲罪苦。

欄杆　賢者斯賢賢，不賢不賢賢。蜜蜂見花駐，蜻蜓去翩翩。

思哉行　千金寶馬，不如先人之畀遺。嘗盡諸果，不如母乳之甘兮。

法座引　電可畏兮，時屆朱明。霜可畏兮，五穀將登。禍可畏兮，歡樂所成。罔不畏兮，憶神魂之初降生。

接引辭　火宅無清涼，苦塗無安樂。鳥路誰能攜，閻浮難駐脚。

化導辭　閻浮提界，如彼高山，越之維艱。盡卻今時，大海漫漫，欲渡良難。

七寶鞍　瞻彼隄岸，水則不濫。有君牧民，當無畔散。飛鳥雖疲，寧甘墮地。君子固窮，之死不二。

短歌　嗟余生之歡樂兮，似黃離之盈昃。感韶光之荏苒兮，似葉上之青色。及芳華之當齒兮，且喜樂以永日。

夕照　時乎時乎，時外無時。時其逝矣，奚與樂爲。黃離既昃，定少溫暾。天光既暮，噎噎其陰。

歸國謠　皇矣聖世，藹如仁君。懷哉懷哉，日遠日分。亦有良朋，如兄如弟。日遠日離，不能遙跂。

僧寶吟　投誠皈命，既安且吉。如佛塔廟，云胡遠別。和樂且耽，手足提攜。如姊如娣，云胡遠離。

婆羅門引　酪必成醐，父將成祖。沙必成丘，母將成嫗。

三部落　試觀三界，漚起漚滅。如彼秋雲，乍興乍沒。

五部落　流水何湯湯，吾生如是游。雖有聖賢人，誰能少滯留。

乾隆二十五年，西域平定，筵宴，笳吹樂一章

閶闔煌煌，鐘鏞鏘鏘。鳴鞭祗肅，帝用燕康。荷天純嘏，祖德凝庥。從容底定，允升大猷。聖德宏敷，光被遐邇。如拱北辰，諸部歸止。慈恩覆幬，滄海無量。爭先效順，奔走來王。憲章斯備，勝算克成。跳梁羣醜，魚貫輸誠。天威震疊，小腆惕厲。大君惟仁，莫不臣隸。聖敎宏敷，額手格心。月窟同風，越邁古今。遠謨是協，綏徼安康。撫綏之德，偏於遐

荒。乾元功懋，滂洽垓埏。巍巍盛德，億萬斯年。

道光八年，重靖回疆，筵宴，笳吹樂九章

於赫皇威，式於九圍。回疆耆定，飲至勞歸。一章　有截回疆，純皇所綏。畏神服敎，鞏我藩籬。二章　蠢茲逆裔，逋誅再世。燎原自焚，法不可貰。三章　戎車爰西，如雲如霓。一月三捷，四城其徯。四章　四城旣治，醜黨旣夷。彀弨張羅，妖鳥安之。五章　回莊歲邇，有鴞萃止。躡迹窮追，鐵葢孔歸。六章　縶以白組，報以紅旗。新春送喜，皇心載怡。七章　昔賦出車，今歌采薇。受釐天祖，歸善慈闈。八章　嘉獻允儀，溥哉恩施。奉觴稽首，萬壽維祺。九章

大宴，番部合奏三十一章　乾隆七年定，惟大合曲、染絲曲、公莫、雅政辭、鳳凰鳴、乘驛使六章有辭；無辭者有宮譜：曰兔罝，曰西鰈曲，曰政治辭，曰千秋辭，曰鴻鵠辭，曰慶君侯，曰慶夫人，曰羨江南，曰救度辭，曰大番曲，曰小番辭，曰遊逸辭，曰興盛辭，曰艷治曲，曰慶聖師，曰白鹿辭，曰合歡曲，曰白駝歌，曰流鶯曲，曰君侯辭，曰夫人辭，曰賢士辭，曰舞辭，曰蹸鼓曲，曰調和曲。不載。

大合曲　元綷是依，明神是祇。一心至誠，昭事勤只。巍巍大君，永底烝民。中心愛戴，稽首來臣。念人生之無常兮，合勤修夫善行。信百行之咸善兮，終和平而神聽。

染絲曲　大君至聖，敎敷率土。敉寧萬邦，拜跪奉主。公莫　丕顯元后，惠懷萬方。國彥棐恭，協贊邦常。率土之濱，誠意溥將。咸拜稽首，依戴聖皇。

雅政辭　皇皇聖明，無遠弗燭。林林衆庶，無思不服。元化惠心，爲善去惡。聖人之邦，長生永樂。

鳳凰鳴　承乾體元，惟我聖君。光開草昧，惟我聖君。綱紀庶政，惟我聖君。父母萬國，惟我聖君。惟我聖君兮，覆幬如天。惟我聖君兮，自新新民。惟我聖君兮，中外乂安。惟我聖君兮，羣慝消淪。拜手稽首兮，頌溢兆民。

乘驛使　大地茫茫，大海滄滄。豈伊無寶，求之奚方。自古在昔，爲君爲王。膺圖御宇，命不于常。實心實政，惠此萬邦。聖御大寶，繄惟我皇。繄惟我皇兮，疇可與之頡頏。

回部樂曲一章　律呂後編回部樂曲國書用漢對音而旁注宮譜，今以漢對音載其辭。

思那滿塞勒喀思，察罕珠魯塞勒喀思。

清史稿卷一百

志七十五

樂七

樂章五 鐃歌大樂 鐃歌清樂 凱歌辭

巡幸鐃歌大樂二十八章 乾隆七年定。

大清朝第一 大清朝，景運隆。肇興俄朶，奄有大東。鵲銜果，神靈首出；壹戎衣，龍起雲從。一解 雷動奏膚功，舉松山，拔杏山，如捲秋蓬。天開長白雲，地蹙凌河凍。混車書，山河一統。聲靈四訖，萬國來修貢。二解 皇宅中，垂統瓜瓞唪唪。聖繼聖，功德兼隆。昇平頌，怙冒如天恩澤濃。三解 人壽年豐，時雍風動，荷天之寵。慶宸遊，六龍早駕，一朶紅雲奉。扈宸遊，六師從幸，萬里歡聲共。四解

四時仗第二　御句芒，春載陽，震位峙東方。順時令，駕蒼龍，驂吉良。見垂虹，青蘋漸芳。行慶施惠，恩波浩蕩。一解　御祝融，晷正長，南極星輝朗。駕朱輅，萬騎騰驤。贊俊傑，遂賢良。二解　蓐收節，露華初降，金風乍涼，兌列西方。載白旗，乘戎輅，移天仗。萬寶告成，一人有慶天垂貺。三解　顓帝司方，水泉始涸，天際彩虹藏。乘元輅，駕鐵驪，雲衢滉瀁。萬疊明霞奉太陽，四時節物邀歡賞。四解　皇謨聖德欽無兩，舜日光天壤。花明綵仗齊，雲暖龍旗颺。際昌時，咸翹企仙輿降。際昌時，咸翹企仙輿降。五解

承天眷第三　承天眷，際風雲，萬國車書奉一人。衣冠快睹唐虞盛，九域抒丹悃。殊荒重譯盡來庭，和氣召嘉禎。一解　稽古訓，溯昌辰。元首明哉勵股肱，一心敬怠丹書儆。宵旰不遑寧，日新又日憲湯銘，翼翼更欽欽。二解　端不爲，繁華麗，錦繡春。端不爲，玉樹菁葱太液澄。喜今日，調和玉燭烽烟靖。不敢忘，百年有備軍容整。那辭得，陳師鞠旅擁旄旌。皇衷切，憂盛更危明。三解　泰階奕奕璣衡正，功業麟兮炳。千春清晏歌，億載登豐慶。喜金支，紛旖旎，蓬山境。喜金支，紛旖旎，蓬山境。四解

貢琛球第四　琛球輸貢，外藩歸化隸版圖，正朔咸尊奉。樂浪郡，在海東，安南國，粵嶠闢蠶叢。日本國，畏威震悚。琉球國，奉朝請與內臣同。一解　萬邦虎拜咸修貢，干羽何須用。東風入律吹，干呂青雲涌。海安瀾，更上獻河清頌。海安瀾，更上獻河清頌。二解

錦繡乾坤第五　錦繡乾坤佳麗，御世立綱陳紀，四朝輯瑞徵師濟。盼皇畿，雲開雉扇移。黎民引領鑾輿至，安堵村村颺酒旗。恬熙，御鑪中，靉靆瑞烟霏。恬熙，御鑪中，靉靆瑞烟霏。一解　鸞聲噦噦來雲際，九奏韶鈞沸。觀光仰赤球，扈從盈朱芾。奉皇歡，晝三接，天顏喜。奉皇歡，晝三接，天顏喜。二解

中天盛世第六　中天盛世鬯安寧，瑞麥嘉禾表歲成。騶虞白象出郊坰，共祝吾皇聖，嵩嶽欣傳萬歲聲。蔥蘢佳氣滿都城，萬里皇圖鞏帝京。衣冠文物際時亨，海隅寧謐無邊警。巷舞衢歌樂太平，喜今日，金甌一統萬年清。徧閭閻，操縵歌風紘誦興。更郊原，野蠶成繭柘陰輕。一解　時和歲稔調金鼎，鳳扆花相映。青疇麥兩歧，黃隴禾同穎。屬車臨，喜萬歲，聲遙應。屬車臨，喜萬歲，聲遙應。二解

奉宸歡第七　奉宸歡，天單厚。風光輦路浮，遐阡邇陌，都是黃雲覆。羽蓋春旗，媥嫾似繡。正田家作苦勸耕時，休馳驟，金鐙鞭敲，豹尾懸車後。藏富於民，於民藏富。

晴開五雲第八　晴開五雲移翠輦，臣庶咸歡忭。載見兮載見，懷遠復懷遠。聖人朝，縵雲歌復旦。一解　際中天，一氣鴻鈞轉，習習和風扇。龍津燕影低，柳陌鶯聲囀。望龍旌，迢遞過晴巘。望龍旌，迢遞過晴巘。二解

瑞雲籠第九　綵仗瑞雲籠，度晴巒幾重。金鑪高擁，香烟浮動，杳靄大夫松。和鸞到

處，和鸞到處百靈從。玉檢金泥，編珠毓貺，不數漢家封。

駕六龍第十　駕六龍，御翠華，帝德光天下。薄海內，總一家。四徼外，正朔加。者聲靈赫濯，被四表，曁荒遐。

扈翠華第十一　扈翠華兮載馳，御帝車兮載脂。命風伯兮叱雲師，洒道兮如絲，清颸兮應時。

四時念第十二　仲春時，司馬教振旅，喜韶和，綠荑芳草滋平楚。執鐃執鐸兼賁鼓，盤旋處，如組還如舞。一解　念春日，萬彙初欣憮。況田家，負耒牽牛方作苦。解罝去絡仍弛罟，天心祐應節彌甘霔。二解　仲夏時，司馬教茇舍。暢恢台，銛蘆茂草披平野，名州名邑驅征馬。行圍罷，落日征袍卸。三解　念夏日，赤輪炎似炙。況我民，體足霑塗泥沒踝，櫛風沐雨無晨夜。四解　休嚴駕，冲默居臺榭。四解　仲秋時，司馬教治兵。喜颯爽，金風初勁角弓鳴，載旗載旐孑旟旌。五解　戢軍營，萬寶正秋成。五解　念秋日，氣爽又風清。況郊原，農事方終稼既成，用遵周禮詰戎兵。六解　望龍旌，壺漿父老迎。六解　仲冬時，司馬教大閱。正平郊，獸肥草淺寒威冽，建旗樹表疏行列。七解　多歡悅，誰道裘如鐵。七解　念冬日，一陽初動脈。況南郊，陶匏明水將誠潔，草甲方萌芽未茁。八解　居金闕，萬國來朝謁。八解

壯軍容第十三　壯軍容，威四方。礪戈矛，森甲仗。剖文犀，七屬爛如銀；帶鮫函，璀

璨難名狀。者的是，金城保障。一解 有純鉤巨闕，和盤郢魚腸。更有湛盧紫電，承影含光。又豪曹似水，素質如霜，賽莫邪干將。二解 官笴最精良，象弭魚服，竹箭弧桑。更紅翎白鏃，飲羽危梁。控弦徹札，有猿臂軍中飛將。三解 潤銛鋒，鷿鵜初瑩。鎔堇錫，龍雀成雙。文似靈龜，象侔白虎，是靈寶，亦曰含章。比昆吾切玉，百鍊純鋼。四解 垂氏弦木，檿弧斯創。冬幹春膠，烏號繁弱，明月當堋朗。九合既成，二弓交韔。五解 振金鐃，鳴金鐲，畫角悠揚。月明時，風靜夜，清吹還三唱，踴躍軍心壯。似鳳鳴，又如鶴唳，更籌響，刁斗傳千帳。六解 表和門，旌旆揚。象七星，建九斿，置九章。錯翡翠，鸞鳳煒煌。曳招搖，韜素錦，黃龍大纛在中央。七解 鏤衢鞍，翠羽蹙金梁。珊瑚鞭，瑪瑙勒，靡麗非常。啓譁囂，盛朝不尙。但推轂，求良將。雲行雷動，正正堂堂。八解

日初昇第十四 日初昇，雲光曉。旌旗暖，龍鱗耀。望雲山，紫翠千重；度耕隴，桑麻隱約。黎民歡樂，道餘糧棲畝，又長嘉苗。一解 不讀書，知忠孝。作與息，耕和鑿。玉泉流，膏雨千塍，晴雲斂，炊烟萬竈。黎民歡樂，道餘糧棲畝，又長嘉苗。二解 景融怡，風料峭，太和會，豐年兆。喰其饁，士女媚依；鎛斯趙，曾孫迎勞。黎民歡樂，道餘糧棲畝，又長嘉苗。三解食君恩，深難報。願聖壽，如山嶽。稼既同，跂脚高眠；戶不閉，官淸訟少。黎民歡樂，道餘糧棲畝，又長嘉苗。四解 翠華臨，霓旌導。遵平陸，登山嶠。但只見，蔀屋衡茅。一个个，體

溫腹飽。不知不識，日上眠方覺。惟祝君王眞有道，釐痌瘝，薄賦輕傜。敷教澤，愛親敬老。黎民歡樂，道餘糧棲畝，又長嘉苗。道餘糧棲畝，又長嘉苗。五解

嘉祥曲第十五　溯嘉祥，華平朱草毓中唐。龍圖授，龜書畀，擾澤馬，駕騰黃。延喜玉，從天貺。屈軼草，階前長。一解　睹榮光，白麟赤雁與芝房。游河渚，赤文綠字；舒蘭葉，五色成章。仙蓂葉葉滋春圃，瑞羽鏘鏘鳴女牀。亦有祥麟一角，和鳴鳳，在高岡。二解　日重光，戴冠抱珥出扶桑。月重輝，星重潤，玉繩轉，南極熒煌。竹葦露，甘如釀，蒲萐風，如秋爽。三解　舞鸞凰，非烟樓閣繡衣裳。寶鼎見，騶虞出，浮沆瀣泛天漿。稽往牒，探珊網。陳瑞物，難名狀。四解　惟我皇，不矜異物與殊祥。闢四門，明四目，求俊乂，顯賢良。愛稼穡，垂旒纊。措吾民，春臺上。五解

練吉日第十六　練吉日兮撰佳辰，百僚具兮輿衞陳。屏翳弭節兮，玉宇無塵。煌煌兮斗車，奕奕兮天輪。一解　命太常兮奉牲，用昭告兮百神，潔粢盛兮肅明禋。將展軨兮效駕行，下覲兮勤民。二解　甸師清畿兮，縟草如茵。野廬歸路兮，香霧承輪。封人設枑兮，左椷右平。掌舍具儀兮，爰象太宸。玉輦兮鏘鏘，屬車兮隱轔。三解　扇微颸兮清慮，扈細靄兮朱輪。備天官兮周衞，盛輿服兮時巡。虎賁兮肅肅，徒旅兮駪駪。四解　前驅兮按部，後隊兮如鱗。徵萬玉兮警途，詔弭策兮入神。五解　軼浮景兮騰青霄，驅蒼螭兮驂絕塵。陵高衍兮嵱嵷，陟巒

皁兮輪囷。六解仰皇輿兮肅震，嶽獻圖兮川貢珍。若湛露之晞朝陽兮，儼列宿之拱北辰。七解蔭華蓋兮翊勾陳，綃紈綷縩兮，旟旐逡巡。配帝居之元圃兮，象太乙之威神。八解旖旎兮霓旌，八方兮列陳。表朱兮離位，植皁兮元冥。飛縞兮象兌，峙青兮直震。九解流星旆而電屬兮，盼坱圠以無垠。九旗紛而揚旆兮，五輅委蛇以接軫。盛天下之壯觀兮，將豐鎬之是遵。頌高山之荒作兮，仰一人之饗親。十解

謁珠丘第十七　謁珠丘，杳靄松楸。展几筵，敬仰先猷。國家積累惟忠厚，篤公劉。一解緬音容，霜露春秋。設綴衣，大貝天球。愾聞僾見如親覿，溯前庥。二解奉犧尊，旨酒思柔。覲羹牆，蘋藻初羞，萬方玉食尊親久。無須效，漢代衣冠月出游。三解寢園展祀尊堂構，文謨武烈光前後。蔥蘢佳氣浮，縹緲祥雲繡。億萬載，升恆景福從天祐。四解高山天作扶輿秀，遼海環其右。鍾祥瑞氣蟠，翊運靈光茂。萬斯年，永奠定，天同壽。萬斯年，永奠定，天同壽。五解

御黼座第十八　御黼座，肅朝儀，沛宮法駕陳元會。雲深處，天門詄蕩，太極崔巍。一解九賓設，彤闈啓，扶桑初擁曈曨日。傳臚句，羣僚濟濟，百辟師師。盡呼嵩，冠帶委蛇。二解獻琛球，圖王會，呼韓稽顙瞻雲日。無中外，雕題鑿齒，烏弋黃支。慶躬逢，盛世威儀。三解中天華闕浮佳氣，締造經營萬載基。世德念豳岐，天澤陳冠履。看到處，祥飈晻靄，羽蓋葳

蕤。看到處，祥飈晻靄，羽蓋葳蕤。四解

長白山第十九　長白山，遠峙開原，冠高峯，峻極于天。巉巖兮插漢，千里兮巑岏。一解　考山經，曾傳不咸，稽地志，亦號商堅。唐名兮太白，有潭兮在顛。二解　闥門潭，萬頃迴湍，鼓天風，瀲灩文瀾。源深兮流廣，三江兮出焉。三解　鴨綠江，流自山南。混同江，北海之源。愛滹兮東注，萬折兮千盤。四解　醫無閭，縹緲雲端。桃花洞，下有飛泉。嚴冬兮不冰，常燠兮無寒。五解　木葉山，石磴盤桓。華表山，鶴影蹁躚。乳峯兮懸溜，井冽兮寒泉。六解　石門谿，屹立巖前。儼雙扉，雲壑連綿。迴合兮諸峯，窈窕兮羣巒。七解　松花江，波影澄鮮。北流兮，並海西旋。混同兮合流，自古兮長川。八解　遼河兮，泙湃狂瀾。遼澤兮，泥淖蹣跚。布土兮為橋，既成兮孔安。九解　飛瀑巖，瀑布常懸。翠雲屏，雲影連蜷。聖水兮傾盈，萬松兮晝寒。十解　平壤城，箕子名藩。大寧城，漢曰新安。演範兮陳疇，帶礪兮河山。十一解　鍾扶輿，虎踞龍蟠。植靈基，天作高山。拱衞兮陪京，永奠兮萬年。十二解

布爾湖第二十　布爾湖，明如鏡。庫里山，秀列雲屏。風來千頃碧，雨過數峯青。萃扶輿淑氣，是天地鍾靈。一解　有天女兮，降生池畔。吞朱果兮，玉質晶瑩，珍符胎合爰生聖。二解　神靈始生卽能言，睿知聰明。不待學，徇齊敦敏，至德莫能名。三解　日角珠庭，稽古帝，握褒履己，更龍顏，戴干荷勝，岐嶷總天生。四解　當是時，厥有三姓角雌雄。亂靡有定，蠻觸

互相爭。五解 汲清泉，言至河濱，見眞人，如日如雲，稽首共來迎。六解 睹堯眉，衆姓咸驚。是非常，天不虛生，葵藿早輸誠。七解 念吾曹，原非好爭。今有主，得荷生成，從此戢戎兵。八解 定三姓，尊爲貝勒，似岐州，虞芮質成，荒度始經營。九解 溯從來誕聖，厥多瑞徵。華胥履迹，青雲繞身，樞星照野，虹流太淸。瑤光貫月，玄鳥承嚳，載稽典籍辭難罄。肆皇淸，至人首出，乾坤篤生。自羲昊軒農，瑞籙祥經莫與京。十解

建遼陽第二十一

建遼陽，爰築崇墉。矗金城兮萬雉，控列辟兮朝宗。遠邇兮歸懷，庶邦兮是同。一解 懾天威，爭執鞭弭；歌孔邇，願受帡幪。興朝正朔咸尊奉，遂荒大東。二解 有哈達，首鼠兩端，數渝盟，自外陶鎔。天兵一舉咸驚悚，似草從風。三解 有輝發，反覆不常，外生成，夜郎自雄。六師迅發如雷動，棄甲投弓。四解 有烏拉，包藏禍心，逞螳臂，欲試車衝。戈鋋一指雕弧控，似掃蚍蠓。五解 有葉赫，憑陵負嵎，似游鱗，翔洋釜中。狡焉潛結朝鮮衆，朝夕羽書通。六解 有朝鮮，僻處海濱，與葉赫，狼狽交通。蚩蚩甘草相承奉，結壘似屯蜂。七解 閔明季，陽九方丁，如懸磬，杼柚其空。朝鮮葉赫相愚弄，勢蹙不知窮。八解 四路兵，犄角來侵，無紀律，誰適爲雄。一時烏合無拳勇，號令馬牛風。九解 五十萬，封豕長蛇，肆貪狠，非不恂恂。止緣逐利非心奉，臨事各西東。十解 恣侵陵，師出無名，我天朝，用詰兵戎。堂堂八陣天威聳，落葉掃秋風。十一解 壹戎衣，爲救黎元，曾不費，蒿矢桃弓。遼陽建後金湯鞏，王

業首岐豐。十二解

瀋陽城第二十二　瀋陽城，王氣所鍾。氤氳五彩，縹渺如龍。信佳哉，鬱鬱葱葱。一解　析木津，箕尾之東。上連天弁，右抱神宮。濟津梁，霄漢垂虹。二解　近北極，象逼穹窿。玄菟置郡，都護安東。越金元，頻建畿封。三解　我皇朝，氣運方隆。此惟與宅，用恢厥功。相陰陽，宅土之中。四解　維廣寧，屹屹崇墉。石梯連磴，香水春溶。十八盤，萬樹青松。五解　若旅順，臨海居衝。番彝鷹集，估舶雲從。轉南漕，天庾斯充。六解　取廣寧，脣齒圻封。惟茲旅順，亦是率從。啓鴻圖，駿烈豐功。七解　左朝鮮，右際雲中。卜維洛食，龜筮斯從。叶天人，是爲大同。八解　帶渾河，滄海朝宗。白山控峙，石柱雲封。是神皋，俗厚民豐。九解　繞西南，遼水濚濚。襟環東北，黑水混同。壯聲靈，鎬京辟廱。十解　擴輿圖，北暨烏龍。牧羝舊部，使犬遺戎。震天威，罔不祗恭。十一解　念中原，民力困窮。殫輸將，比屋皆空，干戈充斥民無控。拯其塗炭，出水火中。會清明，四海來同。十二解

鐵嶺山第二十三　鐵嶺山，峯似削，皤白石，不消鑠，遼陽之東鼓橐籥。一解　繡嶺山，萬花谷，開松隝，連雲壑。海城之南氣磅礴，上有三泉甘可酌。二解　平頂山，雲漠漠。車曾駐，盆可浴，上有積水冬不涸。三解　木查嶺，如劍鍔。峻而坦，寬以博。查水發源巖際落。四解　降龍山，神所託。勢蜿蜒，如拏攫，風雨欲來光景鑠。五解　水泉山，滋乳酪。清且美，用烹瀹，萬

斛珍珠瀉簾箔。六解　南雙山，巨靈拓。左陽峯，右陰壑，青天秀削芙蓉萼。七解　是諸山，互聯絡，忽低昂而岩崿。羊腸宛轉緣蜂閣，鳥道窮兮搆略彴。八解　聚蔥蔆，儼巀嶭。嵌嶺峒，嵺寥廓。蔽虧日月愁猱玃，可喜可驚兼可愕。九解　地呈符，天開鑰。孕靈秀，阜飛攫。巨木如林纖草弱，茂對乘時萬物育。茂對乘時萬物育。十解

孕嘉產第二十四　孕嘉產，厥族滋蕃。悉數之，更僕爲煩，山經爾雅空排纂。略疏梗概，用告司原。一解　有於菟，蒼質玄斑。吼腥風，林葉摧殘，霧中玄豹尤虓悍。異名同族，艾葉金錢。二解　熊似豕，穴處空山。善搏人，春出冬蟠，羆文黃白仍修幹。力能拔木，不畏戈鋋。三解　有野馬，形質輕猥。走深山，不服羈韉，日行五百如奔電。野贏似馬，亦產遐邊。四解　扶輿鹿性喜林泉，麞無膽力心常戰。惟麅惟麂，類族殷繁。五解　狼白頰，前高後寬。或蒼或黑皆慓健。豺尤猛厲，祭獸秋原。六解　一峯駝肉自爲鞍，頸修蹏曲眈舃豢。力能任重，用濟軍饘。七解　狐性疑，貍愛安眠，毛深溫厚爲裘煖。貉能求食，富則資貛。八解　兎婆娑，亦稱比肩，鼢鼯五技徒蒙訕。鼠名艾虎，亦屬戔戔。九解　貂似鼠，其質龎然，食松苗，以栗爲饘。紫毫豐毛，服之孔安。十解　馬牛羊，閭巷喧闐。白頭豕，用給盤餐，居民比屋充常膳。不須臚列，以免辭煩。十一解　是熙朝，茂育功宣。致物產，滋盛春田，四靈爲畜麟游甸。殊祥上瑞，多載靑編。十二解

毓靈禽第二十五　毓靈禽，五色名翬，虞人歲捕供時祀。沙雞無趾，出青林，亦貢丹墀。一解　有舒鳬，洵腴且肥，家鵝舒雁仍甘美。青鶄次之，信天緣，鵜鶘之類。二解　鳴九皐，玄裳羽衣，鸛鳴于垤丹其喙。秃鶖長頸，在水之湄。蒭霜翎，用飾忘歸。三解　鵜在梁，載詠風詩，淘河吸盡蹄涔水。斑鳩性拙，縮脖高飛。並翺翔，適性忘機。四解　燕于飛，下上差池。善營巢，秋去春歸。曙色纔分，最好是，數聲乾鵲，檐頭報喜。五解　啄木兒，利口如錐。蠹蟲穴樹藏身固，緣木而求必得之。在衆禽中，號爲多智。六解　黑龍江，爰有深池。雁來初湛淡羽儀，鶬雞麇鴰羣游戲。汎清波，卵息繁孳。七解　到春來，田鼠爲鴽，考之爾雅黃鸝是。倉庚鳴矣，夏日遲遲。柳陰中，好音流利。八解　遼河鷹，松兒朶兒。海東青，性尤猛鷙。天鵝虢魄，狡兎何施。虎斑鵰，差可肩隨。九解　萃羽族，深林茂枝。飲與啄，惟性所宜。太和洋溢，民物恬熙。奏箾韶，鸞鳳來儀。十解

蕃珍樹第二十六　便蕃珍樹，籠溪覆隖。爰有蕭艾香蒲，春雨後，叢生幽渚。紅杏緋桃，兎絲葶藶，連岡被楚藥籠儲。馬蘭知時節，紅藍茜不如。一解　松釵雙股，是爾雅篇中所著。惟有神京，秀鍾扶輿。歲寒姿，其鬣獨五。八千歲爲春，八千歲爲秋，大椿齡，綿綿萬古。被光華，含雲隱霧，瑤光降斗樞。三椏五葉滋靈草，地產奇珍洩秘符，地產奇珍洩秘符。二解

建皇極第二十七　建皇極，司徒度廣輪；壯皇居，太史陳圭臬。端徑遂，三塗達九逵；相陰陽，百堵依繩尺。一解　南德盛，當陽離嚮明；東撫近，出震靑陽闢。西懷遠，金行靖甲兵；北福盛，象緯通天闕。二解　前天佑，高明法健行；後地載，博厚符坤德。左內治，訏謨綏廟廷；右外攘，聲教敷重譯。三解　表雙闕，艱難念武功；致太平，垂拱思文德。崇政殿，穹窿憲紫垣；鳳凰樓，樸素無雕飾。四解　詄蕩蕩，天門闢九重；扇巍巍，雲際開金闕。盛輿服，衣冠拜冕旒；肅威儀，羽衞陳刀戟。五解　夜漏盡，猶傳衞士餐；曉鐘鳴，遽進雞人幘。規久大，朝廷多直言；謀萬全，殿陛無遺策。六解　援禮經，郊壇建國南；考彝章，展敬陳蒼璧。禋閟宮，春秋壓孝思；重宗盟，宗正司宗祏。七解　得天心，謳歌獄訟歸；孚人意，鎬洛聲靈赫。定中原，鴻圖萬載基；作陪京，巡幸朝羣辟。八解

鑠皇清第二十八　鑠皇清，景命隆，成天平地永宅中。聖繼聖，纘豐功。制作定世符，御天乘六龍。一解　樂昭德，禮備容，覃敷聲教八方通。道德一，風俗同。皇威馳海徼，仙仗過崆峒。二解　詠芹藻，歌辟廱，崇德絀惡發羣矇。蛾有術，瞽有宗。壽考而作人，棫樸其芃芃。三解　嗟保介，咨臣工，犂雲耕雨勞厥功。繪無逸，圖豳風。率育配彼天，倉箱裕我農。四解　種浴川，桑戾風，褘衣東嚮明婦功。肅壇壝，比先農。父老歡德化，耕桑帝所崇。五解　整屏翰，屹金墉，得人則治簡帝衷。甘棠芾，黍苗芃。廢墜罔不修，萬里咸提封。六解　闢三宅，達四

聰，旁招俊乂秉至公。霧豹蔚，雲龍從。曰舉爾所知，名字書屏風。七解　省耕斂，寬租庸，神倉百萬備荒凶。胥保惠，振貧窮。暑雨與祁寒，咸化爲春風。八解　畎澮濬，軌涂通，誕疏地脈淀與洪。水攸利，年自逢。浩浩乎恩波，匪今頌屢豐。九解　什一稅，維正供，求民之莫飭司農。免溝壑，樂食饔。損上以益下，皇王儉德共。十解　海湯湯，水朝宗，日東月西出其中。旦復旦，無終窮。涵乾而納坤，何所不包容。十一解　斡璇璣，走靊霳，嘉生繁植蕭艾空。沛然雨，薰兮風。至誠契天心，無爲而允恭。十二解　稽典禮，命秩宗，釋回增美惇且庸。筠其竹，心其松。本天以殺地，夙夜襄夔龍。十三解　由心生，與政通，作樂崇德應八風。舞蹲蹲，鼓逢逢。勸之以九歌，還相爲其宮。十四解　師出律，萃除戎，包戈釁甲百年中。戒不虞，愼厥終。有嚴講武事，大閱張軍容。十五解　鴞食葚，泮林中，小人革面順以從。嘉肺閒，囹圄空。訟庭有青草，獄吏服儒風。十六解　蘭有秀，桂有叢，白駒空谷豈時雍。無遺賢，胥在公。天工人其代，六合臻郅隆。十七解　屏藩寄，磐石宗，本支百世五等崇。式分玉，匪翦桐。天潢流且長，詎曰陝西東。十八解　纘祖武，紹宗功，於皇繼序克履中。震主器，乾飛龍。聖聖亶相承，凝旒仰篤恭。十九解　祥繞電，瑞流虹，於萬斯年聖緒洪。麟振姒，乙造娀。文子復文孫，千億紀無窮。二十解　休滋至，昭有融，樂胥受祜龐且鴻。醴泉溢，膏露濃。升階協貞吉，萬物泰而通。二十一解　時巡狩，朝會同，淑旂綏章鞗革沖。珪贄集，鞮譯從。聲靈振夷夏，四海仰皇躬。二十二

解

懔帝謂，敷帝衷，萬年遐福聿來同。周隮嶽，漢呼嵩。籙圖天不老，治化日方中。二十三解

樂九成，歌三終，一游一豫盛德同。臣矢音，叟奏公。時邁戛箾磬，金石閒笙鏞。二十四解

乾隆二十五年，平定西域，郊勞，得勝樂鐃歌十六章

帝郊天第一　帝郊天，天符帝，天心所在帝默契。暘雨若，風霆明，呼吸感應通以誠。襲天罰，誅譎詭，聖人之兵不得已。武功成，王道昌，順我者存逆者亡。皇威所訖周遐荒，億千萬載德莫量。錫慶長功符，兩大垂榮光。

爍月窟第二　爍月窟，震日淵。埽準夷，開屯田。式擴自伊犂，地大物奝。若大宛及婆夷，勃律咸慕思弗諼。曰中國有聖人，願隸塞垣。遂極亥章之步，网罠之鄉，莫不奉正朔，備我外藩。皇帝愷樂，錫福垓埏，俾各康爾性壽爾年。

振王鈇第三　振王鈇，天西極。蠢爾回，久拘縶。繭之蠶，襌之蝨，出爾水火登衽席。俾畋爾田，宅爾邑，亭毒煦嫗，沐我化澤。鷹胡飽颺猘反噬，搆逆煽亂，其曷可弗殛。振王鈇，威棱赫。

攻庫車第四　庫車言言，我兵既攻。有狡而伺，其來如風。兩殲醜徒，蜂矢蝟鏃，搴厥回纛，賊頸朘縮。鄂根之河，鯨鯢橫波，賊懵就斃，圈牢自適。惟彼僨轅，毋戒伏莽。鳥啼

於幕，魚漏於網。

厥角稽第五　厥角稽，乃自易將速進師。所向讐伏，弗梧弗枝。務面膜拜，涕泗漣洏。曰惟我戎首，突豨張鴟，哀我憚人肌瘡痍。蚍蜉之撼，寧不自知。斨不缺，鏃不遺，遂直抵乎大荒之西。

黑水戰第六　黑水之戰騎危脊，懸軍深入爲所搤。蜂屯蟻附聚矢石，我馬雖憊人無敵。立成壁壘奮戈戟，賊來薄攻相距尺。瞋目一呼盡辟易，鉛丸著樹助我擊。靈泉火米資炊汲，重圍三月莫敢迫。古來誰與比奇績，萬賊之中兵四百。

援兵來第七　援兵來，來自天。矯躡景，迅掣烟。援兵來，賊回顧。奮螳當，張蛙怒。援兵來，堅轉戰。人裹血，馬流汗。援兵來，前軍回。摧虎穴，蹴蟻堆。援兵來，若神助。數月前，奉詔赴。

阿克蘇第八　阿克蘇何高，旋軍暫以休。蓄銳淬戈鋋，選堅製兜鍪。名駒千隊來，霜蹏籋雲浮。以布易彼粟，篚筐爲乾餱。士飽馬亦騰，氣已無諸酋。

鹿斯奔第九　鹿斯奔，威所鑠。兵載入，批亢郤。扼吭弗噬，犄角斯搏。鵌䳢並窮，駈蚩偕躩。擄載輜重棄老弱，走險假息神錯愕。火燎毛，風轉籜。

回城降第十　回城降，式歌舞。王師入，各安堵。約法數章，爾摩爾撫。賦視賓布，泉式圜府。噢咻爾民久墊苦，蕃爾畊牧，釋爾刀斧。昔穴巢，今昄宇，煌煌御碣照萬古。鴻荒以來，此地榛狉睢呿，豈曾隸中土。

伊西洱第十一　伊西洱，兩馬不得驅，賊殲不盡此負嵎。自言一夫當關，萬夫莫踰。偏師薄之忽驚潰，倒戈降，百千輩。賊酋顧之心膽碎，獨跳而走惟其喙。伊西洱，功不刊。誰與侔，格登山。

和門開第十二　和門開，軍容壯。大荒西，喁內向。傳檄索伏隍，諸羌聞之弗敢藏。地犴盡，天網張。鷙紘既隕，觸蕃復以戕，遣使詣獻屍已僵。和門開，旌旆揚，滿營笳鼓懽聲長。

天斷成第十三　黃河千年而一清，聖人千年而一生。曠古之事衆所驚，惟天有斷斷乃成。握神符，貫元精，二萬餘里雷霆行。密勿指授，六合淸以寧。天斷成，巍巍之功莫能名。

皇式第十四　皇式有告，覲於列祖。兢兢業業，誕受天緖。綏此武功，式廓是新。守成創業，兼於一人。鑒彼下國，立爾烝民。凡有血氣者，莫不尊親。大孝承命，錫嘏以純。慈宮稱慶，天地忻忻。

辟廱第十五　辟廱水，流湯湯。爛然五色昭文章。豐碑告功峙宮牆。鐘鏞鼖鼓同鏗鏜，皎如日月中天光。鴻庸鉅製相得彰，包舉要義重闡揚。崇論開惑示萬方，羣蒙洞豁祛疑障。願壽璿玉揭講堂，觀摩雒誦垂無疆。

帝圖鞏第十六　帝圖鞏以大，率土之族，延頸面內，登三咸五昌期會。羣臣請上尊號，皇帝讓弗許，益持盈而保泰。欽承天命，夙夜匪懈，方論功行賞恤士卒。問民疾苦，無出明年租稅。天之所覆恩皆沛，於胥樂兮千萬歲。

乾隆四十一年，平定金川，郊勞，鐃歌十六章

皇威鬯第一　聖略宣，皇威鬯，風行電激物震盪。物震盪，聲靈馳，靡堅不破高不摧。曩西域，版圖廓，二萬餘里我疆索。兩金川，敢抗干，自作不靖適自殘。五載底績除兇頑，春風吹鐃入桃關。奏凱還，虎臣羆士皆騰歡。

慎行師第二　索諾木，僧格桑，貙生羆，狽附狼。始蠻觸相尋，奚事斧斨。越數歲，益蠶食鄰境，遂各罹其殃。矧聞維州之謠，禍心包藏，浸假約束是偕，恩德是忘。勢在不得已，整我戎行。師出以慎，動罔弗臧。用乃聲厥罪，懲厥狂。

犄角攻第三　赫斯怒，兩軍指。巴朗拉，從風靡。取達圍，克資哩，西路角之南路犄。約咱既得卡丫攲，革布什咱復其疆里，險如達烏安足恃。鉦擊柝應，俾狂魄震褫。夾擊威，

洊雷駛。
攢拉平第四　小金之屏，曰僧格宗。猱攀不度，壂碉如叢。我軍先登，摧枯振籜。深入其阻，直抵美諾。布朗底木，追圍窮林，厥子喙走，厥父就擒。汗牛板昭，傳檄帖服，攢拉悉平，軍聲赫濯。
討促浸第五　促浸酋，爲逋逃藪罪惡尤。鞫旅移指，討厥比周。徑阻雪積，我軍遲留。彼潛伺儌，䂓逞其狡謀，降番應之紛相投。屹然南路，整衆還輈。新壁壘，厲鋋矛，遂進次乎田隴之阨。
迅霆復第六　簡我禁旅勇且健，七千其衆一敵萬，統以將軍旗鼓建。定西印授西路進，南路是副聲並震，奬率趫材馳敢戰。搴旗摩壘士氣奮，履險如夷兵不頓，有若熊虎懾鼯鼷。攢拉全境薙株蔓，曾不旬日收復徧，虓虓如霆一何迅。
八旗勇第七　八旗兵，來如風。西路入，谷噶通。南之隘，克馬尼，拉窠卡，大如礪。釃三路，心力齊一，阻險功在西。喇穆山，日則口，據默格，斷其後。八旗兵，勇可賈。綠營衆，悉鼓舞。
窮猿僵第八　我軍馳先聲，醜徒志以離。竄渠伏冥誅，械獻貳負尸。七圖及蒙固，縛之如連雞。系孥側累來，檻致於京師。咄哉窮猿僵，禍速焚林貽。

扼宜喜第九　北路險，曰宜喜。賊死守，限尺咫。絨布移兵，循塗西指。綽斯請留，願効驅使。出奇制勝賊披靡，冒雨揚兵兵爲洗。扼山梁，築我壘。

越重壕第十　乘勝攻，賊拒遏。堅碉壘，重壕掘。康薩爾山，徑險且峇。鹿角如麻，憑阻轇轕。我軍薄之若排闥，曷深曷巍，一躍而越。踞厥顚，蹂厥穴，木思工噶取如掇。臨高壓之，下視巉巖蒙茸，氣呑力隨拔。

河之西第十一　河之西，穢棘不可窮。元戎決勝合力攻，俾賊顚不得顧，趾不得容。日旁以右羅寨柵，棄而逃，羸豕蹢。火其崖垠照熻赫，五十里間地爲赤。賊潛喘，餘燼灰。飛將軍，從天來。

後路清第十二　夾河陣，軍相望。風雲通，氣益壯。噶爾丹既攻，建瓴注之扼彼衝。清後路，勝算雄。狙伏爲患，惟遜克爾宗，梯牆斫穴如抉叢。後路清，賊勢窮，世臣繼勇勳名崇。

一窟摧第十三　昆色爾高騎脊危，拉枯下瞰烈焰飛。菑則大海鞭一麾，奇謀百出克勒圍。八月中，夜半時，月光鏡膽寒妖魑。狡有三窟，一窟固已摧。磨盾馳木蘭，八日來紅旗。

釜底魂第十四　西里既剗，卡角斯折。彼頑不靈，螳斧當轍。索隆科布，屢摧其堅。

安布魯木，迅埽其孱。舍齊暮擣，雍中朝搴。盡撤藩以入，巢幕岌焉。賊境日蹙，百纔一存。釜底羣聚，游魂曷延。

穴蟻埽第十五　賊負固，噶喇依。困獸猶鬭四面圍，批其腹心外不支。甲雜獨松潰河西，馬邦拾芥彼自隳。陸罝水罟會我師，環以巨礮焦灼期。計窮乞命俘渠魁，罪人斯得逮旄倪。穴蟻迅埽無留遺，定以百戰誠若斯。

武功成第十六　武功蕆，珠丘告。禮成駐蹕，露布適報，策勳懋賞下明詔。遂奉慈輦東狩還，舉郊勞儀，獻纍俘於社廟。崇善歸美，尊上徽號。親製紀功碣，勒太學，第功臣次，燕紫光，圖其貌。屯師設鎮洽聲教，億千萬禩安笮徼。

巡幸鐃歌淸樂二十七章　乾隆七年定。

九龍旃第一　九龍旃，旌旗列宿懸。龍角天田見，箕翼常舒展。龍尾更連蜷，牽牛近代房心建，東壁耀星躔。一解　婉孌，奎文麗日天階見，參旗曳九旒，玉井珠駢。柳七星，曲曲如鈎卷。和門啓，萬幕褰。二解

邕皇威第二　邕皇威，好山如障翠屏圍。凝樹色，烟成縷；鎖嵐光，雲漸低。回峻嶺，絲韁徐按，度崇岡，玉勒輕提。龜背鎧，滲金盔，月明風曳素綃旗。一解　靖邊陲，爲思將帥鼓

征鼙。嫺八陣，齊九伐，用三驅，式九圍。撼山岳，風雲動色；固封疆，鸛鵝爭奇。驅驃褭，跨纖驪，日輪高擁杏黃旗。二解 奠鴻基，百年不用是王師。在園囿，麟和鳳，貢琛球，航與梯。因農隙，講求獮狩；際時和，訓練熊羆。獅蠻帶，錦襴圍，晴雲不動絳紅旗。三解 太平時，狠烟不設羽書稀。四郊外，無烽壘，四民中，多壽耆。枌榆社，我田我稼；羽林郎，如虎如貔。短後衣，曼胡垂，遠山一抹蔚藍旗。四解 綠陰中，凱奏歌聲美，蘆管淸笳沸。四海樂昌期，萬國圖王會。馬如龍，迤邐車如水。馬如龍，迤邐車如水。五解

整貔貅第三　整貔貅，順天因地。依山建壘，制勝爭奇。鄭鵝越雁，鸛鶴兼魚麗。箕翼張舒，常山形勢用神機。太乙陰符祕，先天遁甲奇。牝牡方圓，縱橫斜銳，變化從心起。左銛戈，右雄戟，朱繒丹羽去忘歸。朝陽舒畫旗，柳葉貼靑驪，車書萬里同文軌。

河淸海晏第四　河淸海晏，花村犬不喧。講武訓戎旃，幕府多雄健。韜鈐有祕傳，虎旅列戈鋋。村吹靄暮烟，鉦鼓競喧闐，郊原自晏然。轟雷掣電，端的是，有征無戰，有征無戰。

輦路平第五　輦路平，錦隊開，寶纛懸，日麗風和瑞氣鮮。前旌載鳴鳶，春旗曳柳烟。遙聽處，喚晴鳩，嘅杜鵑。寶劍琱弓，繽紛在後先。氣雄邊，花飄柳葉韉，鞭敲錦連錢。鉦鼓聲，隊隊悠揚出遠天。農夫自力田，村童自笑喧。望前驅，早度夕陽川。望前驅，早度夕

陽川。

景清明第六　景清明，萬彙蘇，雲物煥皇圖。集禎符，羽儀絡繹在春田駐。

聖武光昭第七　聖武兮光昭，玉燭兮時調，秋獮冬狩建旌旄。曳虹旓，四方永定樂清朝。琱弧久已櫜，龍泉久已鞱，句陳翊衞天樞耀。兩階干羽格有苗，埽盡欃槍舞舜韶。中天泰交，文敎敷，敷文敎。

皇風泰第八　皇風泰，景物妍，元虬奕奕辰旒建。靡晝旃，行鑪靄細烟，落花香印馬蹏圓，落花香印馬蹏圓。

慶雲呈第九　慶雲呈，霞光絢，晴鳥嚦芳甸。柳芊綿，風來絮顚柔絲罥。盛世多清晏，頌堯年，祝堯年。

象天行第十　象天行，玉輦金根。扈宸游，萬騎雲屯，角弓笳鼓聲相競。美車攻，之子于征。簡車徒，有聞無聲。一解　際昇平，淸畛芳塍。慶三農，百室盈寧，羽旗芝蓋參差映。念民依，還廑皇情。樂淸時，盡戴皇仁。二解

虹流華渚第十一　虹流華渚，星輝電繞樞。慶長庚燦爛，祥雲氾濩，鞏皇圖永固。非烟非霧，非烟非霧，東海扶桑，日裏金烏。蕭索輪囷，樓臺殿宇，天酒凝甘露。烟雲杳靄中，廣樂鈞天，盡向風前度。時淸每賜酺，民樂還蠲賦。喜隨天仗，蹌蹌濟濟，幾多鵷鷺。

皇都無外第十二　皇都無外，更日月光輝。一統車書，祥麟在藪鳳來儀。貢筐篚，玳瑁文犀，聞說青雲干呂。島嶼平夷，是中土聖主當陽，喜輦下，還將八景題。一解　盧溝月曉，更西山雪霽，瑞色熹微，金臺夕照曳斜暉。太液池，萬頃玻璃。還有居庸疊翠，峻嶺崔巍。崔巍，玉泉虹，瓊島春雲，薊門外，空濛烟雨飛。二解

夏諺歌第十三　夏諺歌聲徧九垓，又見山重複，水縈迴。相風高指靜塵埃，者的是，萬國春臺。歌元首明哉，歌股肱良哉，懋哉，庶事康哉。喜鑾輿到來，喜鑾輿到來，靡魚須，桑麻罨靄。度高原，龍旂沛沛。　邕宸襟，周覽徘徊。邕宸襟，周覽徘徊。識民心愛戴，民俗和諧。華封人，祝三多，紅日近堯階。從今後，祝皇圖千秋萬載。

芳塍曲第十四　看取芳塍錦甸，長楸古道，細柳清泉。風來霹靂拓弓弦，日華組甲飛晴練。吟猿落雁，垂楊已穿。紅陽紫燕，蟻封叉旋，軍容熸燿如雷電。一解　畋獵無非習戰，車攻四牡，王制三田。五豝曾詠召南篇，七騶用戒司徒演。獸肥草淺，龍旂有虔。批頤扼顙，虎賁載旋，駕言行狩遵先典。二解

渥洼曲第十五　渥洼中，珠霧氤氳。天產龍媒，苑蓄祥麟。命臧圉，辨其物色，時其芻秣，萬騎駪駪。瞳夾鏡，竹批耳峻，權協月，風入蹏輕。綠蛇衛轂，紫燕騈衡。騁長途，人馬相得，如聖主之得賢臣。

美留都第十六　美留都，崇儉法陶唐，大政當陽，十署雁分行，諮諏政事肅官常。飾桅檻，無煩刻鏤，列棼橑，無取焜煌。珊瑚琳碧，何似茅茨土牆。符帝車，太乙運中央，紀元建號承天貺。啓皇圖，居尊馭極從民望。靈臺雲物紀嘉祥，五緯麗文昌。覃四國，迄八荒。瞻雲就日咸歸嚮，詠德歌風壽且康。一解　金墉屹立平原曠，佳氣皇居壯。天文屬尾箕，地脈開蓬閬。鬱葱葱，與柱軸，同輪廣。鬱葱葱，與柱軸，同輪廣。二解

湖興京第十七　湖興京，實帝鄉，艱難開創。奠中原，覆萬方，太平休養。水源木本，繼序不忘。我受命溥將，率由舊章。勤祀典，不愆不忘。無怠無荒，維新舊邦。輯瑞玉，載弁奉璋。來享來王，一輪紅日擁扶桑。廣樂記鏗鏘，歌燕鎬，涖明堂。雲移北斗成天象，酒近南山作壽觴。覃四國，迄八荒。瞻雲就日咸歸嚮，詠德歌風壽且康。一解　周岐漢沛寧相讓，覲天顏，和日霽，胥瞻仰。覲天顏，和日霽，胥瞻仰。二解

格皇天第十八　格皇天，順民心，聲靈赫濯雲霓望。明丁百六，餘分閏位，穢濁天常。肅天威，一埽欃槍。定兩翼，列旌旗，分八行。黃白紅藍如砌錦，東西相次，自北而南，如山嶽，各爲一行。握奇經，天玄地黃。四奇四正，包羅造化洞陰陽，風雲離合無恆象。縱橫八卦，變化無方。握神機，位在中央。法河鼓，先登上將。左九星，如珠斯貫，右九星，屈曲如匡，中權玉斗安牙帳。礪戈矛，器甲精良。勳臣功績在旂常，燮伐藉鷹揚。廟算長，軍容

壯。指揮大定，牛辭阜棧歸桃野，馬脫金羈臥華陽。一解　師貞協吉天成象，聖武兵須講。威加四海清，恩逮千夫長。看中林，宜肅肅，干城將。看中林，宜肅肅，干城將。二解

大淩河第十九　大淩河，爽塏高明。被春皋，細草敷榮。擢纖柯，苜蓿秋來盛。一解　溜春泉，淙淙玉聲。滙廣澤，水淨沙明。注遼河，一派澄如鏡。二解　曠平夷，颯爽風清。際恢台，暑退涼生。謝炎囂，飛蚊知避境。三解　宜畜牧，牡馬在坰。甘水草，虻蚋不驚。歲蕃孳，芻秣無違性。四解　選龍媒，曜采何精。翻紫燕，聳鬣長鳴。或乘流，泝淺過沙汀。五解　志倜儻，產自幽并。控奚官，首絡黃金。或輕獧，萬里志長征。六解　或踠齕，憑驕怒生。或偃臥，豐草長林。或就浴，瀲灩玻璃淨。七解　或繫樹，身閒體輕。或俯齕，沙肥草馨。或驚馳，似畏珊鞭影。八解　或舉足，遲迴未行。或競步，浮雲共征。或駸驔，躑躅青莎徑。九解　或權奇，高顙露睛。或深穩，步遠視明。或攜駒，汗血天池孕。十解　喜昌時，澤馬效靈。十二閑，並毓房精。駕鼓車，遠方還納賮。十一解　萬年基，海宇清寧。阜飛黃，鑾輅和鳴。簡巡游，不貴騊駼。十二解

狩于原第二十　狩于原，素節商秋。日華宣，月金波，山川如繡。曳明月，靡魚須，用三驅，載馳載驟。一解　騕褭駸如舞，逵衢去若流，亭童羽葆遵靈囿。月滿烏號勁，沙融露草柔。二解　師執提，工執鼓，夏苗迄春蒐。鷇鸇頮，貙猛愁，太白其左天狼右。夙駕于原，殲禽

殪獸。三解　言觀其旂，參偃風斿。言觀其馬，乘騶玉虯。摐戟矛，肴紲鞲。獸驚人怒聲啾啾，獵
圍日落風悠悠。四解　雨獸風禽，貫脇搘喉。目電閃，腥雲浮，濡縹一吷吹劍首。序屬三秋，嚴
凝氣擊，木葉山寒翠幄稠。五解　孰矢箙之，於維繁弱弓；孰縻嗷之，於維屈盧矛。以作六師，
緊豈從禽謀。亶帝德，煥神猷，泰階奕奕綜乾紐。六解　紅雲隨過輦，紫氣傍行輈。山似黛，水
如油，清切鳴笳馬上謳。伊州涼州，華鯨撞處靈夔吼。七解　習五戎，命七騶，司徒搢扑施車
罼。揚清鞞，著岑牟，獸臣拜賀同于狩。一歲三田昭典禮，豳歌狐貉爲公裘。八解　雲峯繞，宸
幄稠。壹發五豝，奉時辰牡，儦儦俟俟如山阜。面傷禽不獻，虢揜迹斯求，貴仁賤勇垂王猷。
九解　馳深鼓利檝，趨險騖飛輶。塞蠮螉，城箜篌，既長既溥肇公劉，震赫萬國聳千秋。十解　苞
栫兌矣，析木之陬。於穆原廟，皇矣珠丘。時祭涓孝饗，對揚錫宏休。薦芳還講武，玉輅統
貔貅。十一解　鴨綠之江綠波流，長白之山白雲浮。于京斯宅，東序陳天球。法駕蒞陪都，飍
矞飀道游。湯網開三面，騶虞化可侔。十二解　丸丸百尺松，鬱鬱千章楸。蛟龍奚遁藏，豺兕
供貙膢，天閑上駟來庭廐。來庭廐，造父執靶，王良挾輈，睥睨周朝八駿游。十三解　溫都魯，
幘溝婁。量衡皇度式，膏澤帝功流。永千禩，光六幽，星分箕尾揭蚩尤。靈威震疊，兎罝肅
肅皆公侯。十四解　午酉吉日諏，金德常剛大火流。皇之士，盡好仇。皇之佐，升大猷。鳳儀
廷兮麟在藪。獻之天子，萬邦其揉。十五解

日上扶桑第二十一　日上扶桑皇風旣，日上扶桑皇風旣。湛露瀼，金莖仙掌。聖天子，正當陽。丕顯丕承，六合中，恩膏廣。舟車至，盡來王。覩一統，太平眞有象。一解　叶車攻，詠時昌，一朵紅雲六龍降。簇千官鷺序，萬隊鴛行。爭戛擊，鉦鐲丁東；紛鸞喬，旌旗搖漾。鴻龐兆姓天顏仰，齊道是春臺上，齊道是春臺上。二解　翳華芝，排仙仗。擁貔貅，萬騎騰驤，輝煌從龍應列象。紛羃䍦，環衞句陳隔御光。紛羃䍦，環衞句陳隔御光。皇威朗，夏諺祝，吾王游豫；周官紀，天子巡方。三解　王路砥，驟康莊，除道淸塵坦而蕩。似覩河刻玉，比蹤陶唐。敷教化，帝德郵傳；奉琛賫，臣心葵嚮。鴻龐兆姓天顏仰，齊道是春臺上，齊道是春臺上。四解　調玉燭，乾坤淸朗。幸遭逢，時巡狩，恩施浩蕩。波翻翠，瀲灩皺銀塘。壓黃雲，葳蕤搖繡壤。同歡慶，豐年綏萬邦。五解　屬車相望，選勝徜徉，靈風薦爽。引鸞旂，引鸞旂，轉龍旂飄揚。擁耆民，歡心合掌。天庥和暢，稽首頌，九如章。鞠跽晉，萬年觴。六解　乍洽宸襟延睿賞，喜遙臨，玉輅翠幌。喜遙臨，玉輅翠幌。康衢畔，擊壤交賡唱，聖壽無疆。億舜日，矢櫜弓韔，萬堯年，鳳舞麟翔。道敷天，道裒時，令典煌煌。風行地，筮省方。永懷柔，時邁其邦。省耕斂，萬井蒙休養。省耕斂，萬井蒙休養。猗歟慶熙朝，奉聖皇。七解　表裏山河鴻圖廣，洵莫敢不來享。鞗革和鸞，旌旂央央，化日高懸正舒長。天可參，地可兩。天可參，地可兩。八解　合相輕，漢武橫汾上。示從禽，懲舍往。旃以爲韣，蘭以爲防。飭司徒，厲飾軍實壯。不以火田，不獻面傷。駕龍文，騰空曠。九解　列斯青廬，還開玉帳。秩山川，同衡量。霑錫賚，咸夷暢。旌霓旃虹，奉皇歡，休徵疊貺。奉皇歡，休徵疊貺。十解　縈瑞氣，天和釀。到處是上林春滿望。花傍輦，若含嚬，含嚬傾珠囊，洗塵鞅。奏韶英，典太常，霏霧雨，罨靄鑪香。眞徧世界，恩流德洋。看雕題漆齒咸稽顙。懸知紹聖緒，邁前王。十一解　昇平宇宙年豐穰，勤補助，天工人亮，遙聽嵩呼萬歲長。十二解

九五飛龍第二十二　九五飛龍，慶時乘，九五飛龍。九萬里錦江山，歸大一統。今皇紹聖緒，克纘豐功。望如雲，望如雲，就是日垂裳端拱。寅亮天工，寅亮天工，盡梯航，齊來朝貢。一解　萬象闢鴻濛，超軼姬風殷頌。修文偃武，履帝位，明目達聰，卑唐跨宋。億萬年，大寶金甌鞏。糺縵縵，沆瀣霏微；黮晶晶，旭日昭融。二解　閱五載，禮成巡狩叶車攻。練時日，鹵簿盛威儀。盛威儀，未央月曉度疏鐘。徐張雉扇，緩啓銅龍。紛雜沓，千官前導鸞旂聳。師師濟濟，萬靈呼擁。奉皇歡，五色雲車動。從于邁，恩澤紀龐鴻。從于邁，恩澤紀龐鴻。三解　時雍萬福來同，侍臣珥筆從容。昫昫禹甸，幾多甘雨和風。天顏有喜，煥宸章，揮灑騰麟鳳。若雲漢，倬彼昭回，墨寶千秋珍重。四解　或有時甘露珠垂，或有時甘露珠垂，或有時醴泉玉湧。或有時澤出金車，或有時山開，山開得者銀甕。惟至聖，足有臨兮足有容，誠不顯而篤恭。上雲峯，鸞輅輕移，上雲峯，鸞輅輕移，淩日觀，偹鶴載詠。五解　香鑪傍日溫，屬車

瑞雲湧。看野陌，黍禾如梁積，祝無疆，躋堂豳人頌。敷德化，民風沕穆，喜到處，時和也更年豐。編氓偏霑膏雨，聽歡呼，自南自北自西東。六解 規制度，衡量同，式震疊，琛球貢。率遐邇，北暨恆山；率遐邇，北暨恆山，西至流沙，南被交邕。典禮咸修，裳華胥叶，聲靈神悚。信長此獻嘉符，振麟儀鳳。七解 百職猗歟式序，百祿亶其式總。於繹哉，永綏民，於皇哉，允執中。時巡幸，虎賁扈從。從律奏，聲諧八風。從丕冒，率俾提封。編氓，偏霑膏雨樂饔飧，自春自夏自秋冬。八解 重熙累洽如天永，蕩蕩巍巍郅隆，翠輦行來紫氣擁。九解

聖德巍巍第二十三

聖德巍巍洽九天，大啓文明會，景福綿，熙和民物更鮮妍。麗紫垣，策星夜動，鑾旆發郊原。一解 河清海晏，王道正平平，思文謨武烈，丕承丕顯。締造巍然，監于成憲，其永無愆。二解 萬方賓服仁風扇，義問昭宣，雕題鑿齒，重譯來朝獻。東風便，黃支烏弋識時先。更白狼玄菟，金馬朱鳶，盡入版輿遠。三解 聲敎無邊，亙九垓，控八埏。陟堯封，過禹甸。撫殷土，歷周原。漸被暨訖，仰清光，北斗高懸。四解 崆峒山色翠如烟，訪道人非遠。姑射有神仙，飲風吸露，綽約嬋娟。乘雲氣，御青天。有虞氏，親巡徧。五解 薰風拂五絃，養恬樂利，到處桑麻雞犬。含哺鼓腹，風光堪羨。吉蠲，採風問俗排法駕，清蹕稅桑田。六解 游河五老蹁躚，紫極光連，袖裏圖書一卷，齊向丹陵獻。八駿踏雲烟，飛雷掣電，黃竹詩篇，瑤池清讌。七解 稽古想前賢，端垂玉冕，屬車香裏，曉發衡開宿霧天。霓旌卷，蘭生殿，佳

氣滿平川。八解　岱嶽齊天，七十二君曾駐輦。泰山梁父云亭，肅然崇封禪。金泥印，綠文玉檢留丹篆。九解　羽林周衞錦袍鮮，萬騎驂驔隱見。黃雲馬足，白日松顚蔥蒨。貝葉三花，石芝五色，搖漾拂寒烟。十解　虹旓綵仗五雲連，柳映旌門，在鎬承周燕。鳴鸞幸代，旌蓋橫汾，中流簫鼓振樓船。十一解　乘乾位，在德之元。八卦陳，九疇衍，皇極居中建。聖帝明王，一游一豫，芳躅古今傳。十二解　昇平無事歲三田，臨之王制，考之風雅，冬狩秋獮。先期戒事，虞人掌焉。後道旂，前皮軒，璧貫珠聯。十三解　訓典昭然，時巡是五年，雲沙輦路草芊芊。德音騰赤縣，驪龍作馬，日月爲旂，霜原玉作田。盤營風輭，鐃歌一闋，霓詠大羅仙。十四解

蹀躞游龍第二十四　蹀躞游龍，亭童羽葆，蒞止青野翠郊。看蕩漾，朱旗金瑤，五色瑞雲飄。選吉日，正麗景含韶。好青春，是朝廷有道。好青春，是朝廷有道，飈輪電燭映星旄。洽宸襟，詩歌蓼蕭，雲標寶翰摛天藻，皇衢慶靄籠霄。一解　恩威闓澤敷八表，百昌萬類，咸荷鈞陶。西被東漸，聲靈遠耀，用覩民而設教。元良頌，凡有血氣者，罔不孚，尊親戴，甘露降，榮光繞。五雲中，盡瞻天認赭袍。二解　長路波迴兮峯繞，航海梯山匭包茅。烏弋黃支，絕域齊來到。荷天恩，涵大造。婆娑起舞，歡欣醉飽。舌人重譯，感天怙冒。一游一豫民歡樂，招音作，徵與角，君臣賡歌仰熙朝。三解　騎竹童，扶鳩老。萬年淸晏帀恩膏，回輦深

恩承細草。四解

慶皇圖第二十五　慶皇圖，肇域燕都。重熙累洽，聖化覃敷。玉燭調，金甌固，巡方兮，繼迹有虞。一解　聖人之生，首出庶物。握乾符，膺寶籙。載歌天保，何福不除。升恆兮，日月居諸。二解　宏九有，入三無。惠烝民，膏澤涵濡。遷善不知，衢歌巷舞。嘉祥兮，磅礴扶輿。三解　惟天之瑞，慶雲甘露。日有重光，星有連珠。惟地之瑞，澤馬山車。醴泉兮，噴若醍醐。四解　惟草與芝，或紫或朱。惟鳳與麟，或七或五。金船銀甕，游於王所，嵩高兮，萬歲長呼。五解　於皇樂胥，撫茲疆宇。思武之烈，思文之謨。念彼車攻，載於石鼓。吉日兮，申用三驅。六解　禮官整儀，羽騎星敷。有旃有旄，有旜有旟。爲龜爲蛇，爲熊爲虎。振振兮，匪疾匪徐。七解　習習祁祁，和風甘雨。稷翼翼，黍與與。屢惟豐年，食我農夫。農夫兮，瞻望乘輿。八解　翠華斯舉，香惹御鑪。白雲出封，青雲干呂。欃槍爲闉，明月爲堵。塵清兮，環衞周廬。九解　惟春有補，惟秋有助。所其無逸，以游以豫。圭璧金錫，思我皇度。皇皇乎，一統車書。十解　相彼東山，啓我土宇。奄有四海，纘禹舊服。聖聖相承，以篤清祜。卜年兮，無疆之祚。十一解　鳳輦所經，瀼瀼湛露。五行式序，庶草蕃廡。帳殿從容，鼓吹和愉。虎拜兮，箕疇斂福。十二解

萬國瞻天第二十六　萬國瞻天，慶歲稔時昌。燦祥雲，舜日麗中央。翕河喬嶽紀詩

章，附輿執靶標星象。胥菽極，復陳常，正恩威克壯。奉金根陟嚮，奉金根陟嚮。帝心昭格皇仁廣，和鈴戞擊和鸞響。德化風行草上，刑措兵銷，績熙工亮。一解　春省秋省軫吾皇，軫吾皇，句陳肅穆出瑤閶，叢花繚繞時和盎。時和盎，閃龍旗，渒渒揚揚。閃龍旗，渒渒揚揚。羽林挾轂驟雲驤，式儀容，玉琢金相。二解　村村繪出昇平象，豐亨原野裕倉箱。一自龍輿降，九閽詄蕩仰龍光。風淳俗美，泉水都廉讓。都廉讓，成功奏，遐軌邁陶唐。三解　蒞春郊，鳥唬花笑，稅桑田，晨正農祥。繁華觸處豔青陽，省耕助，洵匪幾匪康。四解　序入恢台當盛長，雨肥梅還釀，淸陰麥風涼。喬雲翔，眷言萬彙咸敷暢。芰荷香帶御鑪香，聖情悅豫堪延賞。五解　矚秋原，秋氣爽，導鑾輿，黃菊香初放。躋公堂，稱兕觥。金風玉露葉湑棠，萬壽祝無疆。六解　乾亥風剛，巽辰日朗，禮垂冬狩排仙仗。時納慶，歲迎祥。時納慶，歲迎祥。沛殊恩，霑浩蕩，王輅聽鏘鏘。酒醴笙簧，飲堯尊，歌舜壤。七解　以豫以休，引恬引養，黃童白叟欣瞻仰，聲敎訖被遐方。亶馨香，紛肸蠁，八駿盡調良。雲錦鋪張，統車書，同衡量。統車書，同衡量。八解　宸游睿藻來天上，覃闓澤，恩波演漾。喜起遘明良，雝喈相協響。九解

昊天命第二十七

昊天有成命，受此丕基。武烈文謨，式穀是貽。亹亹我皇，克纘鴻規。敷天哀對，罄無不宜。一解　欽若昊天，敷時繹思。求民之莫，夙夜其咨。迄用康年，維星協畢與箕。既富且穀，迪彼秉彝。聖敬日躋，帝命式于九圍。二解　憲憲令德，抑抑令儀。綱

紀四方，涵泳聖涯。率由前模，惠澤勤施。民之攸塈，如取如攜。如壎如篪，迪教不違。皇帝聖神，天錫英姿。聽聰視明，法式生知。弁包蓄養，解慍絃揮。仁滂施厚，元氣淋漓。千秋萬歲，復覯姒與姬。三解 百姓昭明，五典愼徽。滌濯甄陶，沁骨浹肌。如彼田矣，亦旣敷菑。如彼室矣，亦塗塈茨。皇心統天，品物咸資。維嘉維時，樂矣魚麗。四解 翩翩之鴻，言漸於逵。皜皜之鷺，言集于湄。藹藹王多吉士，赤芾祁祁。束修其躬，愼乃樞機。左右天子，盍簪勿疑。五解 巃然雙闕，晏然三陲。端拱明堂，默運璿璣。禮陶樂淑，俗易風移。金儀測象，玉律定時。四野八荒，洵不遐遺。淀有蘺，隰有葹。對時育物，萬邦是綏。省方設教，用致雍熙。無封靡于爾邦，惟日孜孜。六解 咨我三公，及爾庶司。豈敢怠安，無平不陂。建國親侯，王者無私。卜云襲吉，昆命元龜。農事告成，秋以爲期。倬彼雲漢，奎畢井觜。揆文奮武，營壘車騎。象緯昭回，聖人法之。以補以助，上繼姚嬀。億萬斯年，壽考維祺。整法駕，揚華旗。六軍雷動，萬馬星飛。白山嵾嵾，綠水澌澌。騶虞至，鳳凰儀。于疆于理，皇心則怡。七解 渺渺川原，坦然逶迤。遺秉滯穗，如京如坻。各峙乃粻，以饗我師。鳥獸充牣，碩大蕃茲。莫不振疊，永藉保釐。七騶旣馭，萬衆咸隨。鍧鍧鼓鐸，幡然旌麾。逐獸追禽，大戟長鋋。爲鐃爲鐲，載常載旂。左律右鉞，平於有司。瞻彼翠華，朱英蕤蕤。星旗月鈒，錦韉珠戣。禮百神，奠四維。王用三驅，勿競厥威。我求懿德，允王保之。八解 張皇六師，如虎如羆。天休震動，周道驅馳。策勳在廟，莫不寅威。戢干韜矢，說禮敦詩，天子是毗。九解　灼灼芙蓉花，毿毿楊柳枝。旜旐婀娜，畫龍與螭。干盾騰拏，逐豹與麋。湛湛甘露，酌以玉卮。陛下千萬歲，撫御萬國歸銜羈。十解　王會有圖，天葩芬奇，爻閶赤帝，元繚碧基。文蜃大蟹，孔鳥梟雞。隃冠尊耳，露犬星施。白鹿黃騏，獻其貔皮。在彼澤宮，璧水瀰瀰。樹爾侯矣，射熊與貍。槐宸高聳，棘路明熹。鳴葭駐罕，麗日和颸。四牡騤騤，以車伾伾，飲至言歸。十一解　驂四鸞，駕六螭。彤雲分五老，珠露浥三峗。訪姑射，拜希夷。執衡與規，循理因資。昭假遲遲，恭己無爲。十二解　誕敷文德，懷柔神祇。天命靡諶，念茲在茲。周原稼穡，小民之依。蠲租賜復，王言如絲。裁成輔相，於鑠純禧。首山之陽，毋采爾薇。商山之顏，毋采爾芝。三老五更，惠和宣慈。有馮有翼，爾性爾彌。袒而割牲，謙謙是撝。示我周行，瑟鼓笙吹。十三解　矗矗恆山，幽冀之治。絳雲紫霞，岐岐嶷嶷。青書綠笈，神所護持。包王孕帝，駕軒鑠羲。元泉神草，瑞勒豐碑。爰命太常，爰詔后夔。式祀上帝，饗以騂犧。獻琮璧，奏咸池。奎聯璧合，星斗陸離。洞簫玉琯，鳳羽麟差。十四解　中澤有葵，南山有棟。豈弟君子，佩玉履綦。遭逢明盛，文煥功巍。三墳五典，煌煌麗辭。願續雅頌，永鎮㕓㕙。

十五解

乾隆二十五年，平定西陲，凱歌四十章

睿謨獨運武功成，天柱西頭奏永清。候月占風傳自昔，試聽今日凱歌聲。其一 往歲伊犁振旅回，名王尺組就俘來。天西月窟咸星拱，戎索遙從昧谷開。其二 狼狽相兼弟與昆，虜廷久縶兩花門。九天忽遇王師下，破械先施再造恩。其三 賜歸舊部寵榮多，俾撫殘戎釋網羅。但使祁連山作礪，不教蒲類海揚波。其四 何期鷹眼終違化，翻肆鴞音煽逆塵。朔草並霑天上露，黃沙偏負塞垣春。其五 恢恢天網本來寬，稔惡誅鋤務欲殫。宵旰從容宏廟略，偏師重進取兇殘。其六 梯衝烈烈庫車垣，逋寇倉黃竟返奔。那識降人爭獻款，亡巢徼幸漏游魂。其七 虎符申命下丹霄，壁壘旌旗煥一朝。頓覺三門新氣象，元戎更拜霍嫖姚。其八 一軍早定沙雅爾，百堵旋收阿克蘇。萬里風馳還電掃，大兵直壓賊城孤。其九 蟻結蜂屯三閱月，熊蹲虎踞一當千。如山軍勢原難撼，醜類空教倒戟旋。其十 橐囊不待裹糧行，早喜因糧在敵城。奇應何須驚雨粟，地留火米待神兵。其十一 天漿那挹斗杓盈，陸海茫茫疏勒城。忽報靈泉隨井渫，滿營歌舞拜王明。其十二 鼯鼠從知技已窮，著林飛礮響隨風。鉛丸拾得還殲寇，翻爲天朝助火攻。其十三 天廄飛騰萬騎來，追風已過拂雲堆。更番士卒符神算，恰作奇兵拔壘回。其十四 六城脣齒扼和闐，一夕降旗因壘傳。五里何妨迷涿野，轉乘霿霧靖狼煙。其十五 羣番秉令盡從風，聯部扶攜厥角同。重譯獻來回字表，喜爲臣僕象胥通。其十六 繡旗乍卷銳師分，戈壁風沙結暮雲。半夜賊營齊破膽，驚從天上下將軍。其十七 腹背交攻攻並力，爪牙盡挫挫安逃。天風吹蕩蚍蜉陣，伏穴潛藏似犴牢。其十八 葉爾奇木門洞達，哈什哈爾城崔巍。此間風景古未識，祇今惟有天兵來。其十九 纏頭夾道拜旌旗，涸澤揚沙久赫曦。最是神奇回造化，雨師今亦迓王師。其二十 久傳婦子望雲霓，今聽歡呼應鼓鼙。跪奉雕盤爭獻果，葡萄蒟醬比難齊。其二十一 殊方何幸戴堯天，從此坤城列市廛。薄賦但教供苜蓿，同文先爲易金錢。其二十二 勁師分道襲刀環，轉戰經時草木殷。入夜窮追聲影絕，山頭明月一弓彎。其二十三 萬衆爭先虜氣銷，呼聲天半落盤雕。至今人過伊西洱，猶覺轟霆撼碧霄。其二十四 舊聞天宇原知向，今讋神鋒不可攖。一一頯顱盡泥首，夜來刁斗靜無聲。其二十五 陣合將軍飛羽箭，戰酣勇士掣瑚戈。降戎奉檄皆鷹犬，兎走山前得脫麼。其二十六 殘生暫保齊那爾，狡窟難尋罕布孩。白鵠旗高函逆首，都丸親奉凱書來。其二十七 蟣肺蜣肱自不支，親離衆叛欲何之。輕刀砍陣蹂輕騎，又報分張貳負尸。其二十八 奏捷星馳絕域書，御園雲物小陽初。葭灰未動春先到，應瑞花爭四照舒。其二十九 迭喜璇闈晝正長，共邀慈福樂時康。武成敬頌無疆壽，錫類同瞻日月光。其三十 山川競說方輿記，風土爭傳王會圖。此日西維逾二萬，崑崙猶自在東隅。其三十一 默伽樂國舊曾誇，豈謂還成井底蛙。自此天方增喜色，眞教土宇屬天家。其三十二 旭日曈曨元象開，八紘七政在璇臺。嚕斯納默知欽若，同向蓂階奉朔來。其三十三 萬古冰山雪巘開，盡教職貢附朝班。落梅何處春風笛，一路筠沖接玉關。其三十四　獻馘膚功紀泮林，天章更勒遠山岑。祗看雲漢昭中外，字字唐虞二典心。其三十五　功成始仰廟謨神，測海捫盤見未眞。崇論昭宣聾昧覺，共欽至理析天人。其三十六　泰壇琮璧陳天貺，淸廟圭璋告大猷。盛典輝煌羣祝嘏，皇心肅穆自凝庥。其三十七　日麗風暄敞鳳樓，九霄丹詔瑞雲浮。敷天湛露恩施溥，奏凱聲中愷澤流。其三十八　駿烈都從睿斷成，登三咸五總難名。祗今尺箠收天外，歲籥纔看第五更。其三十九　舞羽櫜弓偃六師，策勳飲至拜丹墀。小臣願譜鳴笳曲，珥筆慚無朱鷺詞。其四十

乾隆四十一年，平定金川，高宗御製凱歌三十章

廿四中秋夜丑時，木蘭營裏遞紅旗。本來不寐問軍報，孰謂今宵宛見之。其一　七千里外路迢遙，向十餘朝茲八朝。可識衆心同一志，嘉哉行賞自宜昭。其二　賊巢最是勒烏圍，甲雜小連噶喇依。破竹勢成應不日，速傳捷信願無違。其三　行營半夜那來喧，卻是紅旗到敍門。五載勤勞同上下，鴻勳集總沐天恩。其四　紅鐙一點引紅旗，頃刻行營人盡知。舊部新藩同賀喜，古來報捷可如斯。其五　成言原有付兒行，一見紅旗卽奏將。雖是慈心早知喜，更馳侍衞報山莊。其六　一破賊巢飛騎馳，未遑詳細盡陳之。將軍宜力應優賜，先示端倪加勉宜。其七　前次受降惟戢斧，今番報捷乃犂庭。敬承天眷能無慰，未至武成心未寧。其八　宵衣惟吾

理合然，喜而不寐那能眠。乃知屣齒事誠有，較彼殊猶高下懸。其九　三捷盼來一月間，此時軍務正相關。執渠掃穴歌耆定，佇待郊臺奏凱還。其十　甲午桃花寺蹕停，軍書正此俯窗櫺。幸哉今日仍憑處，綠柳中飛一點星。其十一　勒圍報捷夜行營，重值上陵晝返程。一刻萬人齊色喜，光明日月永銷兵。其十二　三穴猶延一月餘，六軍奮勇豈饒渠。周遭火器熾攻處，早爛區區釜底魚。其十三　旬餘棧驛八朝至，一片紅旗萬馬飛。夾路羣番喜且懼，國之慶也國之威。其十四　險惡山川靖梟獍，邪深機阱絕根株。從今番部都安堵，强食姦欺自此無。其十五　蠶叢絕險隱妖氛，百戰功成古未聞。鼛鼓冬冬聲凱獻，羌兒稽首送將軍。其十六　堅碉林立萬重山，破險衝鋒歷盡艱。奏績都資軍將力，紅旗一道入桃關。其十七　姜維征處號維州，豔羨戎人謠語留。今日勒圍爲內地，無憂城果是無憂。其十八　盼捷經冬復入春，垂成偏覺意屢頻。今宵料得方安枕，明告愼哉用武人。其十九　流離此日穴巢傾，耆定從茲可罷兵。歌凱莫教容易聽，五年功幸一朝成。其二十　郊臺仍是此郊臺，何幸重修盛事來。漫謂數年經契闊，精神注似日相陪。其二十一　勳臣率拜列靈旗，軍士鳴螺赫武儀。樂奏鐃歌行抱見，詰戎家法萬年垂。其二十二　已巳班師本受降，庚辰郊勞典鴻龐。放牛歸馬予素志，凱獻何期此見雙。其二十三　準部回城定五年，金川小寇亦如前。嘉予將士久敵愾，不覺對之增惻焉。其二十四　地險加之衆志堅，林碉步步戰而前。小於昔事難過倍，慰意愜因意憫然。其二十五　鑿穴而居避火器，終於面縛出蕃城。貪生螻蟻固如此，聚族將焚語豈誠。其二十六　倏經于役五春秋，棧道崎嶇似坦郵。夾路花紅復柳綠，阿誰致悔覔封侯。其二十七　脫卻戎衣換吉衣，龍章示獎特恩稀。同心戮力還掄最，便解天閑賜六飛。其二十八　兵洗金川永不波，潢池跋扈竟如何。良鄉近遠多黎庶，歡喜都來聽凱歌。其二十九　凱歌亦豈易為聞，五歲辛勤勞衆軍。我實未曾安午夜，幾多憂慮與平分。其三十

乾隆五十五年，高宗八旬，吏部尚書彭元瑞集御詩為萬壽衢歌三百章，帝自圓明園回宮，奏以前導。而內戡外攘，治定功成，羣臣亦屢有奏御之篇。康熙二十年，葉方藹上皇雅，曰涇丘十二章，美受降也；曰關隴十二章，平隴右也；曰南紀十一章，平閩也；曰巨浸十一章，平海寇也。徐嘉炎上鐃歌鼓吹曲，曰聖皇出，皇帝受命也；遼水奠，平察哈爾之亂也；安隴右，平王輔臣也；豫章翻，定江西賊也；掃七閩，平耿精忠也；海波平，驅鄭錦也；平五羊，討尚之信也；桂水深，定廣西也；殲渠魁，吳三桂死，逆黨解散也；洞庭湖，平湖南也；收成都，平全蜀也；克黔陽，定貴州也；定昆明，誅吳世璠，平全滇也；文德舞，告成功也。凡一十四章。袁佑亦上平滇鐃歌，曰聖同天，曰出師初，曰皇矣，曰於鑠，曰氏畝，曰昔夜郎，曰萬方平，曰於都，曰審天心，曰山石，凡十章。康熙二十三年，聖祖巡幸闕里，徐元文上東巡

雅十三章。李振裕上親祠闕里雅一篇。顧汧上述聖政雅，東山十章，南勳十章。金居敬上駕幸闕里樂府十二章。康熙二十八年，聖祖南巡，趙執信上南巡樂府凡四章：曰東南春，道路無擾也；曰歲星謠，蠲租稅也；曰江水清，吏知法廉也；曰桃花然，變民俗也。彭會淇亦上南巡風謠十章。康熙三十六年，親征沙漠，厄魯特遁，陳廷敬上聖武雅三篇，惟天十有一章，言初臨沙漠，安邊破敵，武功盛也；皇矣十有一章，言撫降人民也；武成十有一章，言擒孽殲兇，武功大成也。王士禛上平北雅一篇。杜臻上平漠北鐃歌鼓吹曲：曰揚聖武，神幾捷，峙金湯，踣猘獸，天駟蝗，天行健，穽孤雛，伏天誅，衢歌繁，武功成，光芝檢，陳王會，凡十二章。陳論上聖武功成鐃歌鼓吹曲：曰聖武昭，行天討，虔祭告，命將帥，嘉祥應，三出塞，廣招徠，大無外，凱歌還，辭尊號，凡十章。宋駿業上平北雅：成命九章，言天子自將出塞，靖邊塵，安萬民也；皇祐九章，言天子再出塞，料軍實，決機宜也；天監九章，言天子三出塞，兇醜窮蹙，服天誅，集大功也。沈涵上聖駕北巡鐃歌四章：撫萬國，言天威北指，厄魯特遠遁也；乘法駕，言大駕巡邊，喀爾喀懇切輸誠也；紫壇高，言德合天人，甘霖屢沛也；六龍旋，言還宮齋祓，親詣北郊也。姜宸英上平沙漠還宮凱歌七章：皇矣，頌宸斷也；有山崔嵬，述貞符也；從軍樂，卹將士也；絕大漠，頌神武也；二儀樂，好生也；雄狐，美諸將能稟神算，成大功也；歌凱旋，樂寇平大駕早旋也。雍正二年，錢陳羣上青海平定鐃歌，曰麋之窮，賊母俘，屈羣醜三章。乾隆八年，沈德潛上謁陵慶成樂府，曰聖大孝，發鑾輅，盛京樂，謁三陵，懷祖烈，禮成宴，羣蕃朝，大狩閱，永錫類，六龍迴十章。萬承蒼亦上帝鑒十章。乾隆十四年，梁詩正上平定金川雅：有繹五章，美出師也；戎車四章，翦二豎也；縈雲五章，番酋降也；鸞鑣五章，告成功也。夢麟亦上聖武遠揚雅一篇。乾隆四十二年，程景伊上平定兩金川雅四篇：曰苞蘖十章，續拉肇釁，按旅徂征，遂平之也；寅威七章，索諾木納我叛人，守險拒命，簡師濟師，審戎機以摧堅銳也；周陸十章，師武臣力，克承睿策，悉俘羣醜，武功成也；凱懌十章，聖武既昭，行慶秩典，申無疆也。雍容揄揚，第羣臣之嘉頌，雖未頒樂官，而掌固有可紀者，附見於末云。

清史稿卷一百一

志七十六

樂八

清代樂制，有中和韶樂、丹陛大樂、中和清樂、丹陛清樂、導迎樂、鐃歌樂、禾辭桑歌樂、慶神歡樂、宴樂、賜宴樂、鄉樂，器則隨所用而各異，悉依樂部次第，臚列而備舉之。所獲藩屬樂器，列於宴樂，古所未詳，尤不可略。然第志其名稱形制而已，若夫尺度聲律，則有司存。

中和韶樂，用於壇、廟者，鎛鐘一，特磬一，編鐘十六，編磬十六，建鼓一，篪六，排簫二，壎二，簫十，笛十，琴十，瑟四，笙十，搏拊二，柷一，敔一，麾一。先師廟，琴、簫、笛、笙各六，篪四，餘同。巡幸祭方嶽，不用鎛鐘、特磬，琴、簫、笛、笙各四，瑟、篪各二，餘同。用於殿陛者，簫四，笛四，篪二，琴四，瑟二，笙八，餘同。

鎛鐘，范金爲之，凡十二，應十二律。其制皆上徑小，下徑大，縱徑大，橫徑小。乳三十六。兩角下垂。十二鐘各虡，大小異制。黃鍾之鐘，兩欒高一尺八寸二分二釐，甬長一尺零八分，以次遞減至應鍾之鐘，兩欒高九寸六分，甬長五寸六分八釐。黃鍾之鐘，十一月用之；大呂之鐘，十二月用之；太簇之鐘，正月用之；夾鍾之鐘，二月用之；姑洗之鐘，三月用之；仲呂之鐘，四月用之；蕤賓之鐘，五月用之；林鍾之鐘，六月用之；夷則之鐘，七月用之；南呂之鐘，八月用之；無射之鐘，九月用之；應鍾之鐘，十月用之。鐘之簨虡凡四，皆塗金，上簨左右刻龍首，脊樹金鸞，咮銜五采流蘇，龍口亦如之，下垂至趺。中簨有業，鏤雲龍。附簨結黃絨紃以懸鐘。左右兩虡，承以五采伏獅。下爲趺，趺上有垣，鏤山水形。黃鍾、大呂、太簇三虡尺度同，夾鍾、姑洗、仲呂三虡尺度同，蕤賓、林鍾、夷則三虡尺度同，南呂、無射、應鍾三虡尺度同，用時不並陳，如以黃鍾爲宮，則祗懸黃鍾之鐘。餘月倣此。

特磬，以和闐玉爲之，凡十二，應十二律。其制爲鈍角矩形，長股謂之鼓，短股謂之股，皆兩面爲雲龍形，穿孔繫紃而懸之。十二磬各虡，大小異制。黃鍾之磬，股長一尺四寸五分八釐，鼓長二尺一寸八分七釐。以次遞減，至應鍾之磬，股長七寸六分八釐，鼓長一尺一寸五分二釐。愈小者質愈厚，黃鍾之磬，厚七分二釐九豪，遞增至應鍾之磬，厚一寸二分九釐六豪。黃鍾之磬，十一月用之；大呂之磬，十二月用之；太簇之磬，正月用之；夾鍾之磬，二月用之；姑洗之磬，三月用之；仲呂之磬，四月用之；蕤賓之磬，五月用之；林鍾之磬，六月用之；夷則之磬，七月用之；南呂之磬，八月用之；無射之磬，九月用之；應鍾之磬，十月用之；磬之簨虡亦四，惟上簨左右刻鳳首，趺飾臥鳧，白羽朱喙。十二磬不並陳，當月則懸其一，與鎛鐘同。

編鐘，范金爲之，十六鐘同虡，應十二正律、四倍律，夷則、南呂、無射、應鍾各有倍律。陰陽各八。外形橢圓，大小同制，惟內高、內徑、容積各不同。實體之薄厚，以次遞增。第一倍夷則之鐘，體厚一分三釐三豪，至第十六應鍾之鐘，體厚二分八釐四豪。簨虡塗金，上簨左右刻龍首，中、下二簨俱刻朶雲，繫金鉤懸鐘。兩虡承以五采伏獅，下爲趺，鏤山水形。

編磬，以靈璧石或碧玉爲之，十六磬同虡，應十二正律、四倍律，與編鐘同。陰陽各八。皆爲鈍角矩形，大小同制。股長七寸二分九釐，鼓長一尺九分三釐五豪，惟實體之薄厚，以次遞增。第一倍夷則之磬，厚六分六豪八絲，至第十六應鍾之磬，厚一寸二分九釐六豪。簨虡制同編鐘，惟上簨左右刻鳳首，趺飾臥鳧，白羽朱喙。

建鼓，木匡冒革，貫以柱而樹之。面徑二尺三寸四釐，匡長三尺四寸五分七釐，匡半穿方孔，貫柱上出擎蓋，下植至趺。蓋上穹下方，頂塗金，上植金鸞爲飾。承鼓以曲木，四歧抱匡，趺四足，各飾臥獅。擊以雙桴，直柄圓首，凡鼓桴皆如之。

篪二，皆截竹爲質，間纏以絲，橫吹之。一孔上出爲吹口，五孔外出，一孔內出，又二孔並間下出爲出音孔。管末有底，中開一孔，吹孔上留竹節以閉音。一姑洗篪，徑八分七釐，自吹口至管末，九寸九分五釐九豪，陽月用之。一仲呂篪，徑八分三釐二豪，自吹口至管末，九寸五分二釐五豪，陰月用之。

排簫，比竹爲之，其形參差象鳳翼。十六管，陰陽各八，同徑殊長。上開山口單吹之，無旁出孔。自左而右，列二倍律、夷則，無射。六正律以協陽均。自右而左，列二倍呂，南呂，應鍾。六正呂以協陰均。管面各鐫律呂名，納於一櫝，而齊其吹口。櫝用木，形如几，虛其中以受管。

壎有二，燒土爲之，形皆橢圓如鵝子，上銳下平。前四孔，後二孔，頂上一孔，以手捧而吹之。一黃鍾壎，內高二寸二分三釐，腹徑一寸七分一釐七豪，底徑一寸一分六釐八豪，陽月用之。一大呂壎，內高二寸一分三釐三豪，腹徑一寸六分四釐二豪，底徑一寸一分一釐七豪，陰月用之。

簫二，截竹爲之，皆上開山口，五孔前出，一孔後出，出音孔二，相對旁出。一姑洗簫，徑四分三釐五豪，自山口至出音孔，長一尺五寸八分四釐二豪，陽月用之。一仲呂簫，徑四分一釐六豪，自山口至出音孔，長一尺五寸一分五釐二豪，陰月用之。

笛二，截竹爲之，皆間纏以絲，兩端加龍首龍尾。左一孔，另吹孔，次孔加竹膜，右六孔，皆上出。出音孔二，相對旁出。末二孔，亦上出。一姑洗笛，徑四分三釐五豪，自吹孔右盡，通長一尺二寸五分一釐七豪，陽月用之。一仲呂笛，徑四分一釐六豪，自吹孔右盡，通長一尺一寸九分七釐二豪，陰月用之。

琴，面用桐，底用梓，髹以漆。前廣、後狹、上圓、下方、中虛。通長三尺一寸五分九釐。底孔二，上曰龍池，下曰鳳池。腹內有天地二柱，天柱圓，當肩下；地柱方，當腰上。凡七絃，皆朱。第一絃一百八綸，第二絃九十六綸，第三絃八十一綸，第四絃七十二綸，第五絃六十四綸，第六絃五十四綸，第七絃四十八綸。軫七，徽十三。其飾岳山焦尾用紫檀，徽用螺蚌，軫結黃絨紃，承以髹漆几。

瑟體用桐，髹以漆，前廣、後狹、面圓、底平、中高、兩端俯。通長六尺五寸六分一釐。底孔二，是爲越。前越四出，後越上圓下平。凡二十五絃，絃皆二百四十三綸。中一絃黃，兩旁皆朱。設柱和絃，柱無定位，各隨宮調。絃孔飾螺蚌，承以髹金几二。

笙二，截紫竹爲管，環植匏中，匏或以木代之。管皆十七，束以竹，本豐末斂，管本近底削半露竅。以薄銅葉爲簧，點以蠟珠，其上各按律呂分開出音孔。匏之半施橢圓短嘴，昂其末。中爲方孔，別爲長嘴如鳳頸，置於短嘴方孔中。末爲吹口，氣從吹口入，鼓簧成音。小笙制如大笙而小，亦十七管，惟第一、第九、第十六、第十七管不設簧，有簧者凡十三管，餘均與大笙同。

搏拊，如鼓而小。面徑七寸二分九釐，匡長一尺四寸五分八釐。匡上施金盤龍二，銜小金鐶，以黃絨紃繫之，橫置趺上。用時懸於項，擊以左右手。每建鼓一擊，則搏拊兩擊以爲節。

柷，以木爲之，形如方斗，上廣下狹，三面正中各隆起爲圓形以受擊，一面中爲圓孔以出音。以趺承之，擊具曰止。

敔，以木爲之，形如伏虎，背上有二十七鉏鋙刻，以趺承之。鼓之以籈，以竹爲之，析其半爲二十四莖，於鉏鋙上橫轢之。

麾，黃帛爲之，繡九曲雲龍。上飾藍帛，繡紅日，日中繡中和字。上繡三台星，左北斗，右南斗。帛上下施橫木，上鏤雙龍，下爲山水形，皆髹金。朱杠，上曲爲龍首以懸麾，麾舉樂作，麾偃樂止。

丹陛大樂，凡御殿受賀及宮中行禮皆用之。其器：戲竹二，大鼓二，方響二，雲鑼二，簫二，管四，笛四，笙四，杖鼓一，拍板一。簫、笛、笙同中和韶樂。

戲竹，析竹爲之，凡二，各五十莖。髹朱，承以塗金壺盧，下有柄，亦髹朱。人各執其一，立丹陛上，合則樂作，分則樂止。戲音與麾同，其用亦與麾同。

大鼓，木匡冒革，面徑三尺六寸四分五釐，匡高三尺二寸四分。腹施銅膽，面髹黃，繪五采雲龍。匡髹朱，繪交龍，匡半金鐶四。承以髹朱架，架有鉤，以鉤鐶平懸之。架高六尺，鼓者藉蹈以擊之。

方響，以鋼爲之，形長方，十六枚同簴，應十二正律、四倍律，與編鐘、磬同。形質皆同。惟以薄厚爲次。倍夷則之厚，三分三豪四絲，遞增至應鍾之厚，六分四釐八豪。後面近上三分之一皆爲橫脊，竅其上端，繫以黃絨紃，懸於簴而斜倚之，擊以小鋼槌。各部樂皆同，惟馬上凱歌樂分用其八，人各一枚，擎而擊之。

雲鑼，范銅爲之，十枚同架，應四正律、六半律，姑洗、蕤賓、夷則、無射四正律，半黃鍾至半無射六半律。皆四旁穿竅，以黃絨紃繫於架，中四，左右各三，合三行爲九宮形，其一上出。以薄厚爲次，下右應姑洗之律，厚二釐五豪二絲。遞增至最上，應半無射之律，厚五釐九豪八絲。

管即頭管，以堅木或骨角爲之，大小各一，皆前七孔後一孔，管端設蘆哨，入管吹之。

大管以姑洗律管爲體，徑二分七釐四豪，哨下口至末，長五寸七分六釐。小管以黃鍾半積同形管爲體，徑二分一釐七豪，哨下口至末，長五寸六分二豪。皆間束以絲，兩端以象牙爲飾。

杖鼓，上下二面，鐵圈冒革，復楦以木匡，細腰。匡高一尺九寸四分四釐，腰徑二寸八分八釐，兩端徑各八寸一分，上下面徑各一尺二寸九分六釐。面匡俱髹黃，繪五采雲龍，緣以綠皮掩錢。上下邊綴金鉤各六，以黃絨紃交絡之。腰加束焉。腰飾綠皮焦葉文。以髹朱竹片擊之。

拍板，以堅木爲之，左右各三片。近上橫穿二孔，以黃絨紃聯之，合擊以爲節。

中和清樂，用於册尊典禮，宴饗進饌，除夕、元夕張燈亦用之。其器：雲鑼二，笛二，管二，笙二，杖鼓一，手鼓一，拍板一。笛、笙同中和韶樂，雲鑼、管、板同丹陛大樂。

杖鼓同丹陛大樂而小，或半之，或爲三之二。

手鼓，木匡冒革，面徑九寸一分二豪，腰徑一尺二分四釐。以柄貫匡，持而擊之。

丹陛清樂，用於宴饗進茶、進酒，臨雍賜茶亦用之。樂器均與中和清樂同。

導迎樂、鐃歌樂，用於乘輿出入。鑾駕鹵簿則奏導迎樂，騎駕鹵簿則奏鐃歌之行幸樂，法駕鹵簿、大駕鹵簿則導迎樂間以鐃歌樂，惟大祀詣壇、廟則導迎樂、鐃歌樂設而不作。凡三大節進表及進實錄、聖訓、玉牒，又親耕、親蠶、授時、頒詔、殿試、送榜、迎吻，凡前導以御仗出入者，皆奏導迎樂。鐃歌之樂有鹵簿樂，其部一，曰鐃歌鼓吹。有前部樂，其部一，曰前部大樂。亦曰大罕波。有行幸樂，其部三：曰鳴角，曰鐃歌大樂，曰鐃歌清樂。有凱旋樂，其部二：曰鐃歌，曰凱歌。鹵簿樂與前部大樂並列，亦曰金鼓鐃歌大樂，凡圜丘、祈穀、常雩，用大駕鹵簿，則前部大樂、鐃歌鼓吹、行幸樂三部並陳。方澤，用法駕鹵簿，則陳前部大樂、鐃歌鼓吹。太廟、社稷及各中祀，用法駕鹵簿，則陳鐃歌鼓吹。朝會用法駕鹵簿同。御樓受俘，用法駕鹵簿，則陳金鼓鐃歌大樂。巡幸及大閱，用騎駕鹵簿，則陳鳴角鐃歌大樂、鐃歌清樂。凱旋郊勞，則奏鐃歌。回鑾振旅，則奏凱歌。

導迎樂用戲竹二，管六，笛四，笙二，雲鑼二，導迎鼓一，拍板一。笙、笛同中和韶樂，戲竹、雲鑼、管、板同丹陛大樂。

導迎鼓，制如大鼓而小，面徑二尺四分八釐，匡高一尺六寸二分。繪五采雲龍，腹施銅膽。旁施金鐶四，繫黃絨紃。二人舁行，擊以朱棰。

鐃歌鼓吹用龍鼓四十八，畫角二十四，大銅角八，小銅角八，金二，鉦四，笛十二，杖鼓四，拍板四。笛同中和韶樂，板同丹陛大樂。

龍鼓，木匡冒革，面徑一尺五寸三分六釐，匡高六寸四分八釐。面匡繪飾金鐶俱如導迎鼓。鐶繫黃絨紃，行則懸於項，陳則置於架。架攢竹三，貫以樞而揞之。

畫角，木質，中虛腹廣，兩端銳。長五尺四寸六分一釐二豪，上下束以銅，中束以籐五就，髹以漆。以木哨入角端吹之，哨長七寸二分九釐。

大銅角，一名大號，范銅爲之，上下二截，形如竹筒，本細末大，中爲圓球。納上截於下截，用則引而伸之，通長三尺六寸七分二釐。

小銅角，一名二號，范銅爲之，上下二截。上截直，下截哆，各有圓球相銜，引納如大銅角，通長四尺一寸四釐。大角體巨聲下，小角體細聲高，不以長短論。

金，范銅爲之。面平，徑一尺四寸五分八釐，深二寸二分七釐五豪。旁穿二孔，結黃絨紃貫於木柄，提而擊之。

鉦，范銅爲之，形如盤。面平，口徑八寸六分四釐，深一寸二分九釐八豪，邊闊八分六釐四豪。穿六孔，兩兩相比，周以木匡，亦穿孔，以黃絨紃聯屬之。左右銅鐶二，繫黃絨紃，懸於項而擊之。

杖鼓，同丹陛大樂，惟面繪流雲，中爲太極。

前部大樂，用大銅角四，小銅角四，金口角四。大銅角、小銅角制同鐃歌鼓吹。

金口角，舊名瑣㖡，木管，兩端金口，上弇下哆。管長九寸八分九釐。管上金口長二寸一分六釐，爲壺盧形，加小銅槃二。管下金口長四寸八分六釐，刻管如竹節相間，前七孔，後一孔，以蘆哨入管端吹之。

鐃歌大樂，用金口角八，銅鼓二，銅點一，金一，鈸一，行鼓一。金口角同前部大樂，金同鐃歌鼓吹。

銅鼓，範銅爲之，形如金，面徑九寸七分二釐，中隆起八分一釐，徑二寸六分七釐三豪。邊穿孔二，以黃絨紃懸而擊之。

銅點，制如銅鼓而小。

鈸，範銅爲之，面徑六寸四分八釐，中隆起一寸二分九釐六豪，徑三寸二分四釐。穿孔貫紃，左右合擊以和樂。

行鼓，一名陁羅鼓。木匡冒革，上大下小，面匡繪飾如龍鼓。金鐶四，貫以黃絨紃。行則跨於馬上，陳則置於架。

鐃歌清樂，用雲鑼二，笛二，平笛二，管二，笙二，金一，鈸一，銅點一，行鼓一。笛、笙同中和韶樂，雲鑼、管同丹陛大樂，金同鐃歌鼓吹，鈸、銅點、行鼓同鐃歌大樂。

平笛，同中和韶樂，惟不加龍首尾。

行幸樂，合鐃歌大樂、鐃歌清樂之數，益以大銅角八，小銅角八，蒙古角二。大銅角、小銅角同鐃歌鼓吹。

蒙古角，一名蒙古號，木質，中虛末哆，上下二截。角有雌雄二制，雄角上口內徑三分四釐五豪，雌角上口內徑二分八釐五豪，皆於管端施銅口，以角哨納入吹之。雄者聲濁，雌者聲清。

鐃歌用大銅角四，小銅角四，金口角八，金四，鑼二，銅鼓二，鐃四，鈸四，小和鈸二，花匡鼓四，得勝鼓四，海笛四，雲鑼四，簫六，笛六，管六，篪六，笙六。大銅角、小銅角、金同鐃歌鼓吹，金口角同前部大樂，銅鼓、鈸同鐃歌大樂，簫、笛、篪、笙同中和韶樂，雲鑼、管同丹陛大樂。

鑼，制同銅鼓而厚，聲較銅鼓低小。

鐃，范銅爲之，面徑一尺二寸。中隆起，穿孔貫紃，左右合擊。

小和鈸，制與鈸同，面徑七寸九分。中隆起，穿孔貫紃，均與鈸同。

花匡鼓，卽腰鼓，木匡冒革，面徑一尺五寸二分，匡高一尺六寸，繪花文。座以檀，四柱交趺，以銅鐶懸鼓而擊之。

得勝鼓，木匡冒革，面徑一尺六寸一分，匡高五寸八分，繪雲龍。座爲四柱，懸鼓於上而擊之。

海笛，制如金口角而小，通長九寸五分。

凱歌用雲鑼四，方響八，鈸二，大和鈸二，星二，銅點二，錫二，簫四，笛四，管十二，笙四，杖鼓二，拍板二。簫、笛、笙同中和韶樂，雲鑼、管、杖鼓同丹陛大樂，鈸、銅點同鐃歌大樂。

方響，制同丹陛大樂，分用其八，人各一枚，擎而擊之。

大和鈸，制與鈸同，面徑一尺一寸八分。中隆起，穿孔貫紃，左右合擊。

星，範銅爲之，口徑一寸八分，深一寸。中隆起，各穿圓孔，貫以紃，左右合擊。錫，範銅爲之，面徑二寸七分，口徑三寸一分五釐，深六分。穿孔貫紃，擊以木片。拍板三片，束其二，以一拍之。

禾辭桑歌樂，親耕、親桑用之。親耕用金六，鼓六，簫六，笛六，笙六，拍板六。親桑用金二，鼓二，簫、笛、笙各六，拍板二。簫、笛、笙同中和韶樂，板同丹陛大樂。金制同鐃歌鼓吹而微小。槌用黃韋，瓜形，柄髹朱。鼓，制如龍鼓而微小，懸於項擊之。

慶神歡樂，凡羣祀用之。其器雲鑼二，管二，笛二，笙一，鼓一，拍板一，惟祀先蠶及關帝、文昌則加隆焉。笛、笙、鼓同中和韶樂，雲鑼、管、板同丹陛大樂。

宴樂凡九：一曰隊舞樂，一曰瓦爾喀部樂，一曰朝鮮樂，一曰蒙古樂，一曰回部樂，一曰番子樂，一曰廓爾喀部樂，一曰緬甸國樂，一曰安南國樂。

隊舞有三：一曰慶隆舞，凡殿廷朝會宮中慶賀宴饗皆用之；一曰世德舞，宴宗室用之；一曰德勝舞，凱旋筵宴用之。三舞同制，皆舞而節以樂。其器用箏一，奚琴一，琵琶三，三絃三，節十六，拍十六。

箏，似瑟而小，刳桐爲質，通長四尺七寸三分八釐五豪。十四絃，絃皆五十四綸，各隨宮調設柱。底孔二。前方，後上圓下平，通體髹金，四邊繪金夔龍。梁及尾邊用紫檀，絃孔以象牙爲飾。

奚琴，刳桐爲質，二絃。龍首，方柄。槽長與柄等。背圓中凹，覆以板。槽端設圓柱，施皮扣以結絃。龍頭下脣爲山口，鑿空納絃。綰以兩軸，左右各一，以木繫馬尾八十一莖軋之。

琵琶，刳桐爲質，四絃，曲首長頸，平面圓背，腹廣而橢。槽面施覆手，曲首中間爲山口。設檀軸四以綰絃，左右各二，山口上以黃楊木爲四象，下以竹爲十三品，按分取聲。中腰兩旁爲新月形，腹內以細鋼條爲膽，絃自山口至覆手，長二尺一寸六分，第一絃以朱飾之。

三絃，斲檀爲質，修柄，方槽，圓角，冒以虺皮。柄貫槽中，柄末槽端覆以木。穿孔貫絃，匙頭下半鑿空納絃，以三軸綰之，左二右一。

節，編竹如箕，髹朱，背爲虎形。用圓竹二，劃之以爲節。

拍，紫檀板四片，束其三，以一拍之。

太祖平瓦爾喀部，獲其樂，列於宴樂，是爲瓦爾喀部樂舞。用奚琴四，奚琴四。奚琴同隊舞樂。

觱篥，蘆管，三孔，金口，下哆，中有小孔。管端開簧，簧口距管末四寸五分三釐。

太宗時，獲朝鮮國樂，列於宴樂，是爲朝鮮國俳。用笛一，管一，俳鼓一。笛同中和韶樂，管同丹陛大樂。

俳鼓如龍鼓而小，懸於項擊之。

太宗平察哈爾，獲其樂，列於宴樂，是爲蒙古樂曲。有笳吹，有番部合奏，皆爲掇爾多密之樂，掌於什幫處。笳吹用胡笳一，箏一，胡琴一，口琴一。箏與隊舞所用同，惟設六絃。

胡笳，木管，三孔，兩端施角，末翹而哆。自吹口至末，二尺三寸九分六釐。

胡琴，刳木爲質，二絃，龍首，方柄。槽橢而下銳，冒以革。槽外設木如簪頭以扣絃，龍首下爲山口，鑿空納絃，綰以二軸，左右各一。以木繫馬尾八十一莖軋之。

口琴，以鐵爲之，一柄兩股，中設簧，末出股外。橫銜於口，鼓簧轉舌，噓吸以成音。

番部合奏，用雲鑼一，簫一，笛一，管一，笙一，箏一，胡琴一，琵琶一，三絃一，二絃一，月琴一，提琴一，軋箏一，火不思一，拍板一。簫、笛、笙同中和韶樂，雲鑼、管同丹陛大樂，箏、琵琶、三絃同隊舞樂。

胡琴，二絃，竹柄椰槽，面以桐。槽徑三寸八分四釐，爲圓形，與笳吹之胡琴橢而下銳者不同。山口鑿空納絃，以兩軸綰之，俱在右。絃自山口至柱，長二尺三分五釐二豪，以竹弓繫馬尾八十一莖軋之。

二絃，龂樟爲質，槽面以桐，形長方，底有孔，槽面施覆手如琵琶。曲首後鑿空納絃，綰以兩軸，左右各一。絃長二尺三寸四釐，設十七品，按分取聲。

月琴，龂檀爲質，四絃，槽面以桐，八角曲項，柄貫槽中，槽面施覆手。曲項鑿空納絃，綰以四軸，左右各二。絃長二尺三寸四釐，設十七品，與二絃同。

提琴，四絃，圓木爲槽，冒以蟒皮而空其下，竹柄貫槽中，末出槽外。覆木扣絃，柄端鑿空納絃，綰以四軸，俱在右。以竹弓繫馬尾，夾於四絃間軋之。

軋箏，似箏而小，刳桐爲質，十絃。前後有梁，梁內絃長一尺六寸一分八釐，各設柱，以木桿軋之。

火不思，似琵琶而瘦，四絃，桐柄，刳其下半爲槽，冒以蟒皮。曲首鑿空納絃，四軸綰之，俱在右。絃自山口至柱長一尺七寸七分四釐。

拍板，紫檀三片，束其二，以一拍之。

高宗平定回部，獲其樂，列於宴樂之末，是爲回部樂技，用達卜一，那噶喇一，哈爾札克一，喀爾奈一，塞他爾一，喇巴卜一，巴拉滿一，蘇爾奈一。

達卜，木匡冒革，形如手鼓而無柄。有大小二制，一面徑一尺三寸六分五釐二豪，一面徑一尺二寸二分四釐，皆髹黃，面繪綵獅，以手指擊之。

那噶喇，鐵匡冒革，上大下小，形如行鼓。旁有小鐶，繫黃絨紃。兩鼓相聯，左右各以杖擊之。

哈爾札克，形如胡琴，椰槽，冒以馬革。上木柄，下鐵柄。槽底中開一孔，側開三小孔。以馬尾二縷爲絃，上自山口穿於後，以兩軸綰之，左右各一，下繫鐵柄。馬尾絃下設鋼絲絃十，上繫木柄，下擊鐵柄，左右各五軸。另以木桿爲弓，繫馬尾八十餘莖，軋馬尾絃，應鋼絃取聲。

喀爾奈，狀如世俗洋琴，鋼絲絃十八，刳木中虛，左直右曲。左設梁如琴之岳山，以繫鋼絃之本。鋼絃之末施木軸，似琴之軫，入於右端，高下相間作兩層，轉其軸以定絃之緩急。以手冒撥指，或木撥彈之，通體雙絃，惟第一獨絃。

塞他爾，形如匕，絲絃二，鋼絃七，木柄通槽，下冒以革。面平背圓，柄有線箍二十三道，如琵琶之品。以九軸綰絃，柄端二軸綰絲絃。二面三軸，左側四軸，綰鋼質雙絃一，獨絃六。以手冒撥指，或木撥彈絲絃，應鋼絃取聲。

喇巴卜，絲絃五，鋼絃二，木柄通槽，槽形如半瓶，下冒以革。曲首鑿空納絲絃，以五軸綰之，左二右三，曲首右側以兩軸綰鋼絃。用手冒撥指，或木撥彈絲絃，應鋼絃取聲。

巴拉滿，木管，上斂下哆，飾以銅，形如頭管而有底，開小孔以出音。管通長九寸四分，七孔前出，一孔後出，管上設蘆哨吹之。

蘇爾奈，一名瑣㖠，木管，兩端飾銅，上斂下哆，形如金口角而小。七孔前出，一孔後出，一孔左出，銅管上設蘆哨吹之。

高宗平定金川，獲其樂，及後藏班禪額爾德尼來朝，獻其樂，均列於宴樂之末，是爲番子樂。金川之樂：曰阿爾薩蘭，曰大郭莊，曰四角魯。用得梨一，柏且爾一、得勒窩一。

得梨，似蘇爾奈而小。

柏且爾，範銅二片，圓徑六寸，中隆起，穿孔貫紃，左右合擊。

得勒窩，形似達卜。

班禪之樂：曰札什倫布，用得梨二，巴汪一，蒼清一，龍思馬爾得勒窩四。

得梨同金川樂，形制略大。

巴汪，似喇巴卜，七絃。

蒼清，制同雲鑼。

龍思馬爾得勒窩，似那噶喇而制以銅，面徑一尺三寸，底銳，匡高一尺。

高宗平定廓爾喀，獲其樂，列於宴樂之末，是爲廓爾喀樂舞。用達布拉一，薩朗濟三，丹布拉一，達拉一，公古哩二。

達布拉，似那噶喇，一面冒革。有二制：其一面豐底銳，其一底微豐而漸削。四圍俱繫韋絛，聯以綵縷，懸之腰間，以左右手合擊之。

薩朗濟，刻木爲質，韋絃四，鐵絃九。項長三寸，刳其中，面以魚牙刻佛爲飾。柄長五寸二分，槽面闊三寸，自上刳之，冒以革。中腰削如缺月，束以黃韋。底橢，鑿空於項以納韋絃，左右各二。軸柄面穿孔九，自右至左，鱗次斜列，各納鐵絃。軸九，俱在右，上五下四。槽面設柱，中爲九孔納鐵絃，上承韋絃。以柔木繫馬尾軋韋絃，應鐵絃取聲。

丹布拉，刻桐爲質，以大匏爲槽，直柄，面平背圓，鐵絃四，綰以四軸，上二，左右各一。柄上以鐵片二爲山口，一穿孔納絃，一承絃。

達拉，范銅二片，圓徑二寸一分。中隆起，穿孔，繫以絲縷，左右合擊。

公古哩，范銅爲鈴，以絲縷聯之，五十枚爲一串，凡四串。歌時二人各繫於股，雙足騰躍以出聲。

乾隆五十三年，緬甸國內附，獻其樂，列於宴樂之末，是爲緬甸國樂。有粗細二制：粗緬甸樂，用接內搭兜呼一，稽灣斜枯一，聶兜姜一，聶聶兜姜一，結莽聶兜布一。

接內搭兜呼，木匡冒革，匡上有紐，繫以帛，橫懸於項，以手擊之。

稽灣斜枯，制似雲鑼，其數八，上下各四，同懸於架。架後撘以二木，斜倚而擊之。

聶兜姜，木管銅口，近下漸哆，前七孔，後一孔。管端設銅哨，加蘆哨於上，管與銅口相接處，以銅簽掩之。

聶聶兜姜，形如金口角而小，木管木口，餘與聶兜姜同。

結莽聶兜布，范銅二片，圓徑三寸五分。中隆起，穿孔，貫以韋，左右合擊。

細緬甸樂，用巴打拉一，蚌札一，總稿機一，密穹總一，得約總一，不壘一，接足一。

巴打拉，以木爲槽，形如船，通長二尺七寸五分。前後兩端各爲山峯形，兩峯之尖，絡以絲繩。排穿竹板二十二片，皆闊一寸。第一片長五寸二分，厚三分五釐，以次則長遞加而厚遞減，至末片則長一尺一寸五分，厚一分。以竹裹緜爲槌擊之。

蚌札，木匡冒革，上大下小。面徑六寸一分，底徑四寸，匡高一尺。四圍俱繫韋條，以手擊之。

總稿機，十三絃，曲柄，通槽，柄上曲如蝎尾。槽面冒革，爲四圓孔以出音。順槽腹設覆手，穿孔十三，繫絃，各斜引至柄束之，彈以手。

密穹總，三絃，木質，爲魚形。體長方，腹下通長刳槽，無底，兩旁鐫鱗甲。面設品五，爲小圓孔九以出音，前四，中四，後一。首形銳而上出，鐫鬚角鉅齒圓睛，尾形亦銳。項上以銅爲山口，繫朱絃三，尾有鐶納絃，旁穿孔，設軸，左二右一，以手彈之。得約總，三絃，木質，中虛，如扇形，中腰兩旁灣曲向內。頸半穿孔納絃，綰以三軸，左二右一，槽末施木以繫絃。扣用木弓繫馬尾八十餘莖軋之。

不壘，以竹爲管，上端以木塞其半爲吹口。七孔前出，一孔後出，最上一孔前出，加竹膜。

接足，笵銅二片，口徑一寸八分。中隆起，穿孔貫紃，左右合擊。

乾隆五十四年，獲安南國樂，列於宴樂之末，是爲安南樂舞。用丐鼓一，丐拍一，丐哨一，丐彈絃子一，丐彈胡琴一，丐彈雙韻一，丐彈琵琶一，丐三音鑼一。安南土語，凡樂器之名，俱以丐字建首。

丐鼓，木匡冒革，空其下，徑八寸四分，承以架。用竹桴二，或左手承鼓，右手以桴擊之。

丐拍，用檀板三：其一上端綴以連錢。其一背刻雁齒，其一右爲鋸牙。左手執二板相擊，連錢激響，右手執鋸牙者，引擊雁齒，錯落成聲。

丐哨，卽横笛，截竹爲箫，漆飾，二十一節。左第一孔爲吹口，次加竹膜，右六孔，末二孔，俱上出，旁二孔對出，兩端飾以角。

丐彈絃子，三絃，斲檀爲質，槽方而橢，兩面冒虺皮。匙頭鑿空納絃，以三軸綰之，左二右一。

丐彈胡琴，二絃，竹柄，槽形如箫，底微豐，面冒虺皮。曲首鑿空，兩軸俱自後穿前綰絃，絃自山口至柱，長一尺八寸，餘如番部合樂胡琴之制。

丐彈雙韻，如月琴，四絃，斵檀爲質，槽面以桐，形如滿月。徑一尺一寸六分，厚一寸八分。曲項鑿空納絃，綰以四軸，左右各二。槽面覆手，山口下七品，俱以檀爲之。丐彈琵琶，四絃，刳桐爲質，通長三尺。項上鑿空納絃，綰以四軸，左右各二。上設四象，下布十品。絃自山口至覆手，長二尺一寸四分。

丐三音鑼，范銅，三面，綰以鐵圈，聯如品字。上一徑二寸四分五釐，右一徑二寸三分八釐，左一徑二寸三分。承以檀柄，槌用角。

賜宴樂，凡經筵禮畢賜宴，文、武鄉、會試賜宴，宴衍聖公，宴正一眞人皆用之。其器：雲鑼二，笛二，管二，笙二，鼓一，拍板一。笛、笙、鼓同中和韶樂，雲鑼、管、板同丹陛大樂。

鄉樂，凡府、州、縣學春、秋釋奠皆用之。其器麾一，編鐘十六，編磬十六，琴六，瑟二，排簫二，簫四，笛六，篪二，笙六，壎二，建鼓一，搏拊二，柷一，敔一。制皆同中和韶樂。

鄉飲酒用雲鑼一，方響一，琴二，瑟一，簫四，笛四，笙四，手鼓一，拍板一。琴、瑟、簫、笛、笙同中和韶樂，雲鑼、方響、板同丹陛大樂，手鼓同淸樂。

節，中和韶樂用。結旄九重，蓋以金葉，束以綠皮。朱杠，上曲爲龍首以銜旄。植架於東西各一，每架二節，司樂者執之以節舞。導文舞曰節，導武舞曰旌，旌亦曰節，制與節同。

干，中和韶樂用。木質，圭首，上半繪五采雲龍，下繪交龍，緣以五色羽文。中爲粉地，朱書「雨暘時若，四海永淸。倉箱大有，八方敉寧。奉三永奠，得一爲正。百神受職，萬國來庭」。凡八語，佾各一語。干背髹朱，有橫帶二，中施曲木，武舞生左手執之。

戚，中和韶樂用。木質，斧形，背黑刃白，柄髹朱，武舞生右手執之。

羽，中和韶樂用。木柄，植雉羽，銜以塗金龍首，柄髹朱，文舞生右手執之。

籥，中和韶樂用。六孔竹管，髹朱，文舞生左手執之。

舞有二：用於祀神者曰佾舞，用於宴饗者曰隊舞。凡佾舞武用干戚，文用羽籥。干戚曰武功之舞，羽籥曰文德之舞，祭祀初獻以武舞，亞獻終獻以文舞，惟先師廟、文昌廟初獻、亞獻、終獻皆以文舞焉。若大雩，則童子十六人衣皁衣，持羽翳，歌而舞皇舞，凡此皆隸於佾舞者也。隸於隊舞者，初名蟒式舞，亦曰瑪克式舞。乾隆八年，更名慶隆舞，內分大、小馬護爲揚烈舞，是爲武舞，大臣起舞上壽爲喜起舞，是爲文舞。是年巡幸盛京，筵宴宗室，增世德舞。十四年，平定金川，凱旋筵宴，又增德勝舞，三舞同制，各有樂章。揚烈舞，用戴面具三十二人，衣黃畫布者半，衣黑羊皮者半。跳躍倒擲，象異獸。騎禺馬者八人，介冑弓矢，分兩翼上，北面一叩，興。周旋馳逐，象八旗。一獸受矢，羣獸懾伏，象武成。喜起舞，大臣二十二人，朝服儀刀入，三叩，興，退東位西嚮立。以兩而進，舞畢三叩，退。次隊繼進如前儀。此隊舞之大較也。外此則有四裔樂舞：東曰瓦爾喀、曰朝鮮，北曰蒙古，西曰回、曰番、曰廓爾喀，南曰緬甸、曰安南，皆同列於宴樂之末。瓦爾喀部樂舞，司舞八人，均服紅雲緞鑲粧緞花補袍，狐皮大帽，豫立丹陛之西。將作樂，進前三叩，退。司樂八人，分兩翼上，跪一膝，奏瓦爾喀樂曲。司舞進舞，以兩爲隊，每隊舞畢，三叩，退。

朝鮮國俳，笛技、管技、鼓技各一人，均戴氈帽，鏤金頂，服藍雲緞袍，樱色雲緞背心，藍綢帶。俳長一人，戴面具，青緞帽，紅纓，服紅雲緞袍，白綢長袖綠雲緞虎補背心，十字藍綢帶。倒擲技十四人，服短紅衣。立丹陛兩旁。俳長從右翼上，北面立，以高麗語致辭，笛、管、鼓技從右翼上，東北面立，倒擲技從左翼上，自東向西，各呈其藝。

蒙古樂，笳吹，司樂器四人，司章四人，均蟒服，立丹陛旁。番部合奏，司樂器十五人，亦均蟒服，立丹陛旁，與笳吹一班同入。一叩，跪一膝，奏蒙古樂曲。

回部樂，司樂器八人，均錦衣絹裏雜色紡絲接袖衣，錦面布裏倭緞緣回回帽，青緞鞾，綠綢褡膊。司舞二人，舞盤二人，皆衣靠子錦腰襴紡絲接袖衣。倒擲大回子四人，皆衣靠子雜色紡絲接袖衣，戴五色綢回回小帽。小回子二人，雜色綢衣絹裏。皆豫立丹陛下，俟朝鮮國俳呈技後，上丹陛作樂。司舞起舞，舞盤人隨舞。畢，倒擲小回子繼進呈技。

番子樂，金川之阿爾薩蘭，司樂器三人，司舞三人，爲戲獅，身長七尺，披五色毛，番名僧格乙，引獅者衣雜綵，手執繩，繫耍球一，五色，番名僧格乙阿拉喀。大郭莊，番名大拉噶地，司舞十人，每兩人相攜而舞，一服蟒服，戴翎，掛珠，斜披黃藍二帶，交如十字；一服藍袍，掛珠，斜披黃紫二帶，交如十字。四角魯，番名得勒布，司舞六人，戴舞盔，番名達帽。插雞翎各六，番名達莫乙。背縛籐牌，番名賽斯丹。帶繫腰刀，番名江格乙。左執弓，番名得木尼也。右執箭壺，番名柏拉。盛箭五枝，番名格必乙。相對而舞。班禪之札什倫布，番名柏拉噶，司樂器六人，司舞番童十人，各披長帶，手執斧一，番名沙勒鼈。舞而歌梵曲。

廓爾喀樂舞，司樂器六人，均衣回子衣，著紅羊皮鞾，內二人纏頭以洋錦，餘皆以紅綠布。司歌五人，均以紅綠布纏頭，內一人衣綠綢衣，著紅綵履，餘皆回子衣、紅羊皮鞾。司舞二人，均衣紅綠綢衣，戴猩紅氈帽，金銀絲巾，著紅綵履，束腰皆用雜色布。舞者每足各繫銅鈴一串，曰公古哩，騰躍出聲，歌舞並奏。

粗緬甸樂，司樂器五人，司歌六人，均拖髮紮紅，用緬甸衣冠。

細緬甸樂，司樂器七人，均拖髮紮紅，衣藍緞短衣。司舞四人，衣閃緞短衣，皆雜色裙，以洋錦束腰，戴紮巾。歌合以粗樂，舞合以細樂。

安南國樂，司樂器九人，均戴道巾，衣黃鸝補服道袍，藍緞帶。司舞四人，衣蟒衣，冠帶與司器同。執綵扇而舞。

清史稿卷一百二

志七十七

輿服一

皇帝五輅　皇帝輦輿　皇后輿車 皇太后輿車附　皇貴妃以下輿車

親王以下輿車　親王福晉以下輿車　京外職官輿車 庶民附

命婦輿車

自虞廷藻繢，制創垂衣。車服之朌，式昭庸典。夏絻殷輅，文質異觀。迄乎有周，監於二代。巾車典路，司服司常。各隸專官，禮明物備。秦、漢以降，代有異同。品數彌繁，曩篇具載。明初木輅，迺用於郊，崇樸去雕，亦有足尚。清之太祖，肇起東陲，遠略是勤，戎衣在御。太宗纘服，遂定遼都。天聰六年，已命禮官攷定儀衞，並因易服蔑祖之弊，鑒及金、元。

國俗衣冠，一沿舊式。勿忘數典，昭示雲礽。世祖入關，撫有中夏。武功耆定，文物寖昌。康、雍兩朝，續有制作。朝章國采，斯已粲然。亦越高宗，衣聞克紹。治承熙洽，嚮用儒臣。館闢三通，籀文緝篹。五輅之數，改符周官。參古準今，圖詳禮器。遂於乘御，增定已多。一代儀文，於斯爲盛。自時厥後，上下相承，率蹈前規，尙無侈改。載稽諸制，爰志斯篇。鹵簿一門，廼從附著。光、宣之際，海、陸軍興。旗式服章，舊觀頓改。已見兵志，茲不複書。璽、寶、印、符，所以昭信。龍、龜、蟲、鳥，紐篆各殊。列代相沿，皆資法守。備詳定式，悉按等差。又自海通，國交最重。往來酬贈，仿製寶星。名級攸分，以榮佩戴。逮乎末季，新制漸繁，兼有爵章，行之未久。若斯之類，櫽略云爾。

清初仍明舊，有玉輅、大輅、大馬輦、小馬輦之制，與香步輦並稱五輦。大朝日設於太和門東。又涼步輦、大儀轎、大轎、明轎、折合明轎，均左所掌之。冬至大祀、夏至祀方澤，並乘涼步輦，升殿日亦設於太和門東。乾隆七年，定大祀親詣行禮，均乘輿出宮，至太和門乘輦。祀畢還宮，仍備輿。八年，改大輅爲金輅，大馬輦爲象輅，小馬輦爲革輅，香步輦爲木輅，玉輅仍舊，是爲五輅，鑾儀衞掌之。遇大朝會，則陳於午門外。十三年，諭定乘用五輅，自今歲南郊始。更造玉輦，改涼步輦爲金輦，是爲二輦。又定大儀轎爲禮輿，改折合明轎爲輕步輿，定大轎爲步輿，是爲三輿。南郊乘玉輦，北郊、太廟、社稷壇，乘金輦，朝日、夕月、耕耤以下諸祀，均乘禮輿。遇大朝會，則並陳於太和門外。行幸御輕步輿，駕出入則御步輿。皇子輿車，俟分封後始製。茲撮集禮器圖所載，其乾隆以前所定者爲初制，依類附見，用備參稽。

皇帝玉輅，木質髹朱，圓蓋方軫，高一丈二尺一寸。蓋高三尺一分，青飾，銜玉圓版四。冠金圓頂一尺二寸九分，承以鏤金垂雲簷八尺一寸，貼鏤金雲版三層。青緞垂幨亦三層，繡金雲龍羽文相間。繫帶四，繡金青緞爲之，屬於軫。四柱高六尺七寸九分，相距各五尺六寸，繪金雲龍。門垂朱簾，四面各三。座縱八尺五寸，橫八尺四寸，環以朱闌，飾間金彩。闌內周布花毯。雲龍寶座在中，高一尺三寸，闊二尺九寸。兩輪各十有八輻，鏤花飾金。貫以軸轅二，長二丈二尺九寸五分，金龍首尾飾兩端。軫長一丈一尺一寸五分，徑八尺四寸。後建太常，十二斿，亦青緞爲之，繰繡日月五星，斿繡二十八宿，裏俱繡金龍，下垂五彩流蘇。用攢竹髹朱竿，左加闟戟，右飾龍首，並綴朱旄五，垂青綏。升用納陛五級，左右闌皆髹朱金彩。駕象一，靷以朱絨紃。陳設時，行馬二承轅，亦髹朱直竿，兩端俱鈷銅。初制，玉輅尺寸與大輅同。輅上平盤、滴珠板、輪輻、輪輞、車心、軸首、及駕轅諸索制並同。惟無平盤下十有二槅及左右八槅之飾。輅亭前二柱，飾瀝粉貼金升龍，亭柱檻座尺寸，及門槅明栿裝飾與亭內軟座下諸制，悉同大輅。惟屏風上雕沈香色描金雲龍五，屏後下三槅雕木沈香色描金雲龍三，下雕雲板如其數，較大輅之制少異焉。輅頂、圓盤、天輪、輅亭前諸制，及太常旗、踏梯、行馬之類，皆與大輅同。

金輅，亦駕象一。圓蓋方軫，黃飾，銜金圓版四。黃緞垂幨三層。繫帶四，亦黃緞爲之，屬於軫。後建大旗，十有二斿，各繡金龍。餘如玉輅之制。按金輅之名，改由大輅。初制，大輅高一丈三尺九寸五分，廣八尺二寸五分。輅上平盤，前後車櫺並雁翅及四垂如意。滴珠板下二轅，各長二丈二尺九寸有奇，俱朱髹鍍金銅龍首尾，鱗葉片裝釘。平盤下方箱，四周朱髹匡，前後十二槅，內青地繪五彩雲鶴，左右八槅，內上青下綠地，繪獸鳥各六。輪二，貫以軸，每輪十八輻輞，皆朱髹，抹金銅鈒花葉片裝釘。輪內車心各一，抹金銅鈒蓮花瓣輪盤裝釘。軸首左右鐵插貫之，抹金銅鈒龍頂管心裝釘。軸中纏紅絨駕轅諸索。輅亭高六尺七寸九分，四柱各長五尺八寸四分。檻座高九寸五分，前後柱戧金雲龍文，下山水。門高五尺一寸九分，廣二尺四寸九分。左右門各廣一尺二寸五分，上四周裝雕木沈香色描金香草板十二片。前左右各有槅二扇，明栿全，皆朱髹，抹金銅鈒花葉片裝釘。槅編黃綫絛，後朱髹屏風，屏前上三槅，雕沈香色描金雲龍五。上朱髹板，戧金雲龍一。中三槅，沈香色描金雲龍三。下三槅，描金雲板如其數。屏後上三槅，朱髹戧金龍三。其次戧金雲板如其數。中三槅，朱髹戧金龍四。其次沈香色描金雲板如其數。下三槅，沈香色雲板亦如之。俱抹金銅鈒花葉片裝釘。亭內黃綫絛編朱髹匡，軟座黃絨墜座大索四，下垂蓮花墜石，上施花毯草席，並大紅織金綺褥。朱髹坐椅一，上靠背雕沈香色描金雲龍一，下雕雲板一，朱髹福壽板一，並衣黃織金椅靠、坐褥、四圍椅裙全。周圍施黃綾帷幔，或用黃綫羅。亭外青綺緣邊紅簾十扇，各用拽簾黃綫絛二，黃銅圈全。

輅頂並圓盤高三尺一分，鍍金銅蹲龍頂，帶仰覆蓮座，高一尺二寸九分垂攀頂黃絨索四。盤高二寸，上加朱髹。其下外四面沈香色地，描金雲青飾。輅蓋亭內貼金斗拱，承朱髹匡寶蓋，鬭以八頂，黃綺冒之，名曰黃屋。中並四周繡五彩雲龍九。天輪三層，朱髹，上安雕木貼金龍耀葉板八十一片。三層間繪五彩雲，襯板數亦如之。盤下四周黃銅裝釘，上施金黃綺瀝水三層，每層摺片八十有一，間繡五彩雲龍文。四角垂青綺絡帶，各繡五彩雲升龍三。圓盤四角連輅座板用攀頂黃綫圓縧，並貼金木魚。輅亭前有左右轉角闌干二扇，後一字帶左右轉角闌干一扇，皆朱髹。內嵌雕木貼金龍，間以五彩雲。三扇凡十二柱，各柱首雕木貼金蹲龍一，及描金五彩裝蓮花抱柱。闌內四周施花毯草席。其後樹太常旗二，黃雲緞爲之，皆十有二斿。每斿內外各繡升龍一。朱髹攢竹竿二，左竿旗腰繡日月北斗，竿首用鍍金銅龍頭。右竿旗腰繡黻字，竿首用鍍金銅戟。各綴抹金銅鈴二，垂紅纓十有二，上施抹金銅寶蓋，下垂青綫紛。踏梯一，木質朱髹，抹金銅鈒花葉片裝釘。行馬架二，木質朱髹，抹金銅葉片裝釘，上穿黃絨匾縧。黃布面絹裏夾幨衣、油綢雨衣各一，紅油合扇梯、紅油拓叉各一。貼金銅寶瓶，並木雕貼金仰覆蓮座，雕花番草貼金象鞍、鞦轡、氈籠各二副。

象輅，服馬四，驂馬六，設游環和鈴，圓蓋方軫。高一丈一尺三寸，蓋高二尺六寸五分，紅飾銜象牙圓版四。紅緞垂幨三層，繫帶四，亦紅緞爲之，屬於軫。四柱高六尺四寸九分，相距各五尺八寸。座縱一丈五分，橫九尺一寸，環以朱闌。轅三，各長二丈二尺三寸，軫長一丈五分，徑九尺一寸。後建大赤，十有二斿，各繡金鳳。餘制與玉輅同。按象輅爲大馬輦之改定。初制，大馬輦高一丈二尺五寸九分，廣八尺九寸五分。轅二，各長二丈五寸九分。輦上平盤、滴珠板、輪輻、輪輞、車心、軸首及駕轅諸索制，並如大輅。亦無平盤下前後十二槅及左右八槅之飾。輦亭高六尺四寸九分，朱髹。四柱長五尺五寸四分。檻座高如輦亭，上四周雕木沈香色描金雲板十二片，下亦如之。門高五尺九分，廣二尺四寸五分。左右門廣較減二寸。前及左右各有槅二扇，後槅三扇，明栿全，皆朱髹，抹金銅鈒花葉片裝釘。槅心編黃綫絛。亭內軟座，上施素毯。餘制與大輅同。輦頂並圓盤高二尺六寸五分，上下皆朱髹。輦蓋青飾，銅龍、蓮座、寶蓋、黃屋諸制悉如大輅。天輪三層亦如之。輦亭前一字闌干一扇，後一字帶轉角闌干一扇，左右闌干二扇，內嵌絛環板，亦皆朱髹。四扇凡十有二柱，各柱首雕飾同大輅。闌內周布素毯草席，太常旗、踏梯、行馬、幰衣、雨衣之類亦如之。惟輅以象駕，輦以馬駕，故鞍韉、鞦轡、鈴纓之飾均備焉。

木輅，服馬二，驂馬四，設游環和鈴，圓蓋方軫。高一丈一尺六寸五分，蓋高三尺六寸一分，黑飾衡花梨圓版四。黑緞垂幨三層，繫帶四，亦黑緞爲之，屬於軫。四柱高六尺五分，相距各五尺一寸。座縱九尺，橫八尺八寸，環以朱闌。轅三，各長二丈一尺。軫長九尺，徑八尺八寸，後建大麾，十有二斿，各繡神武，餘俱如玉輅之制。按木輅爲香步輦之改製。初制，香步輦高一丈二尺五寸，座高三尺，方廣八尺二寸五分。輦座朱髹，四周雕木五彩雲渾貼金龍板十二片，間以渾貼金仰覆蓮座，下雕木線金五彩雲板二十片。座下四轅，中二轅長三丈五尺九寸，左右轅長二丈九尺五寸有奇，皆朱髹，鍍金銅龍首尾裝釘，攀轅黃線圓絛八。輦亭高六尺五分，四柱各長五尺八寸。檻高二寸五分，亦皆朱髹，上四周雕木沈香色描金香草板十二片，抹金銅輅鈒花葉片裝釘。門較大馬輦高逾二寸，廣與之同。左右門廣二尺二寸。前左右各朱髹十字槅二扇，雕沈香色描金雲龍板八片，下雲板如其數，俱抹金銅鈒花葉片裝釘。亭內布花毯草席，大紅織金綺褥，朱髹戧金龍坐椅一。靠背以下諸制與大小馬輦並同。輦頂並圓盤高二尺六寸有奇，鍍金銅蹲龍頂，餘制同大小馬輦。天輪制亦如之。輦亭前左右轉角闌干二扇，後一字帶左右轉角闌干一扇，皆朱髹，嵌雕木貼金龍，間以五彩雲。三扇凡十有二柱，各柱首雕飾與大輅同。闌內四周布花毯草席。亭內木雕渾貼金劍山一，朱髹脚踏一，黃緞衣全。踏梯一，木質朱髹，雕貼金行龍五彩雲絛環板六片，描金五彩水板十有二片，蹲龍四，皆抹金銅鈒花葉片裝釘。其幰衣、雨衣類悉同大小馬輦制。

革輅，服馬一，驂馬三，亦設游環和鈴，圓蓋方軫。高一丈一尺三寸，蓋高二尺五寸五分，泥銀飾衡圓黃革四。白緞垂幨三層，繫帶四，亦白緞爲之，屬於軫。四柱高五尺五寸九分，座縱一丈六尺，横八尺三寸五分，環以朱闌。轅二，各長一丈九尺五分，軫長一丈六寸，徑八尺三寸五分。後建大白，十有二斿，各繡金虎，餘制均與玉輅同。按改小馬輦爲革輅，始於乾隆八年。初制，小馬輦視大馬輦高廣皆減一尺。下二轅長一丈九尺五分。平盤、滴珠板、輪輻、輪輞諸制悉與大馬輦同。輦亭高五尺五寸九分，朱髹。四柱長五尺四寸五分。檻高一寸四分，上四周雕沈香色描金雲板十二片，下亦如之。門高五尺，廣二尺二寸五分。左右門廣較減一寸有奇。前左右各有槅二扇，明栿全，皆朱髹，抹金銅鈒花葉片裝釘。槅心編黃線絛。後朱髹屏風，雕沈香色描金雲龍五，及沈香色描金雲龍絛環板三，雲板數亦如之。周圍亦抹金銅鈒花葉片裝釘。亭座朱髹板上施素毯草席，紅織金綺褥。外紅簾四扇，其坐椅靠背以下諸制悉同大馬輦。輦頂並圓盤高視大馬輦減一寸。上飾鍍金銅寶珠頂。蓮座、寶蓋等飾，及天輪、輦亭前諸制，亦與大馬輦同焉。

玉輦，木質髹朱，圓蓋方座。高一丈一尺一寸，蓋高二尺，青飾、銜玉圓版四。冠金圓頂，承以鏤金垂雲。曲梁四垂，端爲金雲葉。青緞垂幨二層，周爲襞積。繫紃四，黃絨爲之，屬於座隅。四柱高五尺三寸，相距各五尺，繪雲龍。門高四尺八寸，冬施青氈門幃，夏易以朱簾，黑緞緣，四面各三。座高二尺四寸，上方七尺六寸，下方七尺七寸，綴版二層，上繪彩雲，下繪金雲，環以朱闌，高一尺六寸八分，飾閒金彩。闌內周布花毯。雲龍寶座在中，高一尺三寸。左列銅鼎，右植服劍。轅四，內二轅長三丈八寸五分，外二轅長二丈九尺，金龍首尾銜兩端。升用納陛五級，左右闌皆髹朱，亦飾金彩，舁以三十六人。

金輦，圓蓋方軫。高一丈五尺，蓋高一尺九寸，飾蓋用泥金銜金圓版四。冠金圓頂。冬垂簷徑七尺一寸。黃緞垂幨二層。柱高五尺，相距各四尺九寸。門高四尺七寸五分。冬垂黃氈門幃，夏易以朱簾，黑緞緣，四面各三。座上方七尺三寸，下方七尺五寸，環以朱闌，高一尺三寸。轅四，內二轅長二丈八尺一寸，外二轅長二丈六尺一寸。舁以二十八人。餘如玉輦之制。按乾隆十三年，改涼步輦爲金輦。初制，涼步輦高一丈一尺二寸，座高二尺五寸。輦座朱髹，座板並四面朱髹匡，雕木渾貼金雲板二十片，上貼金地雕五彩雲絛環板十二片，帶仰覆蓮座。下四轅，中二轅長二丈八尺五寸，左右二轅長較減二尺，皆朱髹，前後俱鍍金銅龍首尾裝釘，攀轅黃線圓縧八。輦亭高五尺五寸五分，方四尺八寸，朱髹。門高四尺七寸，廣二尺二寸。左右門廣亦如之。上四周沈香色描金香草板十二片，前左右各有槅二扇，後槅三扇，明栿全，皆朱髹，編以黃線縧。輦板上施花毯草席，並紅織金綺褥。朱髹戧金雲龍坐椅一，坐下四周雕木沈香色描金雲，其上靠背雕沈香色描金龍一，並五彩雲，下雕貼金雲板一片，朱髹福壽板一，並衣。亭內設雕木渾貼金劍山一，脚踏一，黃緞衣全。銅火鑪及鍍金鑲嵌寶石銅鑪各一，坐褥、椅裙、簾幔之類，悉與大小馬輦同。輦頂高二尺五寸，鍍金銅寶珠頂，帶仰覆蓮座，高一尺三寸二分，垂攀頂黃絨索四。頂朱髹，冒以黃氈，四角如意雲並緣縧，亦均黃氈爲之。周圍施金黃綺瀝水二層，每層百二十四摺，繡雲龍，間以五彩雲文。腰繡行龍十六。或大紅羅冒頂，如意雲緣縧亦紅羅爲之。四角鍍金銅雲四朶。亭內寶蓋繡五龍，頂用朱髹木匡，冒以黃綺，謂之黃屋。頂心四周繡雲龍各一。輦亭四角至輦座攀頂黃線圓縧四，並貼金木魚。亭外圍紅氈面、金黃氈緣縧、絹裏氈衣一副。輦亭前左右轉角闌干二扇，後一字帶轉角闌干二扇，皆朱髹，雕木玲瓏金地五彩粧雲板十六片。四扇凡十二柱，各柱首雕飾同大輅。闌內四周施花毯草席，踏梯一，木質朱髹，貼金五彩雲玲瓏板六片，描金水板十二片。蹲龍四，皆抹金銅鈒花葉片裝釘。又鍍金銅鉤四，金黃線圓縧，數亦如之。紅油高凳四，黃氈輓凳二，金黃布夾幰衣、金黃油綢雨衣各一。

禮輿，楠質。高六尺三寸。上爲穹蓋二層，高一尺三寸。上層八角，飾金行龍。下四角，飾亦如之。冠金圓頂，承以鏤金垂雲，雜寶銜之。簷縱四尺七寸，横三尺五寸。明黃緞垂幨二層，繡金雲龍。四柱高五尺，飾蟠龍，門端及左右闌飾雲龍，皆鏤金。內設金龍寶座，高一尺七寸，幃用明黃雲緞紗氈，各惟其時。左右啓檽，夏用藍紗，冬用玻璃。直轅二，長一丈七尺六寸五分。大橫杆二，長九尺。小橫杆四，長二尺二寸五分。肩杆八，長五尺八寸。皆髹朱，繪金雲龍。橫鈷銅，縱加金龍首尾。舁以十六人。按禮輿爲大儀轎之改定。初制，大儀轎高四尺八寸五分，頂高一尺三寸，廣二尺八寸。頂雙層，渾貼金雕九龍，雲花番草縧環，銷金龍瀝水二層，黃綾爲之。髹金直竿二，前後橫竿如之。短扛四，肩扛倍之。撐竿二。轎頂蹲龍十二，金頂鈒龍文，嵌珊瑚青金松子等石。轎扛裝鍍金銅龍首尾。黃布幰衣、油綢雨衣、黃氈頂各一。

輕步輿，亦舁以十六人，木質髹朱，不施幰。蓋高三尺四寸。倚高一尺五寸八分，象牙爲之。座高一尺八寸二分，縱一尺八寸三分，橫二尺二寸。踏几高三寸，髹以金。直轅二，長一丈五尺四寸五分，加銅龍首尾。大橫杆二，長九尺一寸。小橫杆四，長二尺八寸四分。肩杆八，長五尺八寸五分，俱鈷銅。餘制與步輿同。按輕步輿之稱，改由折合明轎。初制，折合明轎，金漆雕花草獸面。廣二尺二寸，高三尺四寸。地平廣如轎身。直竿下數亦如大儀轎。裝飾、幰衣諸制並與明轎同。

步輿，亦舁以十六人，木質塗金，不施幰。蓋高三尺五寸。倚高一尺六寸五分，鏤花文。中爲蟠龍座，座高一尺八寸五分，縱一尺八寸，橫二尺二寸。坐具冬施紫貂，夏以明黃粧緞。四足爲虎爪螭首，圓珠承之，周繪雲龍。踏几高三寸一分，籠以黃緞。直轅二，長一丈五尺五寸。大橫杆二，長七尺六寸，中爲雙龍首相對。小橫杆四，長二尺八寸。肩杆八，長五尺六寸。餘同禮輿之制。按步輿爲大轎之改稱。初制，大轎單頂朱髹，廣三尺，高五尺，貼金。頂廣視轎身較贏八寸，高八寸。銷金龍瀝水一層，黄綾爲之。飾金蹲龍四。直竿下數亦如大儀轎。金頂以下諸制並同。

皇后鳳輿，木質，髹明黄，高七尺。穹蓋二重，高一尺五寸五分。上爲八角，下方四隅，俱飾金鳳。冠金圓頂，鏤以雲文，雜寶銜之。簷縱五尺，横三尺七寸六分，明黄緞垂幨，上下皆銷金鳳。四柱，高四尺七寸，皆繪金鳳。樞四啓，網以青紃。前爲雙扉，高二尺六寸，啓扉則舉樞懸之，内髹淺紅。中設朱座，高一尺七寸。倚高一尺八寸，髹明黄，繪金鳳。坐具明黄緞繡彩鳳。前加撫式，明黄金鳳髹繪亦如之。直轅二，長一丈七尺二寸五分。大横杆二，長八尺，中爲鐵鋄金雙鳳相向。小横杆四，長三尺。肩杆八，長五尺一寸。皆髹明黄，横鉆以銅，縱加銅鋄金鳳首尾。舁以十六人。親蠶御之。按后妃輿車之制，改定於乾隆十四年。初制，鳳輿外並有鳳輦，柱高三尺六寸，廣五尺二寸。座高一尺八寸，周圍闌柱、絲環雕花卉，朱髹貼金飾。寶座在中，下有仙橋，座穿以藤。牕槅編石青線，頂衣用黄結羅爲之。銷金鳳瀝水二層。黄緞裏衣。外垂珠簾。直竿四，内扛倍之。短扛如内扛之數。俱朱髹。赤金頂鈒鳳文，嵌青金、珊瑚、松子等石。扛端裝金鳳首尾。紅油凳四。拓叉二。黄布幰衣、油綢雨衣各一。鳳輿制廣三尺一寸五分，柱高三尺三寸二分，門高二尺八寸，頂廣視面較贏八寸。頂樓六瓣，每瓣廣一尺五寸，共高一尺二寸。轅長一丈七尺五寸，輪高五尺，俱施黄油彩繪金鳳。赤金頂，鍍金葉片裝釘。黄素綾衣，上銷金鳳瀝水二層。

儀輿，木質，髹以明黃，高視鳳輿減一尺一寸。上爲穹蓋，高六寸七分。冠金圓頂，塗金簷，縱四尺七寸。四隅繫黃絨紃，屬於直轅。明黃緞垂幨。四柱，高四尺七寸。門幃紅裏，亦明黃緞爲之。中設朱座，高一尺五寸，倚髹明黃，高一尺六寸，繪金鳳。坐具明黃緞，繡彩鳳。直轅二，長一丈五尺五寸。横杆二，長七尺七寸，中爲鐵鋄金雙鳳相向。肩杆四，長五尺二寸，兩端鈷銅鋄金。舁以八人。初制，儀輿廣三尺二寸，柱高三尺四寸，頂廣視面轅較贏三寸，高九寸，轅長與鳳輿同，輪較低二寸，俱施黃油。赤金頂，鍍金葉片裝釘。衣以黃雲緞爲之。重簷瀝水，紅緞裏。黃布幨衣、油綢雨衣、黃氈頂各一。

鳳車，木質，髹明黃，高九尺五寸。穹蓋二層，高一尺七寸，上繪八寶，八角飾以金鳳，下繪雲文，四隅飾亦如之。冠金圓頂，鏤雲，雜寶銜之。簷縱四尺九寸，横四尺。明黃緞垂幨，蓋明黃絡，四隅繫紃，明黃絨爲之，屬於軫。四柱，高三尺三寸，左右及後皆繪金鳳。中各啓櫺，網以青紃。門高三尺，上鏤金鳳相向。明黃緞幃，黃裏。坐具亦明黃緞爲之，上繡彩鳳。輪徑四尺九寸，各十有八輻。轅二，長一丈七尺五寸，兩端鈷以鐵鋄金。軫長六尺二寸。駕馬一。

儀車，木質，髹明黃，高九尺五寸。穹蓋，上圓下方，高九寸。冠銀圓頂，塗金。簷縱五尺五寸，橫四尺一寸。四隅繫紃，明黃絨爲之，屬於軫。明黃緞垂幨。四柱，高二尺八寸，不加繪飾，裏髹淺紅。黃裏明黃緞幃。坐具亦明黃緞爲之，上繡彩鳳。輪徑四尺，各十有八輻。轅二，長一丈五尺，鈷以鐵鋟銀，軫長五尺八寸，駕馬一。按初制無儀車，有大儀轎，廣二尺九寸，高四尺八寸。頂廣如儀輿。頂樓八瓣，俱施黃油。貼金雲鳳絛環，嵌五色寶石。黃綾爲衣，上銷金鳳瀝水二層。直橫竿各二，短扛四，肩扛倍之，撐竿二，俱朱髹。轎頂飾金鳳十二，金頂鈒海馬文，嵌青、紅、藍三色寶石。轎扛裝鍍金銅鳳首尾。幰衣諸制與儀輿同。

皇太后輿車之制，與皇后同，惟繪繡加龍，故遂異其名曰龍鳳輿、曰龍鳳車。乾隆十六年，皇太后六旬聖壽，皇上自暢春園躬奉慈駕入宮。皇太后御金輦，明黃緞繡壽字篆文。奉輦以二十八人。二十六年、三十六年，皇太后七旬、八旬聖壽，並御是輦，自暢春園入宮。定名曰萬壽輦。

皇貴妃翟輿，木質，髹明黃，繪繡皆金翟。橫杆中爲鐵鋟銀雙翟相向，翟首鋟金。凡杆縱加銅鋟金翟首尾。肩杆四。舁以八人。餘同皇后鳳輿之制。按初制，皇貴妃輿車，有翟車、翟轎，無儀輿、儀車之稱。翟轎制廣二尺九寸，高四尺六寸。頂廣二尺五寸。頂樓六瓣。俱施金黃油，彩繪雲龍翟鳥，飾五色寶石。金黃綾衣，上銷金翟瀝水。直竿二，橫竿如之。肩扛四，撐竿二，俱朱髹。轎頂飾金翟十。純素金頂，銅事件全。黄布幰衣、油綢雨衣各一。

儀輿，木質，髹明黃。倚繪金翟。坐具繡彩翟。橫杆中爲鐵鋄銀雙翟相向。翟首鋄金。餘與皇后儀輿制同。

翟車，木質，髹明黃。蓋飾金翟。左右及後均繪金翟。門亦鏤金翟相向。坐具繡彩翟。轅鉆以鐵鋄銀。餘如皇后鳳車之制。初制，翟車廣三尺一寸，柱高三尺三寸有奇，頂高一尺二寸，轅長一丈六尺六寸，輪高四尺八寸，俱施金黃油。金黃雲緞衣。重簷瀝水，紅絹裏。純素金頂，鍍金銅事件全。幰衣、雨衣外，金黃氈頂一。

儀車，坐具繡彩翟。餘與皇后儀車制同。

貴妃翟輿、儀輿、儀車，皆木質，髹金黃。蓋、幨、坐具皆金黃緞，飾彩繡皆金翟。橫杆中爲鐵鋄銀雙翟相向，翟首鋄金。凡杆皆縱加金翟首尾。餘俱同皇貴妃輿車之制。

妃嬪翟輿，木質，髹金黃。冠銅圓頂，塗金。直杆加銅髹金翟首尾。肩杆四，髹金。舁以八人。

儀輿，木質，髹金黃。冠銅圓頂，塗金。肩杆二。舁以四人。儀車，木質，髹金黃。冠，銅圓頂，塗金。餘如貴妃輿車制。初制，貴妃、妃、嬪車、轎，與皇貴妃同。惟車轎頂及事件俱銅質鍍金。

親王明轎一，木質，灑金，不施幰。蓋、幨、杆皆髹朱飾金。暖轎一，銀頂，金黃蓋幨，紅幃，緞、氈各惟其時。初制，親王明轎廣三尺三寸，地平廣與轎面同。俱施羊肝漆灑金，上下雕玲瓏花卉。直杆、橫杆、撐杆各二，肩杆四，俱朱髹貼金飾。紅布幰衣、油綢雨衣各一。

親王世子明轎一，制同前。暖轎一。紅蓋，金黃幨，紅幃。餘如親王。

郡王明轎一，暖轎一。紅蓋，紅幨，紅幃。餘同親王世子。初制，郡王以下、貝勒以上，俱坐明轎，八人舁之，如親王儀。輔國公以上，亦坐明轎，四人舁之。願乘馬者聽。郡王長子、貝勒明轎一，暖轎一。自貝勒以上，用輿夫八人。紅蓋，青幨，紅幃。餘如郡王。

貝子明轎一，暖轎一。紅蓋，紅幨，青幃。餘如貝勒。

鎮國公明轎一，暖轎一。皂蓋，紅幨，皂幃。餘如貝子。

輔國公明轎一，暖轎一。青蓋，紅幨，青幃。餘如鎮國公。自輔國公以上，用輿夫四。

固倫公主暖轎一，金頂朱輪車一。皆金黃蓋，紅幃，紅緣，蓋角金黃幨。初制，固倫公主車轎蓋以金黃緞爲之，蓋角垂簷皆紅緣。

和碩公主暖轎及朱輪車，紅蓋，紅幃，蓋角金黃緣。餘同固倫公主。和碩公主以下、縣主以上，輿用銀頂。並按初制，固倫公主車、轎皆紅緞爲之，蓋角亦金黃緣。

郡主暖轎及朱輪車，紅蓋，紅幃，紅幨，蓋角皂緣。餘如和碩公主。初制，郡主蓋、幃與和碩公主同，惟蓋角青緣。

縣主暖轎及朱輪車，紅蓋，青幨，蓋角青緣。餘如郡主。初制，縣主蓋、幃俱同和碩公主，惟蓋角藍緣。

郡君車，紅蓋，紅幨，青幃，蓋角青緣。初制，郡君車蓋紅緞爲之，藍幃，蓋角藍緣。

縣君車，皂蓋，紅幨，皂幃，蓋角紅緣。初制，縣君車蓋青緞爲之，蓋角紅緣。

鎭國公女鄉君車，皂蓋，皂幃，紅幨，蓋角青緣。初制，鎭國公女鄉君車蓋、幃亦以青緞爲之，蓋角藍緣。

輔國公女鄉君車，青幃，蓋去緣飾。餘如鎭國公女。郡君以下車皆朱輪。並按初制，輔國公女鄉君車青蓋、藍幃。

親王福晉暖轎及朱輪車，紅蓋，四角皂緣。金黃幨，紅幃，朱轅，輿用金頂。自親王以下、貝勒以上各側室，均降嫡一等。並按初制，親王妃車、轎紅蓋，紅幃，金黃垂幨，蓋角青緣。其側妃車、轎亦紅蓋，紅幃，蓋角青緣，紅垂幨。

親王世子福晉暖轎及朱輪車，紅幨。餘如親王福晉。初制，親王世子妃轎、車蓋、幃與親王側妃同。其側妃轎、車，紅蓋，紅幃，蓋角青緣，青垂幨。

郡王福晉暖轎及朱輪車，皂幨。餘如親王世子福晉。輿用銀頂。初制，郡王妃轎、車蓋、幃與親王世子側妃同。其側妃轎、車，紅蓋，紅幃，蓋角藍緣，藍垂幨。

郡王長子福晉暖轎及朱輪車，四角藍緣，藍幨。餘如郡王福晉。初制，郡王長子妃轎、車蓋、幃與郡王側妃同。其側妃轎、車，紅蓋，四角青緣，青幃，紅幨。

貝勒夫人暖轎及朱輪車，四角皂緣，皂幃。餘如郡王長子福晉。初制，貝勒夫人轎、車與郡王長子側妃同，其側夫人轎車，紅蓋，藍緣，藍幃，紅幨。

貝子夫人車，紅蓋，青緣，青幃，紅幨。初制，貝子夫人車與貝勒側夫人同。其側夫人車，青蓋，紅緣，青幃，紅幨。

鎭國公夫人車，朱輪，皂蓋，紅緣，皂幃。紅幨。自公夫人以上，蓋、幃均用雲緞，鎭國將軍夫人以下用素緞。並按初制，鎭國公夫人車蓋、幃與貝子側夫人同。其側夫人車，青蓋，藍緣，青幃，紅幨。

輔國公夫人車，朱輪，皂蓋，青緣，皂幃，紅幨。初制，輔國公夫人車蓋、幃與鎭國公側夫人同。其側夫車，青蓋，藍幃，紅幨。

鎭國將軍夫人車，朱輪，皂蓋，青緣，皂幃，紅幨。初制，鎭國將軍夫人車蓋、帷與輔國公側夫人同。

輔國將軍夫人車，朱輪，青蓋，紅幨，青幃。初制，輔國將軍夫人車蓋、帷皆以藍緞爲之，紅垂幨。

奉國將軍淑人、奉恩將軍恭人車，均朱輪，皂蓋，皂幃，皂幨。初制，奉國將軍淑人及奉恩將軍恭人車，蓋、幃、幨皆以青緞爲之。

民公夫人車，黑韇輪，綠蓋，皂緣，綠幨，皂幃。初制，公夫人車，皁蓋，青緣。侯、伯夫人車，四角青緣。餘如民公夫人。初制，侯、伯夫人車，青幃，蓋角藍緣。子夫人車，皂蓋。餘如侯、伯夫人。初制，子夫人車，青蓋，綠緣，綠幨，青幃。男夫人車，皂蓋，不緣。餘如子夫人。初制，男夫人車，青蓋，青幃，綠幨。

滿洲官惟親王、郡王、大學士、尙書乘輿。貝勒、貝子、公、都統及二品文臣，非年老者不得乘輿。其餘文、武均乘馬。

漢官三品以上、京堂輿頂用銀，蓋幃用皂。在京輿夫四人，出京八人。四品以下文職，輿夫二人，輿頂用錫。直省督、撫，輿夫八人。司、道以下，教職以上，輿夫四人。雜職乘馬。欽差官三品以上，輿夫八人。武職三品仍不得用。武職均乘馬。將軍、提督、總兵官，年逾七十不能乘馬者，奏聞請旨。初制，凡公、侯、伯以下職官，三品以上，坐四人暗轎，鍍金裝飾，銀螭，繡帶，青幔。四品以下，坐二人暗轎，或乘車，願乘馬者聽。其轎、車之制，四、五品素獅繡帶。六品以下，素雲頭素帶，青幔。漢武官有坐轎者，禁如例。

乾隆十五年諭：「本朝舊制，文、武滿、漢大臣，凡遇朝會皆乘馬，並不坐轎。從前滿洲大臣內有坐轎者，是以降旨禁止武大臣坐轎，未禁止文大臣。今聞文大臣內務求安逸，於京師至近之地，亦皆坐轎。若謂在部院行走應當坐轎，則國初部院大臣未嘗坐轎。此由平時不勤習技業，惟求安逸之所致也。滿洲大臣當思本朝舊制，遵照奉行。嗣後文大臣內年及六旬實不能乘馬者，著照常坐轎，其餘著禁止。」

庶民車，黑油，齊頭，平頂，皂幔。轎同車制。其用雲頭者禁之。

一品命婦車，黑輪、轅，皂蓋，青緣，綠幨，皂幃。

二品命婦車，皂蓋，不緣。餘同一品命婦。

三品命婦車，皂蓋，皂幃。餘同二品命婦。以上輿用銀頂。

四品命婦車，皂蓋，青幃，輿用錫頂。餘同三品命婦。

五品命婦以下車，青蓋，青幨，青幃。二品以上，蓋、幃、幨用繒，餘均用布。並按初制，內大臣、都統、大學士、尚書、左都御史命婦車，青蓋，綠緣，綠幨，青幃。散秩大臣、前鋒統領、步軍統領、副都統、侍郎、學士、副都御史、通政使司通政使、大理寺卿、詹事府詹事命婦車，青蓋，青幃，綠幨。頭等侍衞，參領，步軍總尉，王府長史，太常、太僕、光祿寺各正、少卿，通政司副使，大理寺少卿，國子監祭酒，內閣侍讀學士，翰林院讀講學士，侍讀，侍講，詹事府少詹事，庶子，諭德，洗馬，郎中，鴻臚寺卿，給事中，監察御史，輕車都尉命婦車，青蓋，青幃，青幨。閒散宗室、二等侍衞、佐領、貝勒長史、欽天監監正、內閣侍讀、國子監司業、鴻臚寺少卿、通政使司參議、詹事府中允、員外郎、步軍副尉、騎都尉命婦車，青蓋，藍幃，青幨。三等侍衞、雲騎尉、五品以下官命婦車，藍蓋，藍幃，青幨。

清史稿卷一百三

志七十八

輿服二

皇帝冠服　皇后冠服太皇太后皇太后附　皇貴妃以下冠服

皇子親王以下冠服　皇子親王福晉以下冠服

文武官冠服　命婦冠服　士庶冠服

崇德二年，諭諸王、貝勒曰：「昔金熙宗及金主亮廢其祖宗時冠服，改服漢人衣冠。迨至世宗，始復舊制。我國家以騎射爲業，今若輕循漢人之俗，不親弓矢，則武備何由而習乎？射獵者，演武之法；服制者，立國之經。嗣後凡出師、田獵，許服便服，其餘悉令遵照國初定制，仍服朝衣。並欲使後世子孫勿輕變棄祖制。」乾隆三十七年，三通館進呈所纂嘉禮考，於遼、金、元各代冠服之制，敍載未能明晰。奉諭：「遼、金、元衣冠，初未嘗不循其國俗，後乃改用漢、唐儀式。其因革次第，原非出於一時。卽如金代朝祭之服，其先雖加文飾，未至盡棄其舊。至章宗乃概爲更制。是應詳考，以徵蔑棄舊典之由。衣冠爲一代昭度，夏收殷冔，不相沿襲。凡一朝所用，原各自有法程，所謂禮不忘其本也。自北魏始有易服之說，至遼、金、元諸君浮慕好名，一再世輒改衣冠，盡去其純樸素風。傳之未久，國勢寖弱。況揆其議改者，不過云衮冕備章，文物足觀耳。殊不知潤色章身，卽取其文，亦何必僅沿其式？如本朝所定朝祀之服，山龍藻火，粲然具列，皆義本禮經，而又何通天絳紗之足云耶？」蓋清自崇德初元，已釐定上下冠服諸制。高宗一代，法式加詳，而猶於變本忘先，諄諄訓誡。亦深維乎根本至計，未可輕革舊俗。祖宗成憲具在，所宜永守勿愆也。茲就乾隆朝增改之制，以類敍次，而仍以初定者附見於篇。

皇帝朝冠，冬用薰貂，十一月朔至上元用黑狐。上綴朱緯。頂三層，貫東珠各一，皆承以金龍四，飾東珠如其數，上銜大珍珠一。夏織玉草或藤竹絲爲之，緣石青片金二層，裏用紅片金或紅紗。上綴朱緯，前綴金佛，飾東珠十五。後綴舍林，飾東珠七，頂如冬制。

吉服冠，冬用海龍、薰貂、紫貂惟其時。上綴朱緯。頂滿花金座，上銜大珍珠一。夏織玉草或藤竹絲爲之，紅紗綢裏，石青片金緣。上綴朱緯。頂如冬吉服冠。

常服冠，紅絨結頂，不加梁，餘如吉服冠。

行冠，冬用黑狐或黑羊皮、青絨，餘俱如常服冠。夏織藤竹絲爲之，紅紗裏緣。上綴朱氂。頂及梁皆黃色，前綴珍珠一。

端罩，紫貂爲之。十一月朔至上元用黑狐。明黃緞裏。左、右垂帶各二，下廣而銳，色與裏同。

袞服，色用石青，繡五爪正面金龍四團，兩肩前後各一。其章左日、右月，萬壽篆文，間以五色雲。春、秋棉、袷，冬裘、夏紗惟其時。

朝服，色用明黃，惟祀天用藍，朝日用紅，夕月用月白。披領及袖皆石青，緣用片金，冬加海龍緣。繡文兩肩，前、後正龍各一，腰帷行龍五，衽正龍一，襞積前、後團龍各九，裳正龍二、行龍四，披領行龍二，袖端正龍各一。列十二章，日、月、星、辰、山、龍、華、蟲、黼黻在衣，宗彝、藻火、粉米在裳，間以五色雲。下幅八寶平水。十一月朔至上元，披領及裳俱表以紫貂，袖端薰貂。繡文兩肩，前、後正龍各一，襞積行龍六。列十二章，俱在衣，間以五色雲。

龍袍，色用明黃。領、袖俱石青，片金緣。繡文金龍九。列十二章，間以五色雲。領前後正龍各一，左、右及交襟處行龍各一，袖端正龍各一。下幅八寶立水，襟左右開，棉、袷、紗、裘，各惟其時。

常服褂，色用石青，花文隨所御，裾左右開。

行褂，色用石青，長與坐齊，袖長及肘。

常服袍，色及花文隨所御，裾四開。行袍同。

行裳，色隨所御。左右各一，前平，後中豐，上下斂。橫幅石青布爲之，氈、袷惟時。冬用鹿皮或黑狐爲裏。

雨冠之制二：冬頂崇，前簷深；夏頂平，前簷敞。皆明黃色，月白緞裏。氈及油綢、羽緞惟其時。

雨衣之制六，皆明黃色：一，如常服褂，而長與袍稱。自衽以下加博。上襲重衣。領下爲襞積。無袖。斜帷相比，上斂，下遞豐。兩重俱加掩襟，領及鈕約皆青色。一，以氈及羽緞爲之，月白緞裏。不襲重衣。餘制同。領及鈕約如衣色，油綢爲之，不加裏。鈕約青色。一，如常服褂而加領，長與袍稱。氈羽緞爲之，月白緞裏。領及鈕約如衣色。一，如常服袍而袖端平，前施掩襜，油綢不加裏。領用青羽緞，鈕約青色。外加袍袖如衣色。一，如常服褂，長與坐齊。氈、羽緞爲之，月白緞裏。領及鈕約如衣色。一，如常服袍而加領，長輿坐齊。油綢爲之，不加裏。袖端平，前加掩襠，領用青羽緞，鈕約青色。

雨裳之制二，皆明黃色：一，左右幅相交，上斂下遮博。上前加淺帷爲襞積。兩旁綴以鈕約，青色。腰爲橫幅，用石青布，兩末削爲帶繫之。一，前爲完幅，不加淺帷，餘制同。

朝珠，用東珠一百有八，佛頭、記念、背雲、大小墜雜飾，各惟其宜，大典禮御之。惟祀天以青金石爲飾，祀地珠用蜜珀，朝日用珊瑚，夕月用綠松石，雜飾惟宜。縧皆明黃色。

朝帶之制二，皆明黃色：一，用龍文金圓版四，飾紅藍寶石或綠松石，每具銜東珠五，圍珍珠二十。左右佩帉，淺藍及白各一，下廣而銳。中約鏤金圓結，飾寶如版，圍珠各三十。佩囊文繡、燧觿、刀削、結佩惟宜，縧皆明黃色，大典禮御之。一，用龍文金方版四，其飾祀天用青金石，祀地用黃玉，朝日用珊瑚，夕月用白玉，每具銜東珠五。佩帉及縧，惟祀天用純青，餘如圓版朝帶之制。中約圓結如版飾，銜東珠四。佩囊純石青，左觿、右削，並從版色。

吉服帶，用明黃色，鏤金版四，方圓惟便，銜珠玉雜寶各從其宜。左右佩帉純白，下直而齊。中約金結如版飾。餘如朝帶制，常服帶同。

行帶，色用明黃，左右佩繫以紅香牛皮爲之，飾金花文鋄銀鐶各三。佩帉以高麗布，視常服帶帉微闊而短，中約以香牛皮束，綴銀花文佩囊。明黃縧，飾珊瑚。結、削、燧、雜佩各惟其宜。初制，皇帝冠用東珠寶石鑲頂，東金鑲玉版嵌東珠帶。康熙二十三年，定凡大典禮祭壇廟，冠用大珍珠、東珠鑲頂，禮服用黃色、秋香色、藍色五爪、三爪龍緞。雍正元年，定禮服用石青、明黃、大紅、月白四色緞，花樣三色，圓金龍九，龍口珠各一顆。腰襴小團金龍九。周身五彩雲，下八寶平水、萬代江山。

皇后朝冠，冬用薰貂，夏以青絨爲之，上綴朱緯。頂三層，貫東珠各一，皆承以金鳳，飾東珠各三，珍珠各十七，上銜大東珠一。朱緯上周綴金鳳七，飾東珠九，貓睛石一，珍珠二十一。後金翟一，飾貓睛石一，珍珠十六。翟尾垂珠，凡珍珠三百有二，五行二就，每行大珍珠一。中間金銜青金石結一，飾東珠、珍珠各六，末綴珊瑚。冠後護領垂明黃縧二，末綴寶石，青緞爲帶。

吉服冠，薰貂爲之，上綴朱緯。頂用東珠。

金約，鏤金雲十三，飾東珠各一，間以青金石，紅片金裏。後繫金銜綠松石結，貫珠下垂，凡珍珠三百二十四，五行三就，每行大珍珠一。中間金銜青金石結二，每具飾東珠、珍珠各八，末綴珊瑚。

耳飾，左右各三，每具金龍銜一等東珠各二。

朝褂之制三，皆石青色，片金緣：一，繡文前後立龍各二，下通襞積，四層相間，上爲正龍各四，下爲萬福萬壽文。一，繡文前後正龍各一，腰帷行龍四，中有襞積。下幅行龍八。一，繡文前後立龍各二，中無襞積。下幅八寶平水。皆垂明黃縧，其飾珠寶惟宜。

朝袍之制三，皆明黃色：一，披領及袖皆石青，片金緣，冬加貂緣，肩上下襲朝褂處亦加緣。繡文金龍九，間以五色雲。中有襞積。下幅八寶平水。披領行龍二，袖端正龍各一，袖相接處行龍各二。一，披領及袖皆石青，夏用片金緣，冬用片雲加海龍緣，肩上下襲朝褂處亦加緣。繡文前後正龍各一，兩肩行龍各一，腰帷行龍四。中有襞積。下幅行龍八。一，領袖片金加海龍緣，夏片金緣。中無襞積。裾後開。餘俱如貂緣朝袍之制。領後垂明黃縧，飾珠寶惟宜。

龍褂之制二，皆石青色：一，繡文五爪金龍八團，兩肩前後正龍各一，襟行龍四。下幅八寶立水。袖端行龍各二。一，下幅及袖端不施章采。

龍袍之制三，皆明黃色，領袖皆石青：一，繡文金龍九，間以五色雲，福壽文采惟宜。下幅八寶立水，領前後正龍各一，左右及交襟處行龍各一。袖如朝袍，裾左右開。一，繡文五爪金龍八團，兩肩前後正龍各一，襟行龍四。下幅八寶立水。一，下幅不施章采。

領約，鏤金爲之，飾東珠十一，間以珊瑚。兩端垂明黃縧二，中貫珊瑚，末綴綠松石各二。

朝服朝珠三盤，東珠一，珊瑚二，佛頭、記念、背雲、大小墜珠寶雜飾惟宜。吉服朝珠一盤，珍寶隨所御。絛皆明黃色。

采帨，綠色，繡文爲「五穀豐登」。佩箴管、縏袠之屬。絛皆明黃色。

朝裙，冬用片金加海龍緣，上用紅織金壽字緞，下石青行龍粧緞，皆正幅。有襞積。夏以紗爲之。

太皇太后、皇太后冠服諸制與皇后同。初制，皇后冠服，凡慶賀大典，冠用東珠鑲頂，禮服用黃色、秋香色五爪龍緞、鳳皇翟鳥等緞。太皇太后、皇太后冠服，凡遇受賀諸慶典，冠用東珠鑲頂，禮服用黃色、秋香色五爪龍緞、繡緞、粧緞。

皇貴妃朝冠，冬用薰貂，夏以青絨爲之。上綴朱緯。頂三層，貫東珠各一，皆承以金鳳，飾東珠各三，珍珠各十七，上銜大珍珠一。朱緯上周綴金鳳七，飾東珠各九，珍珠各二十一。後金翟一，飾貓睛石一，珍珠十六，翟尾垂珠，凡珍珠一百九十二，三行二就。中間金銜青金石結一，東珠、珍珠各四，末綴珊瑚。冠後護領垂明黃絛二，末綴寶石。青緞爲帶。吉服冠與皇后同。

金約，鏤金雲十二，飾東珠各一，間以珊瑚，紅片金裏。後繫金銜綠松石結，貫珠下垂，凡珍珠二百有四，三行三就。中間金銜青金石結二，每具飾東珠、珍珠各六，末綴珊瑚。耳飾用二等東珠，餘同皇后。朝褂、朝袍、龍褂、龍袍、采帨、朝裙皆與皇后同。

領約，鏤金爲之，飾東珠七，間以珊瑚。兩端垂明黃絛二，中貫珊瑚，末綴珊瑚各二。

朝服朝珠三盤，蜜珀一，珊瑚二。吉服朝珠一盤。絛明黃色。

貴妃冠服袍及垂絛皆金黃色，餘與皇貴妃同。

妃朝冠，頂二層，貫東珠各一，皆承以金鳳，飾東珠九，珍珠十七，上銜貓睛石。朱緯。上周綴金鳳五，飾東珠七，珍珠二十一。後金翟一，飾貓睛石一，珍珠十六，翟尾垂珠，凡珍珠一百八十八，三行二就。中間金銜青金石結一，飾東珠、珍珠各四，末綴珊瑚。冠後護領垂金黃絛二，末綴寶石。青緞爲帶。吉服冠頂用碧璽玜。餘同貴妃。

金約，鏤金雲十一，飾東珠各一，間以青金石，紅片金裏。後繫金銜綠松石結，貫珠下垂，凡珍珠一百九十七，三行三就。中間金銜青金石結二，每具飾東珠、珍珠各六，末綴珊瑚。耳飾用三等東珠。餘同貴妃。朝褂、朝袍、龍褂、龍袍、領約、朝裙、朝珠皆與貴妃同。

采帨，繡文爲「雲芝瑞草」。餘與貴妃同。

嬪朝冠，頂二層，貫東珠各一，皆承以金翟，飾東珠九，珍珠十七，上銜礲子。朱緯。上周綴金翟五，飾東珠五，珍珠十九。後金翟一，飾珍珠十六，翟尾垂珠，凡珍珠一百七十二，三行二就。中間金銜青金石結一，飾東珠、珍珠各三，末綴珊瑚。冠後護領垂金黃緣二，末綴寶石。青緞爲帶。吉服冠與妃同。

金約，鏤金雲八，飾東珠各一，間以青金石，紅片金裏。後繫金銜綠松石結，貫珠下垂，凡珍珠一百七十七，三行二就。中間金銜青金石結二，每具飾東珠、珍珠各四，末綴珊瑚。耳飾用四等東珠。餘與妃同。

朝褂，與妃同。龍褂，繡文兩肩前後正龍各一，襟夔龍四。餘同妃制。朝袍、龍袍俱用香色。餘與妃同。

朝服朝珠三盤，珊瑚一、蜜珀二。吉服朝珠一盤。緣用金黃色。領約、朝裙皆與妃同。采帨不繡花文。餘同妃制。初制，皇貴妃、貴妃、妃、嬪冠服，凡慶賀大典，皇貴妃、貴妃冠頂用東珠十二顆，妃冠頂用東珠十一顆。禮服用鳳凰、翟鳥等緞，五爪龍緞、粧緞、八團龍等緞。至黃色、秋香色，自皇貴妃以下，概不許服。嬪冠頂用東珠十顆，禮服用翟鳥等緞，五爪龍緞、粧緞、四團龍等緞。

皇子朝冠，冬用薰貂、青狐惟其時。上綴朱緯。頂金龍二層，飾東珠十，銜紅寶石。夏織玉草或藤竹絲爲之。石青片金緣二層，裏用紅片金或紅紗。上綴朱緯。前綴舍林，飾東珠五。後綴金花，飾東珠四。頂如冬朝冠，吉服冠紅絨結頂。

端罩，紫貂爲之，金黃緞裏。左右垂帶各二，下廣而銳，色與裏同。龍褂，色用石青。正面繡五爪金龍四團，兩肩前後各一，間以五色雲。

朝服之制二，皆金黃色：一，披領及裳俱表以紫貂。袖端薰貂。繡文兩肩前後正龍各一，襞積行龍六，間以五色雲。一，披領及袖俱石青，片金緣，冬加海龍緣。繡文兩肩前後正龍各一，腰帷行龍四，裳行龍八，披領行龍二，袖端正龍各一。下幅八寶平水。蟒袍亦金黃色，片金緣，繡文九蟒，裾左、右開。

朝珠不得用東珠，餘隨所用，絛皆金黃色。

朝帶，色用金黃，金銜玉方版四，每具飾東珠四，中銜貓睛石一，左右佩絛如帶色。吉服帶亦色用金黃，版飾惟宜，佩絛如帶色。

雨冠、雨衣、雨裳，均用紅色，氈、羽紗、油綢，各惟其時。初制，皇子冠服，凡慶賀大典，冠用東珠十三顆鑲頂，禮服用秋香等色，五爪、三爪龍緞，滿翠八團龍等緞，東金鑲玉嵌東珠帶。

親王朝冠，與皇子同。吉服冠，冬用海龍、薰貂、紫貂惟其時。夏織玉草或藤竹絲爲之。紅紗綢裏。石青片金緣。上綴朱緯。頂用紅寶石，曾賜紅絨結頂者，亦得用之。

端罩，青狐爲之，月白緞裏，若曾賜金黃色者，亦得用之。補服用石青色，繡五爪金龍四團，前後正龍，兩肩行龍。朝服、蟒袍藍及石青隨所用，若曾賜金黃色者，亦得用之。餘與皇子同。

朝珠、朝帶、吉服帶、雨冠、雨衣、雨裳，均與皇子同。崇德元年，定親王冠頂三層，上銜紅寶石，中嵌東珠八。前舍林，嵌東珠四。後金花，嵌東珠三。帶用金鑲玉版四片，嵌東珠四。順治九年，定冠頂共嵌東珠十，舍林、金花各增嵌東珠一。帶四片，每片嵌東珠四。服用五爪四團龍補、五爪龍緞、滿翠四補等緞。

親王世子朝冠，頂金龍二層，飾東珠九，上銜紅寶石。夏朝冠前綴舍林，飾東珠五。後綴金花，飾東珠四。吉服冠、端罩、補服、朝服、蟒袍、朝珠皆與親王同。

朝帶，色用金黃，金銜玉方版四，每具飾東珠三。左右佩帨如帶色。吉服帶與親王同。順治九年，定親王世子冠頂三層，共嵌東珠九。帶用金鑲玉版四片，每片嵌東珠三。服與親王同。

郡王朝冠，頂金龍二層，飾東珠八，上銜紅寶石。夏朝冠前綴舍林，飾東珠四。後綴金花，飾東珠三。吉服冠、端罩皆與親王世子同。

補服，用石青色，繡五爪行龍四團，兩肩前後各一。朝服、蟒袍、朝珠皆與親王世子同。

朝帶，色用金黃，金銜玉方版四，每具飾東珠二，貓睛石一。佩帨如帶色。吉服帶與親王世子同。崇德元年，定郡王冠頂三層，上銜紅寶石，中嵌東珠七。前舍林，嵌東珠三。後金花，嵌東珠二。帶用金鑲玉版四片，嵌綠松石四。順治九年，定冠頂共嵌東珠八，舍林、金花各增嵌東珠一。帶四片，每片嵌東珠二。服與親王同。

貝勒朝冠，頂金龍二層，飾東珠七，上銜紅寶石。夏朝冠前綴舍林，飾東珠三。後綴金花，飾東珠二。吉服冠、端罩皆與郡王同。

補服，色用石青，前後繡四爪正蟒各一團，朝服通繡四爪蟒文，蟒袍亦如之，均不得用金黃色，餘隨所用。朝珠絛用石青色。餘同郡王。朝帶色用金黃，金銜玉方版四，每具飾東珠二。佩絛皆石青色，吉服帶色用金黃，版飾惟宜。佩絛亦皆石青色。崇德元年，定貝勒冠頂三層，上銜紅寶石，中嵌東珠六。前舍林，綴東珠二。後金花，綴東珠一。帶用金鑲玉版四片，嵌寶石四。順治九年，定冠頂共嵌東珠七，舍林、金花各增嵌東珠一。帶四片，每片嵌東珠二。服用四爪兩團龍補及蟒緞、粧緞。

貝子朝冠，頂金龍二層，飾東珠六，上銜紅寶石。夏朝冠前綴舍林，飾東珠二。後綴金花，飾東珠一。吉服冠頂用紅寶石。皆戴三眼孔雀翎。孔雀花翎有三眼、雙眼、單眼之分，遇賞均得戴用。端罩制同貝勒。補服色用石青，前後繡四爪行蟒各一團。朝服、蟒袍、朝珠皆與貝勒同。

朝帶，色用金黃，金銜玉方版四，每具飾東珠一。吉服帶與貝勒同。崇德元年，定貝子冠頂二層，上銜紅寶石，中嵌東珠五。前舍林，後金花，各嵌東珠一。帶用金鑲玉版四片，每片嵌藍寶石一。順治九年，定冠頂共嵌東珠六，舍林增嵌東珠一，餘如舊。帶四片，每片嵌東珠一。服與貝勒同。

鎮國公朝冠，頂金龍二層，飾東珠五，上銜紅寶石。夏朝冠前綴舍林，飾東珠一。後綴金花，飾綠松石一。吉服冠，入八分公頂用紅寶石，未入八分公用珊瑚，皆戴雙眼孔雀翎。端罩紫貂爲之，月白緞裏。補服前後繡四爪正蟒方補。朝服、蟒袍、朝珠與貝子同。

朝帶，金銜玉方版四，每具飾貓睛石一。吉服帶與貝子同。崇德元年，定鎭國公冠頂二層，上銜紅寶石，中嵌東珠四。前舍林，嵌東珠一。後金花，嵌綠松石一。帶如貝子。順治九年，定冠頂共嵌東珠五，餘如舊。帶四片，每片嵌貓睛石一。服用四爪方蟒補。餘與貝勒同。

輔國公朝冠，頂金龍二層，飾東珠四，上銜紅寶石。餘皆如鎭國公。崇德元年，定輔國公冠頂二層，上銜紅寶石，中嵌東珠三。前舍林，嵌綠松石一。後金花，嵌寶石一。帶如鎭國公。順治九年，定冠頂共嵌東珠四，舍林、金花、帶、服色俱與鎭國公同。

鎭國將軍朝冠，頂鏤花金座，中飾東珠一，上銜紅寶石。吉服冠頂用珊瑚。補服前後繡麒麟。餘皆視武一品。崇德元年，定鎭國將軍冠頂上銜紅寶石，帶用金鑲圓版，嵌紅寶石四。順治九年，定冠頂中飾嵌東珠，帶用金鑲方玉版，各嵌紅寶石一。補服繡麒麟，餘與鎭國公同。

輔國將軍朝冠，頂鏤花金座，中飾小紅寶石，上銜鏤花珊瑚。吉服冠頂亦用鏤花珊瑚。補服前後繡獅。餘皆視武二品。崇德元年，定輔國將軍冠頂上銜藍寶石，帶用圓金版。順治九年，定冠頂改銜紅寶石，中飾嵌小紅寶石一。帶如鎭國將軍。補服繡獅。餘與鎭國公同。

奉國將軍朝冠，頂鏤花金座，中飾小紅寶石一，上銜藍寶石。吉服冠頂亦用藍寶石。補服前後繡豹。餘皆視武三品。崇德元年，定奉國將軍冠頂上銜水晶石，帶用玲瓏鋑金方鐵版。順治九年，定冠頂上銜紅寶石，中節嵌小藍寶石一。帶用起花金圓版。補服繡豹。餘與鎮國公同。

奉恩將軍朝冠，頂鏤花金座，中飾小藍寶石一，上銜青金石。補服前後繡虎，餘皆視武四品，惟衣裾四啓。帶用金黃色，凡宗室皆如之，覺羅用紅色。順治九年，定奉恩將軍冠頂上銜藍寶石，中節嵌小藍寶石一。帶用起花金鑲銀圓版。補服繡虎，餘與鎮國公同。

固倫額駙吉服冠，頂用紅寶石，戴三眼孔雀翎。吉服帶用金黃色。餘與貝子同。崇德元年，定固倫額駙冠服與貝子同。順治八年，定冠頂嵌東珠六。舍林嵌東珠二。金花嵌東珠一。帶用金鑲玉圓版四片，每片嵌東珠一。

和碩額駙吉服冠，頂用珊瑚，戴雙眼孔雀翎。朝帶色用石青或藍，金銜玉圓版四。餘與鎮國公同。崇德元年，定和碩額駙冠服與超品公同，如封爵在公以上者，仍照本階服用。順治八年，定冠頂嵌東珠四，舍林嵌東珠一。金花嵌綠松石一。帶用金鑲玉圓版四片，每片嵌貓睛石一。

郡主額駙朝帶，用鏤金圓版四，每具飾綠松石一。餘視武一品。崇德元年，定郡主額駙冠頂上銜紅寶石，嵌東珠一。帶用金圓版四片，嵌綠松石四。順治八年，定冠、帶與侯、伯同。康熙元年，定用四爪蟒補服。

縣主額駙冠服，視武二品。崇德元年，定縣主額駙冠頂上銜紅寶石。帶用金圓版四片，每片嵌紅寶石四。

郡君額駙冠服，視武三品。崇德元年，定郡君額駙冠頂上嵌藍寶石。帶用金圓版四片。

縣君額駙朝帶，用鏤金方鐵版四。餘與武四品同。崇德元年，定縣君額駙冠頂上銜水晶石。帶用鏤金方鐵版四片。

鄉君額駙朝帶，用鏤金方鐵版四。餘與武五品同。崇德元年，定鄉君額駙冠用金頂。帶用鏤金圓鐵版四片。並按固倫額駙若爵在貝子以上、和碩額駙爵在鎮國公以上者，冠服各從其品。郡主額駙以下皆如之。

民公朝冠，冬用薰貂，十一月朔至上元用青狐。頂鏤花金座，中飾東珠四，上銜紅寶石，夏頂制同。吉服冠頂用珊瑚。

端罩，貂皮爲之，藍緞裏。補服，色用石青，前後繡四爪正蟒。

朝服，藍及石青諸色隨所用。披領及袖俱石青，片金緣，冬加海龍緣。兩肩前後正蟒各一，腰帷行蟒四，中有襞積。裳行蟒八。十一月朔至上元，披領及裳俱表以紫貂，袖端薰貂。兩肩前後正蟒各一，襞積行蟒四，皆四爪。曾賜五爪蟒緞者，亦得用之。蟒袍，藍及石青諸色隨所用，通繡九蟒。

朝珠，珊瑚青金綠松蜜珀隨所用，雜飾惟宜。絛用石青色，朝帶色用石青或藍，鏤金玉圓版四，每具飾貓睛石一。佩帉下廣而銳，吉服帶佩帉下直而齊，版飾惟宜。雨冠、雨衣、雨裳俱用紅色。崇德元年，定民公冠頂上銜紅寶石，中嵌東珠一。帶用金圓版四片，嵌綠松石四。順治二年，定冠用起花金頂，上銜紅寶石，中嵌東珠三。帶用金鑲圓玉版四片，各嵌綠松石一。八年，定冠頂嵌東珠四，帶片各嵌貓睛石一。

侯朝冠，頂鏤花金座，中飾東珠三，上銜紅寶石。朝帶鏤金銜玉圓版四，每具飾綠松石一。餘皆如公。

伯朝冠，頂鏤花金座，中飾東珠二，上銜紅寶石。朝帶鏤金銜玉圓版四，每具飾紅寶石一。餘皆如侯。

子朝冠，頂鏤花金座，中飾東珠一，上銜紅寶石，補服前後繡麒麟。餘皆視武一品。

男朝冠，頂鏤花金座，中飾小紅寶石，上銜鏤花珊瑚。補服前後繡獅。餘皆視武二品。

順治二年，定侯、伯冠用起花金頂，上銜紅寶石，中嵌東珠一。帶用金鑲方玉版四片，每片嵌紅寶石一。六年，定冠頂嵌東珠二，帶改用圓玉版。八年，定侯冠頂東珠三。帶片各嵌綠松石一。

皇子福晉朝冠，頂鏤金三層，飾東珠十，上銜紅寶石。朱緯。上周綴金孔雀五，飾東珠七，小珍珠三十九。後金孔雀一，垂珠三行二就。中間金銜青金石結一，飾東珠各三，末綴珊瑚。冠後護領垂金黃絛二，末亦綴珊瑚。青緞爲帶。吉服冠頂用紅寶石。

金約，鏤金雲九，飾東珠各一，間以青金石，紅片金裏。後繫金銜青金石結，貫珠下垂，三行三就。中間金銜青金石結二、每具飾東珠珍珠各四，末綴珊瑚。耳飾左右各三，每具金雲銜珠各二。

朝褂，色用石青，片金緣。繡文前行龍四，後行龍三。領後垂金黃縧，雜飾惟宜。吉服褂色用石青，繡五爪正龍四團，前後兩肩各一。朝袍用香色，披領及袖皆石青，片金緣，冬加海龍緣。肩上下襲朝褂處亦加緣，繡文前後正龍各一，兩肩行龍各一，襟行龍四，披領行龍二，袖端正龍各一，袖相接處行龍各二。裾後開。領後垂金黃縧，雜飾惟宜。蟒袍用香色，通繡九龍。

領約，鏤金爲之，飾東珠七，間以珊瑚。兩端垂金黃縧二，中貫珊瑚，末綴珊瑚各二。采帨月白色，不繡花文，結佩惟宜。縧皆金黃色。朝裙片金緣，冬加海龍緣，上用紅緞，下石青行龍粧緞，皆正幅，有襞積。夏以紗爲之。

朝服朝珠三盤，珊瑚一，蜜珀二。吉服朝珠一盤。珍寶隨所御。縧皆金黃色。

親王福晉吉服褂，繡五爪金龍四團，前後正龍，兩肩行龍。餘皆與皇子福晉同。側福晉冠頂等各飾東珠九。服與嫡福晉同。並按崇德元年，定親王嫡妃冠頂嵌東珠八，側妃嵌東珠七。順治九年，定嫡妃冠頂增嵌東珠二。服用翟鳥四團龍補、五爪龍緞、粧緞、滿翠四補等緞。側妃冠頂增嵌東珠二。服與嫡妃同。

世子福晉朝冠，頂鏤金二層，飾東珠九，上銜紅寶石。朱緯。上周綴金孔雀五，飾東珠各六。後金孔雀一，垂珠三行二就。中間金銜青金石結一，飾東珠各三，末綴珊瑚。冠後護領垂金黃縧二，末亦綴珊瑚。青緞爲帶。

金約，鏤金雲八，飾東珠各一，間以青金石。後繫金銜青金石結，垂珠三行三就。中間金銜青金石結二，每具飾東珠珍珠各四，末綴珊瑚。餘皆與親王福晉同。順治九年，定世子嫡妃冠服如親王側妃。其側妃冠頂嵌東珠八。服與嫡妃同。

郡王福晉朝冠，頂鏤金二層，飾東珠八，上銜紅寶石。朱緯。上周綴金孔雀五，飾東珠各五。後金孔雀一，垂珠三行二就。中間金銜青金石結一，末綴珊瑚。冠後護領垂金黃絛二，末亦綴珊瑚。青緞爲帶。吉服冠與世子福晉同。

金約，鏤金雲八，飾東珠各一，間以青金石。後繫金銜青金石結，垂珠三行三就。中間金銜青金石結二，末綴珊瑚。

吉服褂，繡五爪行龍四團，前後兩肩各一。餘皆與世子福晉同。崇德元年，定郡王嫡妃冠頂嵌東珠七，側妃嵌東珠六。順治九年，定嫡妃冠服與世子側妃同。其側妃冠頂嵌東珠七。服用蟒緞、粧緞，各色花、素緞。

貝勒夫人朝冠，頂鏤金二層，飾東珠七，上銜紅寶石。朱緯。上周綴金孔雀五，飾東珠各三。後金孔雀一，垂珠三行二就。中間金銜青金石結一，末綴珊瑚。冠後護領垂石青絛二，末亦綴珊瑚。吉服冠與郡王福晉同。

金約，鏤金雲七。餘同郡王福晉。耳飾亦與郡王福晉同。

朝褂，繡四爪蟒，領後垂石青絛。吉服褂前後繡四爪正蟒各一。餘與郡王福晉同。朝袍，藍及石青諸色隨所用，領、袖片金緣，冬用片金加海龍緣。繡四爪蟒，領後垂石青絛。蟒袍通繡九蟒。領約、朝珠、采帨絛用石青色。餘皆與郡王福晉同。崇德元年，定貝勒嫡夫人冠頂嵌東珠六。側夫人嵌東珠五。順治九年，定嫡夫人冠頂、服飾如郡王側妃，其側夫人冠頂嵌東珠六。服與嫡夫人同。

貝子夫人朝冠，頂鏤金二層，飾東珠六。金約鏤金雲六，吉服褂前後繡四爪行蟒各一。餘皆與貝勒夫人同，崇德元年，定貝子嫡夫人冠頂嵌東珠五。側夫人嵌東珠四。順治九年，定嫡夫人冠頂服飾如郡王側妃。其側夫人冠頂嵌東珠五。服與嫡夫人同。

鎮國公夫人朝冠，頂鏤金二層，飾東珠五。金約鏤金雲五。吉服褂繡花八團。餘皆與貝子夫人同。崇德元年，定鎮國公嫡夫人冠頂嵌東珠四。順治九年，定嵌東珠五。服如貝子夫人。其側夫人冠頂嵌東珠四。服與嫡夫人同。

輔國公夫人朝冠，頂鏤金二層，飾東珠四。金約鏤金雲四。餘皆與鎮國公夫人同。崇德元年，定輔國公夫人冠頂嵌東珠三。順治九年，定冠頂嵌東珠四。服如貝子夫人。其側夫人冠頂嵌東珠三。服與嫡夫人同。

鎮國將軍夫人冠、服均視一品命婦。

輔國將軍夫人冠、服均視二品命婦。

奉國將軍淑人冠、服均視三品命婦。

奉恩將軍恭人冠、服均視四品命婦。

固倫公主冠、服制如親王福晉。崇德元年，定固倫公主冠頂嵌東珠八。順治九年，定冠頂增嵌東珠二。服用翟鳥五爪四團龍補、五爪龍緞、粧緞、滿翠四補等緞。

和碩公主朝冠、金約，制如親王世子福晉。餘與固倫公主同。崇德元年，定和碩公主冠頂嵌東珠六。順治九年，定冠頂增嵌東珠二。服與固倫公主同。

郡主朝冠、金約，制如郡王福晉。餘與和碩公主同。崇德元年，定郡主冠頂嵌東珠六。順治九年，定冠頂增嵌東珠二。服與和碩公主同。

縣主朝冠、金約，制如貝勒夫人。吉服褂制如郡王福晉。餘與郡主同。崇德元年，定縣主冠頂嵌東珠五。順治九年，定冠頂增嵌東珠二。服用蟒緞、粧緞，各樣花、素緞。

郡君朝冠、金約，制如貝子夫人。朝褂、龍袍、領約、朝珠、綵帨、吉服褂、蟒袍均如貝勒夫人。餘同縣主。崇德元年，定郡君冠頂嵌東珠四。順治九年，定冠服與縣主同。

縣君朝冠、金約，制如鎮國公夫人。吉服褂制如貝子夫人。餘皆與郡君同。崇德元年，定縣君冠頂嵌東珠三。順治九年，定冠頂增嵌東珠二。服與郡君同。

鎮國公女鄉君朝冠、金約，制如輔國公夫人。吉服褂制如鎮國公夫人。餘同縣君。

輔國公女鄉君朝冠，頂鏤金二層，飾東珠三。金約鏤金雲三。餘與鎮國公女鄉君同。崇德元年，定鄉君冠頂嵌東珠二。順治九年，定鎮國公女鄉君冠頂嵌東珠三。服與縣君同。

王、貝勒側室女，封授視嫡降二等。冠、服各視所降品級服用。貝子、鎮國公、輔國公側室女，雖降等食五品、六品俸，其冠服仍與鄉君同。

民公夫人朝冠，冬用薰貂，夏以青絨爲之。頂鏤花金座，飾東珠四，上銜紅寶石。前綴金簪三，飾以珠寶。護領絛用石青色。吉服冠，薰貂爲之，頂用珊瑚。金約青緞爲之，紅片金裏。中綴鏤金火燄，飾珍珠一，左右金龍鳳各一。後垂青緞帶二，亦紅片金裏。耳飾左右各三，每具金雲銜珠各二。

朝褂，色用石青，片金緣。繡文前行蟒二，後行蟒一。領後垂石青絛，雜佩惟宜。朝袍，藍及石青諸色隨所用。披領及袖皆石青，冬用片金加海龍緣。繡文前後正蟒各一，兩肩行蟒各一，襟行蟒四，中無襞積。披領行蟒二，袖端正蟒各一，袖相接處行蟒各二。後垂石青絛，雜佩惟宜。吉服褂色用石青，繡花八團。

蟒袍，藍及石青諸色隨所用，通四爪九蟒。領約鏤金爲之，飾紅藍小寶石五。兩端垂石青絛二，中貫珊瑚。末綴珊瑚各二。

朝珠，朝服用三，吉服用一。珊瑚、青金、蜜珀、綠松隨所用，雜飾惟宜。絛用石青色。采帨，月白色，不繡花，雜飾惟宜。絛皆石青色。朝裙，夏片金緣，冬加海龍緣，上用紅緞，下石青行蟒、粧緞，皆正幅，有襞積。崇德元年，定未入八分公夫人冠頂服飾，惟正室視其夫品級服用。

侯夫人朝冠，頂鏤花金座，中飾東珠三，上銜紅寶石，餘皆如民公夫人。

伯夫人朝冠，頂鏤花金座，中飾東珠二，上銜紅寶石，餘皆如侯夫人。

子夫人朝冠，頂鏤花金座，中飾東珠一，上銜紅寶石，餘皆如伯夫人。

男夫人朝冠，頂鏤花金座，中飾紅寶石一，上銜鏤花紅珊瑚。吉服冠頂鏤花珊瑚。餘皆如子夫人。

文一品朝冠，頂鏤花金座，中飾東珠一，上銜紅寶石。補服前後繡鶴，惟都御史繡獬豸。朝帶鏤金銜玉方版四，每具飾紅寶石一。餘皆如公。

武一品補服，前後繡麒麟。餘皆如文一品。

文二品朝冠，冬用薰貂，十一月至上元用貂尾，頂鏤花金座，中飾小紅寶石一，上銜鏤花珊瑚。吉服冠頂亦用鏤花珊瑚。補服前後繡錦雞。朝帶鏤金圓版四，每具飾紅寶石一。餘皆如文一品。

武二品補服，前後繡獅。餘皆如文二品。

文三品朝冠，頂鏤花金座，中飾小紅寶石一，上銜藍寶石。吉服冠頂亦用藍寶石。補服前後繡孔雀，惟副都御史及按察使前後繡獬豸。朝帶鏤花金圓版。餘皆如文二品。

武三品朝冠，冬用薰貂，補服前後繡豹。餘皆如文三品。惟朝服無貂緣及無端罩。一等侍衞戴孔雀翎。端罩猞猁猻，間以貂皮，月白緞裏。餘如武三品。

文四品朝冠，頂鏤花金座，中飾藍寶石一，上銜青金石。吉服冠頂亦用青金石。補服前後繡雁，惟道繡獬豸。蟒袍通繡四爪八蟒。朝帶銀銜鏤花金圓版四。餘皆如文三品。

武四品補服，前後繡虎。餘皆如文四品。二等侍衞戴孔雀翎。端罩紅豹皮爲之，素紅緞裏。朝服冬、夏均翦絨緣，色用石青，通身雲緞，前後方襴行蟒各一，腰帷行蟒四，中有襞積。領、袖俱石青粧緞，餘如武四品。

文五品朝冠，頂鏤花金座，中飾小藍寶石一，上銜水晶石。吉服冠頂亦用水晶。補服前後繡白鷴，惟給事中、御史繡獬豸。朝服色用石青，片金緣，通身雲緞，前後方襴行蟒各一，中有襞積。領、袖俱用石青粧緞。朝帶銀銜素金圓版四。餘皆如文四品。

武五品補服，前後繡熊。餘皆如文五品。惟無朝珠。三等侍衞戴孔雀翎。端罩黃狐皮爲之，月白緞裏。朝服冬、夏俱翦絨緣。餘如武五品，惟得用朝珠。

文六品朝冠，頂鏤花金座，中飾小藍寶石一，上銜硨磲。吉服冠頂亦用硨磲。補服前後繡鷺鷥，朝帶銀銜玳瑁圓版四。餘皆如文五品，惟無朝珠。五品官以下，惟京堂、翰詹、科道得用貂裘、朝珠。六品官以下，惟太常寺、鴻臚寺、光祿寺、國子監所屬官，壇廟執事、殿庭侍儀得用朝珠。

武六品補服，前後繡彪。餘皆如文六品。藍翎侍衞朝冠頂飾小藍寶石一，上銜硨磲，戴藍翎。端罩、朝服、朝珠均同三等侍衞。餘如武六品。

文七品朝冠，頂鏤花金座，中飾小水晶一，上銜素金。吉服冠頂亦用素金。補服前後繡鸂鶒，朝帶素圓版四。蟒袍通繡四爪五蟒。餘皆如文六品。

武七品補服，前後繡犀牛。餘皆如文七品。

文八品朝冠，鏤花陰文，金頂無飾。吉服冠同。補服前後繡鵪鶉。朝服色用石青雲緞，無蟒。領、袖冬、夏皆青倭緞，中有襞積。朝帶銀銜明羊角圓版四。餘皆如文七品。

武八品補服如武七品。餘皆如文八品。

文九品朝冠，鏤花陽文，金頂。吉服冠同。補服前後繡練雀。朝帶銀銜烏角圓版四。餘皆如文八品。

武九品補服，前後繡海馬。餘皆如文九品。

未入流冠服制如文九品。

凡雨冠，民公、侯、伯、子、男，一、二、三品文、武官，御前侍衞，乾清門侍衞，上書房、南書房翰林，批本處行走人員，皆用紅色。四、五、六品文、武官，雨冠中用紅色，青緣。七、八、九、品文、武官，雨冠中用青色，紅緣。雨衣、雨裳，民公、侯、伯、子，文、武一品官，御前侍衞，各省督、撫，皆用紅色。二品以下文、武官，皆用青色。其明黃色行褂，則領侍衞大臣、御前大臣、侍衞班長、護軍統領、健鋭營翼領及凡諸臣之蒙賜者，皆得用之。

凡帶，親王以下、宗室以上，皆束金黃帶。覺羅紅帶。其金黃帶、紅帶，非上賜者，不得給予異姓。

凡朝珠，王公以下，文職五品、武職四品以上及翰詹、科道、侍衞，公主、福晉以下，五品官命婦以上均得用。以雜寶及諸香爲之。禮部主事，太常寺博士、典簿、讀祝官、贊禮郎，鴻臚寺鳴贊，光祿寺署正、署丞、典簿，國子監監丞、博士、助教、學正、學錄，除在壇廟執事及殿廷侍儀准用，其平時燕處及在公署，仍不得用。

凡孔雀翎，翎端三眼者，貝子戴之。二眼者，鎭國公、輔國公、和碩額駙戴之。一眼者，內大臣，一、二、三、四等侍衞，前鋒、護軍各統領、參領，前鋒侍衞，諸王府長史，散騎郎，二等護衞，均得戴之。翎根並綴藍翎。貝勒府司儀長，親王以下二、三等護衞及前鋒、親軍、護軍校，均戴染藍翎。

凡坐褥，親王冬用貂，夏用龍文赤繒。世子、郡王冬用猞猁猻、緣貂，夏蟒文青繒。貝勒冬用猞猁猻，夏青繒施采。貝子冬用白豹，夏綵繒緣青繒。均藉紅白氈。鎮國公冬用全赤豹皮，夏青花赤繒。輔國公冬用方赤豹皮，夏赤花皁繒。均藉紅氈。鎮國將軍視一品，輔國將軍視二品，奉國將軍視三品，奉恩將軍視四品。民公冬用全虎皮，夏皁繒。侯、伯冬均用方虎皮，夏侯用緣花皁繒。伯用青雲繒。均藉紅氈。子、男各從其品。固倫公主額駙視貝子。和碩公主額駙視鎮國公。郡主額駙冬用貛，夏皁褐緣紅褐。均藉紅氈。郡君額駙視三品。縣君額駙視四品。鄉君額駙視五品。文、武官一品冬用狼，夏紅褐。二品冬用貛，夏紅褐緣皁褐。三品冬用貉，夏皁褐緣紅褐。四品冬用青山羊，夏皁布。均藉紅氈。五品冬用青羊，夏青布。六品冬用黑羊，夏椶色布。七品冬用鹿，夏灰色布。八品冬用麅，夏土布。九品冬用獺，夏與八品同。均藉白氈。

凡寒燠更用冠服，每歲春季用涼朝冠及夾朝衣，秋季用暖朝冠及緣皮朝衣。於三、九月內，或初五日，或十五日，或二十五日，酌擬一日。均前一月由禮部奏請，得旨，通行各衙門一體遵照。

凡文、武候補、候選官頂帶均與現任同。崇德元年，定都統、尚書冠頂上銜紅寶石。帶用金圓版四片，嵌紅寶石四。內大臣、大學士、副都統、護軍統領、前鋒統領、侍郎冠頂上銜藍寶石。帶用金圓版四片。一等侍衛、護衞參領、學士、滿啓心郎、郎中冠頂上銜水晶。帶用鋄金鐵版四片。二等、三等侍衞，護衞，佐領，漢啓心郎，員外郎冠用金頂。帶用鋄金圓鐵版四片。護軍校、主事冠用金頂。帶用鋄金圓鐵版二片。順治二年，定一品官冠用起花金頂，上銜紅寶石，中嵌東珠一。帶用金鑲方玉版四片，每片嵌紅寶石一。二品官冠用起花金頂，上銜紅寶石，中嵌小紅寶石。帶用起花金圓版四片，嵌紅寶石一。三品官冠用起花金頂，上銜紅寶石，中嵌小藍寶石。帶用起花金圓版四片。四品官冠用起花金頂，上銜藍寶石，中嵌小藍寶石。帶用起花金圓版四片，銀鑲邊。五品官冠用起花金頂，上銜水晶，中嵌小藍寶石。帶用素金圓版四片，銀鑲邊。六品官冠用起花金頂，上銜水晶。帶用玳瑁圓版四片，銀鑲邊。七品官冠用起花金頂，中嵌小藍寶石。帶用素銀圓版四片。八品官冠用起花金頂。帶用明羊角圓版四片，銀鑲邊。九品官冠用起花銀頂。帶用烏角圓版四片，銀鑲邊。順治九年，定武官補服一品、二品用獅，三品用虎，四品用豹。又雍正五年，定奉國將軍及三品官冠用起花珊瑚頂。六品官冠用水晶石頂。

一品命婦朝冠，頂鏤花金座，中飾東珠一，上銜紅寶石。餘皆如民公夫人。

二品命婦朝冠，頂鏤花金座，中飾紅寶石一，上銜鏤花珊瑚。吉服冠頂亦用鏤花珊瑚。餘皆如一品命婦。

三品命婦朝冠，頂鏤花金座，中飾紅寶石一，上銜藍寶石。吉服冠頂亦用藍寶石。餘皆如二品命婦。

四品命婦朝冠，頂鏤花金座，中飾小藍寶石一，上銜青金石。吉服冠頂亦用青金石。朝袍片金緣，繡文前後行蟒各二，中無襞積。後垂石青縧，雜飾惟宜。蟒袍通繡四爪八蟒。朝裙片金緣，上用緑緞，下石青行蟒粧緞，均正幅，有襞積。餘皆如三品命婦。

五品命婦朝冠，頂鏤花金座，中飾小藍寶石一，上銜水晶。吉服冠頂亦用水晶。餘皆如四品命婦。

六品命婦朝冠，頂鏤花金座，中飾小藍寶石一，上銜硨磲。吉服冠頂亦用硨磲。餘皆如五品命婦。

七品命婦朝冠，頂鏤花金座，中飾小水晶一，上銜素金。吉服冠頂亦用素金。蟒袍通繡五蟒。餘皆如六品命婦。崇德元年，定命婦冠、服各視其夫官階。皇后侍從婦女冠用金頂，上銜紅寶石。貴妃侍從婦女冠用金頂，上銜水晶石。親、郡王妃侍從婦女與妃侍從婦女同。貝勒夫人侍從婦女冠用金頂。貝子夫人侍從婦女冠不用頂。首飾嵌珍珠、寶石、緑松石。

會試中式貢士朝冠，頂鏤花金座，上銜金三枝九葉。吉服冠頂用素金。狀元金頂，上銜水晶。授職後，各視其品。舉人公服冠，頂鏤花銀座，上銜金雀。公服袍，青綢藍緣。披領如袍式。公服帶，制如文八品朝帶。吉服冠，頂銀座，上銜素金。貢生吉服冠，鏤花金頂。餘同舉人。監生吉服冠，素銀頂。餘同貢生。生員冠，頂鏤花銀座，上銜銀雀。公服袍，藍綢青緣。披領如袍式。公服帶，制如文九品朝帶。吉服冠，頂與監生同。外郎、耆老，冠頂以錫。從耕農官，袍以青絨爲之。頂同八品。祭祀文舞生冬冠，騷鼠爲之，頂鏤花銅座，中飾方銅，鏤葵花，上銜銅三角，如火珠形。袍以綢爲之，其色南郊用石青，北郊用黑，各壇廟俱用紅，惟夕月壇用月白。前後方襴銷金葵花。帶用綠綢。武舞生冠頂上銜銅三稜，如古戟形。袍以綢爲之，通銷金葵花。餘俱與文舞生同。樂部樂生，冠頂鏤花銅座，上植明黃翎。樂部袍紅緞爲之，一，前後方襴繡黃鸝，中和韶樂部樂生執戲竹人服之；一，通織小團葵花，丹陛大樂諸部樂生服之。帶均用綠雲緞。鹵簿輿士冬冠，以豹皮及黑氈爲之，頂鏤花銅座，上植明黃翎，袍如丹陛大樂諸部樂生。帶如祭祀文舞生。鹵簿護軍袍石青緞爲之，通織金壽字，片金緣。領、袖俱織金葵花。鹵簿校尉冬冠，平簷，頂素銅，上植明黃翎。袍、帶俱同鹵簿輿士。順治三年，定庶民不得用緞繡等服。滿洲家下僕隸有用蟒緞、粧緞、錦繡服飾者，嚴禁之。九年，定涼帽、暖帽圓月，惟職官用紅片金，庶人則用紅緞。僧道服，袈裟、道服外，許用紬絹紡絲素紗各色，布袍用土黑、緇黑二色。康熙元年，定軍民人等有用蟒緞、粧緞、金花緞、片金倭緞、貂皮、狐皮、猞猁猻爲服飾者，禁之。三十九年，定八旗舉人、官生、貢生、生員、監生、護軍、領催許服平常緞紗。天馬、銀鼠不得服用。漢舉人、官生、貢生、監生、生員除狠皮外，例亦如之。軍民胥吏不得用狠狐等皮。有以貂皮爲帽者，並禁之。又兵民人等鞍轡不得用繡緞、倭緞、搭線、鑲緣及鍍金爲飾。雍正元年，以職官不按定例，懸帶數珠，馬項下懸紅纓，使人前馬。又有越分者，坐褥至以綢爲之。令八旗大臣、統領衙門及都察院嚴行稽察，如大臣等徇情疏忽，同罪。至諸王間賞所屬人員數珠等物，並行文本旗記檔，歲應彙奏。二年，又申明加級官員頂帶、補服、坐褥越級僭用之禁。官員軍民服色有用黑狐皮、秋香色、米色、香色及鞍轡用米色、秋香色者，於定例外，加罪議處。該管官員不行舉發亦如之。

清史稿卷一百四

志七十九

輿服三

皇帝御寶　皇后金寶 太皇太后皇太后金寶玉寶附　皇貴妃以下寶印

皇子親王以下寶印　文武官印信關防條記

清初設御寶於交泰殿，立尚寶司。其後以內監典守，當用則內閣請而用之。乾隆十一年，考定寶譜，藏之交泰殿者二十有五，藏之盛京者十。交泰殿所藏：曰「大清受命之寶」，以章皇序。白玉，方四寸四分，厚一寸。盤龍紐，高二寸。曰「皇帝奉天之寶」，以章奉若。碧玉，方四寸四分，厚一寸一分。盤龍紐，高三寸五分。曰「大清嗣天子寶」，以章繼繩。金，方二寸四分，厚八分。交龍紐，高一寸七分。曰「皇帝之寶」，以布詔赦。青玉，方三寸九分，厚一寸。交龍紐，高二寸一分。曰「皇帝之寶」，以肅法駕。栴檀香木，方四寸八分，厚一寸八分。盤龍紐，高三寸五分。曰「天子之寶」，以祀百神。白玉，方二寸四分，厚八分。交龍紐，高一寸三分。曰「皇帝尊親之寶」，以薦徽號。白玉，方二寸一分，厚七分。盤龍紐，高一寸三分。曰「皇帝親親之寶」，以展宗盟。白玉，方二寸二分，厚一寸二分。交龍紐，高一寸二分。曰「皇帝行寶」，以頒賜賚。碧玉，方四寸八分，厚一寸九分。蹲龍紐，高二寸五分。曰「皇帝信寶」，以徵戎伍。白玉，方三寸三分，厚六分。交龍紐，高一寸六分。曰「天子行寶」，以册外蠻。碧玉，方四寸八分，厚一寸九分。蹲龍紐，高二寸三分。曰「天子信寶」，以命殊方。青玉，方三寸八分，厚一寸三分。交龍紐，高一寸七分。曰「敬天勤民之寶」，以飭覲吏。白玉，方三寸一分，厚一寸五分。交龍紐，高一寸七分。曰「制誥之寶」，以諭臣僚。青玉，方四寸，厚二寸。交龍紐，高二寸七分。曰「敕命之寶」，以鈐誥敕。碧玉，方三寸五分，厚一寸三分。交龍紐，高一寸八分。曰「垂訓之寶」，以揚國憲。碧玉，方四寸，厚一寸五分。交龍紐，高二寸。曰「命德之寶」，以獎忠良。青玉，方四寸，厚一寸四分。交龍紐，高二寸一分。曰「欽文之璽」，以重文教。墨玉，方三寸六分，厚一寸五分。交龍紐，高一寸六分。曰「表章經史之寶」，以崇古訓。碧玉，方四寸七分，厚二寸一分。交龍紐，高二寸二分。曰「巡狩天下之寶」，以從省方。青玉，方四寸七分，厚二寸。交龍紐，高二寸五分。曰「討罪安民之寶」，以張征伐。青玉，方四寸八分，厚二寸。交龍紐，高二寸五分。曰「制馭六師之寶」，以整戎行。墨玉，方五寸三分，厚一寸四分。交龍紐，高二寸二分。曰「敕正萬邦之寶」，以誥外國。青玉，方三寸八分，厚一寸五分。盤龍紐，高二寸三分。曰「敕正萬民之寶」，以誥四方。青玉，方四寸一分，厚一寸五分。交龍紐，高二寸。曰「廣運之寶」，以謹封識。墨玉，方六寸，厚二寸一分。交龍紐，高二寸。

盛京所藏：曰「大清受命之寶」，碧玉，方四寸八分，厚一寸九分。蹲龍紐，高二寸四分。曰「皇帝之寶」，青玉，方四寸八分，厚一寸九分。交龍紐，高二寸七分。曰「皇帝之寶」，碧玉，方五寸，厚一寸八分。盤龍紐，高三寸。曰「皇帝之寶」，栴檀香木，方三寸八分，厚六分。素龍紐，高五分。曰「奉天之寶」，金，方三寸七分，厚九分。交龍紐，高二寸。曰「天子之寶」，金，方三寸七分，厚九分。交龍紐，高二寸。曰「奉天法祖親賢愛民」，碧玉，方四寸九分，厚一寸五分。交龍紐，高二寸。曰「丹符出驗四方」，青玉，方四寸七分，厚二寸。交龍紐，高二寸二分。曰「敕命之寶」，青玉，方三寸七分，厚一寸八分。交龍紐，高二寸五分。曰「廣運之寶」，金，方二寸四分，厚八分。交龍紐，高一寸五分。

高宗御製國朝傳寶記曰：「國朝受天命，采古制爲璽。掌以宮殿監正，襲以重盝，承以髹几，設交泰殿中，以次左右列，當用則內閣請而用之。其質有玉、有金、有栴檀木。玉之品有白、有青、有碧。紐有交龍、有盤龍、有蹲龍。其文自太宗文皇帝以前，專用國書，旣乃兼用古篆。其大小自方六寸至二寸一分不一。嘗考大淸會典，載御寶二十有九，今交泰殿所貯三十有九。會典又云：『宮內收貯者六，內庫收貯者二十有三。』今則皆貯交泰殿，數與地皆失實。至謂『皇帝奉天之寶』卽傳國璽，兩郊大祀及聖節宮中告天青詞用之，此語尤誕謬。大祀遵古禮，用祝版署名而不用寶。聖節宮中未嘗有告天事，或道籙祝釐，時一行之，亦不過偶存其數耳，未嘗命文人爲青詞，亦未嘗用寶。且此璽孰非世之傳守，而專以一寶爲傳國璽，亦不經。蓋緣修會典諸臣無宿學卓識，復未嘗請旨取裁，僅沿明時內監所書册檔，承譌襲謬，遂至於此。甚矣紀載之難也。且會典所不載者，復有『受命於天旣壽永昌』一璽，不知何時附藏殿內，反置之正中。按其詞雖類古所傳秦璽，而篆文拙俗，非李斯蟲鳥之舊明甚。獨玉質瑩潔如截肪，方得黍尺四寸四分，厚得方之三。以爲良玉不易得則信矣，若論寶，無論非秦璽，卽眞秦璽，亦何足貴！乾隆三年，高斌督河時奏進屬員濬寶應河所得玉璽，古澤可愛，又與輟耕錄載蔡仲平本頗合。朕謂此好事者仿刻所爲，貯之別殿，視爲玩好舊器而已。夫秦璽煨燼，古人論之詳矣。卽使尙存，政、斯之物，何得與本朝傳寶同貯？於義未當。又雍正年故大學士高其位進未刻碧玉寶，一文未刻，未成爲寶，而與諸寶同貯，亦未當。朕嘗論之，君人者在德不在寶。寶雖重，一器耳。明等威、徵信守，與車旗章服何異？德之不足，則山河之險，土宇之富，拱手而授之他人，未有徒恃此區區尺璧，足以自固者。誠能勤修令德，繫屬人心，則言傳號渙，萬里奔走，珍非和璧，制不龍螭，篆不斯籀，孰敢不敬信承奉，尊爲神明。故寶器非寶，寶於有德。古有得前代符寶，君臣動色矜耀，侈爲瑞貺者。我太宗文皇帝時，獲蒙古所傳元帝國寶，容而納之，初不藉以爲受命之符。由今思之，文皇帝之臣服函夏，垂統萬世，在德耶？在寶耶？不待智者而知之矣。善夫唐梁肅之言曰：『鼎之輕重，璽之去來，視德之高下，位之安危。』然則人君承祖宗付畀，思以永膺斯寶，引而勿替，其非什襲固守之謂。謂夫日新厥德，居安慮危，凝受皇天大寶命，則德足重寶，而寶以愈重。璽玉自古無定數，今交泰殿所貯，歷年既久，紀載失眞，且有重複者。爰加考正排次，定爲二十有五，以符天數。並著成譜，而序其大恉如此。」又盛京尊藏寶譜序曰：「乾隆十一年春，閱交泰殿所貯諸寶，既詳定位置，爲文記之。其應別貯者，分別收貯。至其文或複見，及國初行用者，爲數凡十。雖不同現用之寶，而未可與古玩並列。因念盛京爲國家發祥地，祖宗神爽，實所式憑。朕既重繕列祖實錄，尊藏鳳凰樓上，覲揚光烈，傳示無疆。想當開天之始，凝受帝命，寶符煥發，六服承式，璠璵孚尹，手澤存焉。記不云乎，『陳其宗器』，弘璧琬琰，陳之西序，崇世守也。爰奉此十寶，齎送盛京，鐍而藏之，而著其緣起如此。」

乾隆十三年九月，改鐫御寶，始用清篆文，左爲清篆，右爲漢篆。高宗御題交泰殿寶譜序後曰：「寶譜成於乾隆十一年丙寅，越三年戊辰，始指授儒臣爲清文各篆體書。因思向之國寶，官印，漢文用篆書，而清文則用本字者，以國書篆體未備也。今既定爲篆法，當施之寶印，以昭畫一。按譜內青玉『皇帝之寶』，本清字篆文，傳自太宗文皇帝時，自是而上四寶，均先代相承，傳爲世守者，不敢輕易。其檀香『皇帝之寶』以下二十有一，則朝儀綸綍所常用，宜從新制。因敕所司一律改鐫，與漢篆文相配，並記之寶譜序後云。」

乾隆四十五年八月，高宗七旬聖壽，用杜甫句刻「古稀天子之寶」，並御製古稀說，兼繫以詩。四十六年正月，用乾清宮西暖閣貯「敬天勤民寶」之例，貯「古稀天子之寶」於東暖閣。

皇后金寶，清、漢文玉筯篆，交龍紐，平臺，方四寸四分，厚一寸二分。

康熙四年，製太皇太后金寶、玉寶，盤龍紐。餘皆與皇后寶同。玉寶臺高一寸八分，餘同金寶。

皇太后金寶、玉寶，俱盤龍紐。餘與皇后寶同。

皇貴妃金寶，清、漢文玉筯篆，蹲龍紐，平臺，方四寸，厚一寸二分。

貴妃金寶，與皇貴妃同。

妃金印，清、漢文玉筯篆，龜紐，平臺，方三寸六分，厚一寸。

康熙十五年，定皇太子金寶，玉筯篆，蹲龍紐，平臺，方四寸，厚一寸二分。

和碩親王金寶，龜紐，平臺，方三寸六分，厚一寸。親王世子金寶，龜紐，平臺，方三寸五分，厚一寸。多羅郡王鍍金銀印，麒麟紐，平臺，方三寸四分，厚一寸。俱清、漢文芝英篆。

外國王鍍金銀印，清、漢文尚方大篆，駝紐，平臺，方三寸五分，厚一寸。順治十年，以朝鮮國王原領印文有清字無漢字，命禮部改鑄清、漢文金印，頒給該王，仍將舊印繳進。

宗人府、衍聖公銀印，直紐，三臺，方三寸三分，厚一寸。俱清、漢文尚方大篆。

公、侯、伯銀印，虎紐，方三寸三分，厚九分。公三臺，侯、伯二臺。

經略大臣、大將軍、將軍、領侍衞內大臣銀印，虎紐，二臺，方三寸三分，厚九分。俱清、漢文柳葉篆。

軍機事務處銀印，直紐，二臺，方三寸二分，厚八分。宣統三年四月，改軍機處爲內閣，舊內閣遂裁。

各部、都察院銀印，直紐，三臺，方三寸三分，厚九分。俱清、漢文尙方大篆。

理藩院銀印，直紐，三臺，方三寸三分，厚九分。兼清、漢、蒙古三體字，清、漢文尙方大篆，蒙古字不用篆。理藩院後改理藩部。

盛京五部銀印，直紐，二臺，方三寸二分，厚八分。盛京五部後裁。

戶部總理三庫事務銀印，直紐，二臺，方三寸二分，厚八分。戶部後改名度支部。

翰林院銀印，二臺，方三寸二分，厚八分。

內務府銀印，二臺，方三寸二分，厚八分。

景陵、泰陵內務府總管，東陵、泰陵承辦事務銅關防，凡關防皆直紐。長三寸，闊一寸九分。

鑾儀衞銀印，直紐，二臺，方三寸二分，厚八分。宣統朝因避寫故名鑾輿衞。俱清、漢文尙方大篆。

通政使司、大理寺、太常寺、順天府、奉天府銀印，直紐，方二寸九分，厚六分五釐。通政司後裁，大理寺後改大理院，太常寺後歸併禮部。俱清、漢文尙方小篆。

詹事府銅印，直紐，方二寸七分，厚九分。

光祿寺、太僕寺、武備院、上駟院、奉宸苑銅印，直紐，方二寸六分，厚六分五釐。詹事府後裁，光祿寺後歸併禮部，太僕寺後歸併陸軍部。

內繙書房銅關防，長三寸，闊一寸九分，俱清、漢文尚方小篆。

國子監銅印，直紐，方二寸五分，厚六分。

太醫院銅印，直紐，方二寸四分，厚五分。

各道監察御史、稽察內務府御史、稽察宗人府御史、巡鹽御史銅印，直紐，有孔，方一寸五分，厚三分。

宗人府左、右司，太僕寺左、右司，鑾儀衞左、右司，各部、理藩院各司，銅印，直紐，方二寸四分，厚五分。

內務府各司銅印，直紐，方二寸二分，厚四分五釐。

崇文門稅務管理，坐糧廳戶部分司，工部木柴監督，工部木廠監督，工部管理街道各倉監督，工部後改併爲農工商部。左、右翼管稅，戶部銀庫、緞匹庫，戶部辦理八旗俸餉，戶部辦理八旗現審，順天、奉天府丞，各關稅監督銅關防，長三寸，闊一寸九分。

巡視五城御史、管理古北口驛務，管理獨石口驛務銅關防，長二寸八分，闊一寸九分。

欽天監時憲書銅印，直紐，方二寸一分，厚四分四釐。

暢春園、圓明園、清漪園官房稅庫銅條記，凡條記皆直紐。長二寸六分，闊一寸九分。俱大理寺左、右司，光祿寺四署，五城兵馬司銅印，直紐，方二寸二分，厚四分五釐。清、漢文鐘鼎篆。

中書科銅印，直紐，方二寸一分，厚四分五釐。

內閣典籍廳銅關防，長三寸，闊一寸九分。

翰林院典簿，禮部鑄印局，宣統三年印鑄局改屬新內閣，禮部亦改典禮院。理藩院銀庫，工部製造庫，工部料估所，各部、院督催所銅關防，長三寸，闊一寸九分。

順天府府治中、稽察盛京五部將軍衙門、稽察黑龍江等處、稽察寧古塔等處銅關防，長二寸九分，闊一寸九分。

兵馬司副指揮銅關防，長二寸六分，闊一寸六分。

宗人府經歷司銅印，直紐，方二寸四分，厚五分。

都察院經歷司銅印，直紐，方二寸二分，厚四分五釐。

鑾儀衛經歷司，各部、院、寺司務廳銅印，直紐，方二寸一分，厚四分四釐。

各壇、廟、祠祭署銅印，直紐，方二寸，厚四分二釐。

太醫院藥庫銅印，直紐，方一寸九分，厚四分二釐。

國子監典籍廳銅印，直紐，方一寸九分，厚四分二釐。

禮部鑄印局大使銅條記，長二寸六分，闊一寸九分。

兵馬司吏目銅條記，長二寸四分，闊一寸四分。俱清、漢文垂露篆。

護軍統領、前鋒統領、火器營統領銀印，虎紐，方三寸三分，厚九分。

提督九門步軍統領，圓明園總管八旗、內府三旗官兵銀印，虎紐，二臺，方三寸三分，厚九分。

總管雲梯健銳營八旗傳事銀關防，直紐，長三寸二分，闊二寸。俱清、漢文柳葉篆。

護軍統領、參領、協領、雲梯健銳營翼長、各處總管銅關防，長三寸，闊一寸九分。俱清、漢文殳篆。

八旗佐領，宗室、覺羅族長銅圖記，凡圖記皆直紐。方一寸七分，厚四分五釐。俱清文懸針篆。

咸安宮官學、景山官學、養心殿造辦處銅圖記，方一寸七分，厚四分。

看守通州三倉首領銅關防，長三寸，闊一寸九分。俱清、漢文懸針篆。

鎮守將軍銀印，虎紐，二臺，方三寸三分，厚九分。

副都統銀印，虎紐，二臺，方三寸二分，厚八分。俱清、漢文柳葉篆。

察哈爾都統銀印，虎紐，二臺，方三寸三分，厚九分。用滿洲、蒙古二種字，滿文柳葉篆。

總統伊犂等處將軍銀印，虎紐，二臺，方三寸三分，厚九分。兼滿、漢、托忒、回子四種字，滿、漢文俱柳葉篆，托忒、回子字不篆。

辦理伊犂、烏魯木齊等處事務大臣銀印，虎紐，二臺，方三寸三分，厚九分。兼滿、漢、托忒三種字，滿、漢文俱柳葉篆。

伊犂分駐雅爾城總理參贊大臣銀印，虎紐，二臺，方三寸三分，厚九分。兼滿洲、托忒、回子三種字，滿文柳葉篆。

辦理葉爾羌、喀什噶爾、阿克蘇諸處事務大臣銀印，虎紐，方三寸三分，厚九分。兼滿、漢、回子三種字，滿、漢文俱柳葉篆。

管理巴里坤等處事務大臣銀印，虎紐，二臺，方三寸三分，厚九分。

辦理哈密糧餉事務大臣銀印，虎紐，二臺，方三寸三分，厚九分。俱柳葉篆。

八旗游牧總管，察哈爾總管、城守尉銅印，方二寸六分，厚六分五釐。殳篆。

興京等城守尉銅關防，長三寸，闊一寸九分。

錦州等城守尉銅關防，長二寸九分，闊一寸九分。

駐防左、右翼長，協領、參領銅條記，長二寸六分，闊一寸六分五釐。俱殳篆。

防守尉銅關防，長二寸八分，闊一寸九分。

駐防佐領銅條記，長二寸六分，闊一寸六分五釐。俱清、漢文懸針篆。

直省總督、巡撫銀關防，直隸總督、陝甘總督、四川總督，鑴兼巡撫字樣。江西巡撫、河南巡撫，鑴兼提督字樣。山西巡撫，鑴兼提督鹽政字樣。長三寸二分，闊二寸，俱清、漢文尚方大篆。

欽差大臣銅關防，如督、撫式。三品以上用之。

各省承宣布政使司銀印，直紐，二臺，方三寸一分，厚八分。

各省提刑按察使司後改提法使。銅印，直紐，方二寸七分，厚九分。

各省鹽運使司銅印，直紐，方二寸六分，厚六分五釐。

各省提督學政後改提學使，並改關防爲印信。銅關防，長二寸九分，闊一寸九分。俱清、漢文尚方小篆。

各處管理織造銅關防，長二寸九分，闊一寸九分。

各省守、巡道後於省會地方增設巡警道、勸業道。銅關防，長三寸，闊一寸九分，俱清、漢文鐘鼎篆。

欽差官員銅關防、如道員式。四品以下用之。

各府銅印，直紐，方二寸五分，厚六分。

各府同知、通判銅關防，長二寸八分，闊一寸九分。

各州銅印，直紐，方二寸三分，厚五分。

京縣銅印，直紐，方二寸二分，厚四分五釐。

各縣銅印，直紐，方二寸一分，厚四分四釐。

鹽課提舉司銅印，方二寸四分，厚五分。

淮南儀所監製官銅關防，長二寸八分，闊一寸九分。

布政使司經歷司、理問所銅印，方二寸二分，厚四分五釐。

鹽運使司經歷司銅印，方二寸一分，厚四分四釐。

布政使司照磨所、京府儒學、各府經歷司銅印，方二寸，厚四分二釐。

京府照磨所、司獄司、各府照磨所、司獄司、各府儒學、衞儒學、布政司庫大使、府庫大使、巡檢司、稅課司、茶馬司銅印，方一寸九分，厚四分。

各州、縣儒學銅條記，長二寸六分，闊一寸六分五釐。

縣丞、主簿、吏目、鹽課所、批驗所、各驛丞、遞運所、各局、各倉、各閘銅條記，長二寸四分，闊一寸三分。俱垂露篆。

提督、總兵官銀印，虎紐，三臺，方三寸三分，厚九分。

鎭守掛印總兵官銀印，虎紐，二臺，方三寸三分，厚九分。鎭守總兵官銅關防，長三寸二分，闊二寸。俱清、漢文柳葉篆。

副將、參將、游擊銅關防，長三寸，闊一寸九分。

宣慰司銅印，方二寸七分，厚九分。俱清、漢文殳篆。

都司僉書銅關防，長三寸，闊一寸九分。營都司，衞、所千總銅關防，長二寸八分，闊一寸九分。

守備銅條記，長二寸六分，闊一寸六分。

衞守備銅印，方二寸六分，厚六分五釐。

宣撫司銅印，方二寸五分，厚六分。

宣撫司副使、安撫司領運千總銅印，方二寸四分，厚五分五釐。

長官司指揮、僉事銅印，方二寸二分，厚四分五釐。俱清、漢文懸針篆。

衞經歷、宣慰司經歷銅印，方二寸一分，厚四分四釐，垂露篆。

土千戶銅印，方二寸三分，厚四分五釐。

土百戶銅印，方二寸，厚四分二釐。俱清、漢文懸針篆。

管理京城喇嘛班第、管理盛京喇嘛班第銅印，方二寸二分，厚四分五釐。俱清、漢文轉宿篆。

正乙眞人銅印，方二寸四分，厚五分。清、漢文垂露篆。

乾隆十四年，禮部奉諭：「理藩院印文之蒙古字，不必篆書。外藩扎薩克盟長、喇嘛、並蒙古、西藏，一應滿洲、蒙古、唐古特文，均亦不必篆書。其在京扎薩克、大喇嘛印，滿文俱篆書，蒙古文不必篆書。」又諭：「近因新定清文篆書，鑄造各衙門印信，所司檢閱庫中所藏經略大將軍、將軍諸印，凡百餘顆。皆前此因事頒給，經用繳還，未經銷燬者。會典復有『命將出師，請旨將庫中印信頒給』之文，遂至濫觴。朕思虎符鵲紐，用之軍旅，所以昭信，無取繁多。庫中所藏，其中振揚威武，建立膚功者，具載歷朝實錄，班班可考。今擇其克捷奏凱，底定迅速者，經略印一，大將軍、將軍印各七，分匣收貯。稽其事迹始末，刻諸文笥，足以傳示奕禩。即仍其清、漢舊文，而配以今製清文篆書，如數重造。遇有應用，具奏請旨頒給。一並藏之皇史宬。其餘悉交該部銷燬。此後若遇請自皇史宬而用者，蕆事仍歸之皇史宬。若因遇事特行頒給印信者，事完交部銷燬。將此載入會典。」

高宗御定印譜，欽命總理一切軍務儲糈經略大臣關防一，奉命、撫遠、寧遠、安東、征南、平西、平北大將軍印各一，鎭海、揚威、靖逆、靖東、征南、定西、定北將軍印各一。並御製印譜序曰：「國家膺圖御宇，神聖代興，赫濯撻伐，光啓鴻業。時則有推轂命將之典，及功成奏凱，還上元戎佩印。載在册府，藏之史宬。蓋法物留詒，不啻如曩籍所稱玉節牙璋，尙方齊斧者比。乾隆十七年，釐考國書篆字成，因詳加酌定。交泰殿所遵奉世傳御寶，仍依本文，不敢更易。其常行誥敕所鈐用，以及部院司寺以下，外而督、撫、提、鎭以下，咸改鑄篆文，以崇典章、昭法守。而大將軍、經略及諸將軍之印，或存舊，或兼篆，一依交泰殿諸寶之例，各以時代爲次。茲西陲武功將竣，爰譜圖系說如左。書曰：『其克詰爾戎兵，以陟禹之迹，方行天下，至於海表，罔有不服。』信大兵可百年不用，不可一日不備。披斯譜也，必將曰：是印也，是我朝某年殄某寇、定某地所用也。又將曰：是印也，鑄自某年，某官旣奉以集事，傳至某年，某官復奉以策勳者也。想見一時受成廟算，元老壯猷。豐紐重臺，焜燿耳目。繼自今覲揚光烈，思所以宏此遠謨。弼我億萬世丕丕基，將於是乎在。以視銘績鼎鐘，圖形臺閣者，不尤深切著明也歟？然則觀於寶譜，而一人守器之重可知；觀於印譜，而羣才翊運之殷又可知。詩曰：『王之藎臣，無念爾祖。』記曰：『君子聽鼓鼙，則思將帥之臣。』一再披閱，其何能置大風猛士之懷哉！裝潢蕆事，並令守者什襲尊藏。爲部凡四：一皇史宬，一大內，一內閣，一盛京也。」

清史稿卷一百五

志八十

輿服四 鹵簿附

皇帝鹵簿 太上皇鹵簿皇太子儀衞　皇后儀駕 太皇太后儀駕皇太后儀駕

皇貴妃以下儀仗采仗　親王以下儀衞　固倫公主以下儀衞

額駙儀衞　職官儀衞

清自太宗天聰六年定儀仗之制，凡國中往來，御前旗三對，傘一柄，校尉六人，其制甚簡。自天聰十年改元崇德，始定御仗數目及品官儀從。迨世祖入關定鼎，參稽往制，量加增飾。原定皇帝儀衞有大駕鹵簿、行駕儀仗、行幸儀仗之別，乾隆十三年，復就原定器數增改釐訂，遂更大駕鹵簿爲法駕鹵簿，行駕儀仗爲鑾駕鹵簿，行幸儀仗爲騎駕鹵簿。三者合，則爲大駕鹵簿。而凡皇后儀駕、妃嬪儀仗采仗以及親王以下儀衞，均視原定加詳。茲依乾隆朝所定者標目，而以原定器數及崇德初年所定者附見於後。又太上皇鹵簿、皇太子儀衞，皆一時之制，非同常設，亦并著於篇。庶考因革者，得以沿流溯源，詳稽一代之制焉。

皇帝大駕鹵簿，圜丘、祈穀、常雩三大祀用之。大閱時詣行宮，禮成還宮，亦用之。其制，前列導象四，次寶象五，次靜鞭四。次前部大樂，其器大銅角四，小銅角四，金口角四。次革輅駕馬四，木輅駕馬六，象輅駕馬八，金輅駕象一，玉輅駕象一。次鐃歌樂，鐃歌鼓吹與行幸樂並設，名鐃歌樂。其器金二，銅鼓四，銅鈸二，扁鼓二，銅點二，龍篴二，平篴二，雲鑼二，管二，笙二，金口角八，大銅角十六，小銅角十六，蒙古角二，金鉦四，畫角二十四，龍鼓二十四，龍篴十二，拍板四，仗鼓四，金四，龍鼓二十四，間以紅鐙六。次引仗六，御仗十六，吾仗十六，立瓜、臥瓜各十六，星、鉞各十六，出警、入蹕旗各一，五色金龍小旗四十，次翠華旗二，金鼓旗二，門旗八，日、月旗各一，五雲旗五，五雷旗五，八風旗八，甘雨旗四，列宿旗二十八，五星旗五，五嶽旗五，四瀆旗四，神武、朱雀、青龍、白虎旗各一，天馬、天鹿、辟邪、犀牛、赤熊、黃羆、白澤、角端、游麟、彩獅、振鷺、鳴鳶、赤烏、華蟲、黃鵠、白雉、雲鶴、孔雀、儀鳳、翔鸞旗各一。五色龍纛四十，前鋒纛八，護軍纛八，驍騎纛二十四。次黃麾四，儀鍠氅四，金節四，進善納言、敷文振武、褒功懷遠、行慶施惠、明刑弼教、教孝表節旌各二。龍頭旛四，豹尾旛四，絳引旛四，信旛四。羽葆幢四，霓幢四，紫幢四，長壽幢四。次鸞鳳赤方扇八，雉尾扇八，孔雀扇八，單龍赤團扇八，單龍黃團扇八，雙龍赤團扇八，雙龍黃團扇八，赤滿單龍團扇六，黃滿雙龍團扇六，壽字黃扇八。次赤素方傘四，紫素方傘四，五色花傘十，五色糚緞傘十，間以五色九龍團傘十。次九龍黃蓋二十，紫芝蓋二，翠華蓋二，九龍曲柄黃蓋四。次戟四，殳四，豹尾槍三十，弓矢三十，儀刀三十。次仗馬十。次金方几一，金交椅一，金瓶二，金盥盤一，金盂一，金盒二，金鑪二，拂二。次九龍曲柄黃蓋一。前引佩刀大臣十人，提鑪二，玉輦在中。後扈佩刀大臣二人，豹尾班執槍佩儀刀侍衞各十人，佩弓矢侍衞二十人，領侍衞內大臣一人，侍衞班領二人。後管宗人府王、公二人，散秩大臣一人，前鋒護軍統領一人，給事中、御史二人，各部郎中、員外郎四人，侍衞班領一人，署侍衞班領一人，侍衞什長二人。次黃龍大纛二，領侍衞內大臣一人，司纛侍衞什長二人，建纛親軍四人，鳴佩螺親軍六人。

太宗崇德元年，備大駕鹵簿，玉璽四顆。黃傘五，團扇二。纛十，旗十。大刀六，戟六。立瓜、臥瓜、骨朵各二，吾仗六。馬十。金椅、金杌、香盒、香鑪、金水盆、金唾壺、金瓶、樂器全設。嗣復定儀仗數目，用金漆椅一，金漆杌一，蠅拂四，金唾盂一，金壺一，金瓶、金盆各一，香鑪、香盒各二。曲柄傘一，直柄傘四，扇二，節四。骨朵二，立瓜、臥瓜各二，吾仗六，紅仗四。鑼二，鼓二，畫角四，簫二，笙二，架鼓四，橫笛二，龍頭橫笛二，檀板二，小銅鈸四，小銅鑼二，大銅鑼四，雲鑼二，鎖吶四。世祖入關，一仍舊制。迨順治三年以後，更定皇帝鹵簿，有大駕鹵簿、行駕儀仗、行幸儀仗之別。大駕鹵簿之制，曲柄九，龍傘四，直柄九龍傘十六，直柄瑞草傘六，直柄花傘六，方傘八。大刀二十，弓矢二十，豹尾槍二十，龍頭方天戟四。黃麾二，絳引旛四，信旛、傳教旛、告止旛、政平訟理旛各四，儀鍠氅八，羽葆幢四，青龍、白虎、朱雀、神武幢各一，豹尾旛、龍頭竿旛各四。金節四。銷金龍纛、銷金龍小旗各二十。金鉞六。馬十。鸞鳳扇八，單龍扇十二，雙龍扇二十。拂子二，紅鐙六，金香鑪、金瓶、金香盒各二，金唾壺、金盆、金杌、金交椅、金脚踏各一。御仗六，星六。節頭八。稼薦三十。靜鞭三十。品級山七十二。肅靜旗、金鼓旗、白澤旗各二，門旗八，日、月、風、雲、雷、雨旗各一，五緯旗五，二十八宿旗各一，北斗旗一，五嶽旗五，四瀆旗四，青龍、白虎、朱雀、神武、天鹿、天馬、鸞麟、熊羆旗各一。立瓜、臥瓜、吾仗各六。畫角二十四，鼓四十八，大銅號、小銅號各八，金、金鉦、仗鼓各四，龍頭笛十二，板四串。凡郊祀大典，萬壽、元旦、冬至三大朝會及諸典禮皆用之。

法駕鹵簿，與大駕鹵簿同，惟彼用鐃歌樂，此則用鐃歌鼓吹。其器大銅角八，小銅角八，金鉦四，畫角二十四，龍鼓二十四，龍篴十二，拍板四，仗鼓四，金二，龍鼓二十四，間以紅鐙六，視鐃歌樂爲減。又御仗、吾仗、立瓜、臥瓜、星、鉞皆各六，五色金龍小旗二十，五色龍纛二十，九龍黃蓋十，豹尾槍二十，弓矢二十，儀刀二十，佩弓矢侍衞十人，其赤滿單龍團扇、黃滿雙龍團扇及五色粧緞傘皆不設，亦均較大駕爲減。又玉輦改設金輦，餘均與大駕鹵簿同。凡祭方澤、太廟、社稷、日月、先農各壇，歷代帝王、先師各廟，則陳之。若遇慶典朝賀，則陳於太和殿庭。其制，九龍曲柄黃華蓋設於太和殿門外正中，次拂、鑪、盒、盂、盤、瓶、椅、几在殿檐東、西。次儀刀、弓矢、豹尾槍親軍、護軍相間爲十班，暨殳戟，均在丹陛東、西。次九龍曲柄黃蓋、翠華蓋、紫芝蓋、九龍黃蓋、五色九龍傘、五色花傘，自丹陛三成，相間達於兩階。階下靜鞭、仗馬列甬道東、西。紫、赤方傘，扇，幢、旛、旌、節、氅、麾、纛、旗、鉞、星、瓜、仗，列丹墀東、西。玉輦、金輦在太和門外，五輅在午門外，寶象在五輅之南，鹵簿樂即鐃歌鼓吹。在寶象之南，朝象即導象。在天安門外。若於圓明園行慶賀禮，則陳於正大光明殿階下，至大宮門外，惟輦輅儀象不設。若御樓受俘，則設九龍曲柄黃華蓋於樓檐下，設丹陛鹵簿於午門外左右兩觀下，設丹墀鹵簿於闕左右門至端門北，設仗馬於兩角樓前，設輦輅儀象於天安門外，設靜鞭於兩角樓夾御道左右，設金鼓鐃歌大樂鐃歌鼓吹與前部大樂並列，曰金鼓鐃歌大樂。於午門前。設丹陛大樂於鹵簿之末，其器雲鑼二，方響二，簫二，篴四，頭管四，笙四，大鼓二，仗鼓一，拍板一。

鑾駕鹵簿，行幸於皇城則陳之。其制，前列導迎樂，先以戲竹二，次管六，篴四，笙二，雲鑼二，導迎鼓一，拍板一。次御仗四，吾仗四，立瓜、臥瓜、星、鉞各四，次五色金龍小旗十，五色龍纛十。次雙龍黃團扇十，黃九龍傘十。次九龍曲柄黃華蓋一。皆在皇帝步輦前。次前引佩刀大臣十人，後扈佩刀大臣二人，步輦在中，次豹尾班侍衛執槍十人，佩儀刀十人，佩弓矢十人，殿以黃龍大纛。原定行駕儀仗，銷金九龍傘十，銷金龍纛十，銷金龍小旗十，雙龍扇十。金鉞四，星四，御仗四，吾仗四，立瓜、臥瓜各四。凡車駕出入，執事人馬上排列。

騎駕鹵簿，巡方若大閱則陳之。其制，前列鐃歌大樂。間以鐃歌清樂，器用大銅角八，小銅角八，金口角八，雲鑼二，龍篴二，平篴二，管二，笙二，銅鼓四，金二，銅點二，銅鈸二，行鼓二，蒙古角二。次御仗六，吾仗六，立瓜、臥瓜、星、鉞各六。次五色金龍小旗十，五色龍纛十。次單龍赤團扇六，雙龍黃團扇六，五色花傘十。次豹尾槍十，弓矢十，儀刀十。次九龍曲柄黃華蓋一。皆在皇帝輕步輿前，若乘馬則在馬前。次前引佩刀大臣十人，後扈佩刀大臣二人，輕步輿在中。次豹尾班侍衞執槍十人，佩儀刀十人，佩弓矢十人，殿以黃龍大纛。駐蹕御營，朝陳蒙古角，夕陳鐃歌樂。大閱則陳鹵簿於行宮門外。原定行幸儀仗，紺緞傘十，銷金龍纛十，銷金龍小旗十。雙龍扇六，單龍扇四。豹尾槍十，大刀十，弓矢十。金鉞六，星六，御仗、吾仗、立瓜、臥瓜各六。金二，笙二，雲鑼二，管二，篴四，金鉦四，銅鈸四，鼓二，鎖吶八，銅點二，小號、大號各八，蒙古號六。凡車駕行幸，執事人步行排列。

太上皇鹵簿，原定無之。嘉慶元年，因授璽禮成，陳太上皇鹵簿於寧壽宮。其制，引仗六，御仗十六，吾仗十六，立瓜、臥瓜各十六，星、鉞各十六，旗、纛二百二十四，麾、氅、節各四，旌十六，旛十二，幢二十，扇八十六，傘六十六，戟殳各四，豹尾槍、弓矢、儀刀各三十，金交椅、金馬杌各一，拂二，金器八，銀水、火壺各一，雨傘二，盤線鐙二，紅鐙六。樂器備設，笙、管、雲鑼、平遂、鈸、點鼓各二，金及金鉦、銅鼓、扁鼓、仗鼓各四，架鼓、金口角各十二，龍遂十四，大銅角、小銅角、蒙古畫角各二十四，龍鼓四十八。

皇太子儀衞，清自康熙五十二年後不復建儲，故國初雖有皇太子儀仗，幾同虛設。乾隆六十年，以明年將行內禪，九月，議定皇太子出入內朝，用導從侍衞四人，乾清門侍衞二人。如出外朝及城市內外，隨從散秩大臣一人，侍衞十人，領侍衞內大臣一人，乾清門侍衞四人。前設虎槍六，後設豹尾槍八。是年復諭禮臣，以册立皇太子典禮既不舉行，其一切儀仗製造需時，亦毋庸另行備辦。原定皇太子儀仗，曲柄九龍傘三，直柄龍傘四，直柄瑞草傘二，方傘四，雙龍扇四，孔雀扇四。白澤旗二。金節二。羽葆幢二，傳教旛、告止旛、信旛、絳引旛各二，儀鍠氅二。銷金龍纛十，銷金龍小旗十。豹尾槍十，弓矢十，大刀十，馬八，金鉞四，立瓜、臥瓜、骨朶、吾仗各四。拂二。畫角十二，花匡鼓二十四，大銅號八，小銅號二，金、金鉦、仗鼓各二，龍頭遂二，板二。金香鑪、金瓶、金香盒各二，金唾壺、金盆各一，金杌一，金交椅一，金脚踏一。

皇后儀駕，原名鹵簿。吾仗四，立瓜四，臥瓜四，五色龍鳳旗十。次赤、黃龍、鳳扇各四，雉尾扇八，次赤、素方傘四，黃緞繡四季花傘四，五色九鳳傘十。次金節二。次拂二，金香鑪二，金香盒二，金盥盤一，金盂一，金瓶二，金椅一，金方几一。次九鳳曲柄黃蓋一。鳳輿一乘，儀輿二乘，鳳車一乘，儀車二乘。原定太皇太后鹵簿，銷金龍鳳旗八。金節二。吾仗四，立瓜四，臥瓜四。黃曲柄九鳳傘一，黃直柄花傘四，紅直柄瑞草傘二，青黑直柄九鳳傘各二，紅方傘二，黃、紅銷金龍、鳳扇各二，金黃素扇二，紅鸞鳳扇二。拂二，金香鑪二，金瓶二，金香盒二，金唾壺一，金盆一，金杌一，金交椅一，金脚踏一。凡萬壽節元旦、冬至及諸慶典，鑾儀衞先時陳設。皇太后、皇后鹵簿並同。

太皇太后儀駕暨皇太后儀駕，均與皇后儀駕同。惟車、輿兼繪龍鳳文。

皇貴妃儀仗，吾仗四，立瓜四，臥瓜四。赤、黑素旗各二，金黃色鳳旗二，赤、黑鳳旗各二。金黃、赤、黑三色素扇各二，赤、黑鸞鳳扇各二，赤、黑瑞草傘各二，明黃、赤、黑三色花傘各二。金節二。拂二，金香鑪、香盒、盥盤、盂各一，金瓶二，金椅一，金方几一。七鳳明黃曲柄蓋一。翟輿一乘，儀輿一乘，翟車一乘。原定皇貴妃儀仗，紅、黑鳳旗各二，金節二，吾仗二，立瓜二，臥瓜二。紅曲柄七鳳傘一，紅直柄花傘二，紅直柄瑞草傘二，紅方傘二，金黃素扇二，紅繡扇二。拂二，金香鑪一，金瓶二，金香盒一，金唾壺一，金盆一，馬杌一，交椅一，脚踏一。貴妃儀仗同。

貴妃儀仗，吾仗二，立瓜二，臥瓜二。赤、黑素旗各二，赤、黑鳳旗各二，金黃、赤、黑三色素扇各二，赤、黑鸞鳳扇各二，赤、黑瑞草傘各二，金黃、赤、黑三色花傘各二。金節二。

拂二，金香鑪、香盒、盥盤、盂各一，金瓶二，金椅一，金方几一。七鳳金黃曲柄蓋一。翟輿一乘，儀輿一乘，儀車一乘。

妃采仗，原名儀仗。吾仗二，立瓜二，臥瓜二。赤、黑鳳旗各二。赤、黑素扇各二，赤、黑花傘各二，金黃素傘二。金節二。拂二，銀質飾金香鑪、香盒、盥盤、盂各一，銀瓶二，銀椅一，銀方几一。七鳳金黃曲柄蓋一。翟輿一乘，儀輿一乘，儀車一乘。原定妃儀仗，黑鳳旗二。金節二。吾仗二，立瓜二，臥瓜二。紅直柄花傘二，紅直柄瑞草傘二，金黃素扇二。拂二，銀質飾金香鑪、香盒各一，瓶一，唾壺一，盆一，馬杌一，交椅一，脚踏一。

嬪采仗，原名儀仗。視妃采仗少直柄瑞草傘二。餘同。

親王儀衞，原名儀仗。以下並同。吾仗四，立瓜四，臥瓜四，骨朶四。紅羅繡五龍曲柄蓋一。紅羅繡四季花傘二，紅羅銷金瑞草傘二，紅羅繡四季花扇二，青羅繡孔雀扇二。旗槍十，大纛二，條纛二。豹尾槍四，儀刀四。馬六。遇大典禮，則陳於府第，出使用以導從。常日在京，用曲柄蓋一。紅羅傘扇各二。吾仗、立瓜、臥瓜、骨朶全。馬四。前引十人，後從六人。因事入景運門，帶從官三人。原定有紅羅繡花曲柄傘一，豹尾槍二，大刀二。茲改爲五龍曲柄蓋一，豹尾槍四，儀刀四。餘同。崇德初年，定親王銷金紅傘二，纛二，旗十，立瓜、骨朶各二，吾仗四。

世子儀衞，吾仗四，立瓜四，臥瓜二，骨朶二。紅羅四龍曲柄蓋一。紅羅繡四季花傘一，紅羅銷金瑞草傘二，紅羅繡四季花扇二，青羅繡孔雀扇二。旗槍八，大纛一，條纛一。豹尾槍二，儀刀二。馬六。常日用紅羅傘、扇各二，吾仗、立瓜、臥瓜、骨朶全。馬四。前引八人，後從六人。原定吾仗二，立瓜二，有紅羅繡花曲柄傘一，無豹尾槍，茲增爲吾仗四，立瓜四，改曲柄傘爲四龍曲柄蓋，添豹尾槍二。餘同。崇德年所定，無世子儀仗。

郡王儀衞，吾仗四，立瓜四，臥瓜二，骨朶二。紅羅繡四龍曲柄蓋一。紅羅銷金瑞草傘二，紅羅繡四季花扇二，青羅繡孔雀扇二。旗槍八，條纛二。豹尾槍二，儀刀二。馬六。常日用紅羅傘、扇各二，吾仗、立瓜、臥瓜、骨朶全。馬二。前引八人，後從六人。原定有紅羅繡花曲柄傘一，無豹尾槍、儀刀。茲改曲柄傘爲四龍曲柄蓋，增豹尾槍二，儀刀二。餘同。崇德初年，定郡王銷金紅傘一，纛一，旗八，臥瓜二，吾仗四。

郡王長子儀衞，原定及崇德年所定均無。吾仗二，立瓜二，臥瓜二，骨朶二。紅羅銷金瑞草傘一，紅羅繡四季花扇二。旗槍六，條纛一。馬四。常日用傘一，吾仗、立瓜、臥瓜、骨朶全。前引六人，後從六人。

貝勒儀衞與郡王長子同。原定紅羅銷金傘二，茲減一。餘同。崇德初年，定貝勒銷金紅傘一，纛一，旗六，骨朶二，紅仗二。自世子以下至貝勒，因事入景運門，帶從官二人。

貝子儀衞，吾仗二，立瓜二，骨朶二。紅羅銷金瑞草傘一，紅羅繡四季花扇二。旗槍六，條纛一。常日用吾仗、立瓜、骨朶全。前引四人，後從六人。原定紅羅銷金傘二，茲減一。餘同。崇德初年定貝子彩畫雲紅傘一，豹尾槍二，旗六，紅仗二。

鎭國公、輔國公儀衞，吾仗二，骨朶二。紅羅銷金瑞草傘一，青羅繡孔雀扇一。旗槍六。常日用吾仗、骨朶全。前引二人，後從八人。原定同。崇德初年，定鎭國公紅傘一，豹尾槍二，旗六，紅仗二。輔國公減豹尾槍一。餘同。自貝子以下、輔國公以上，因事入景運門，帶從官一人。

鎭國將軍儀衞，杏黃傘一，青扇一，旗槍六。常日前引二人，後從六人。原定有金黃傘一，無青扇。茲改爲杏黃傘一，增青扇一。餘同。自鎭國將軍以下，原定均照崇德初年定制。

輔國將軍儀衞，與鎭國將軍同。常日前引一人，後從四人。原定常日前引二人，茲減一。餘同。

奉國將軍、奉恩將軍儀衞，原定無奉恩將軍。青扇一，旗槍四。常日後從四人。原定無青扇。

固倫公主儀衞，吾仗二，立瓜二，臥瓜二，骨朶二。金黃羅曲柄繡寶相花傘一，紅羅繡寶相花傘二，青羅繡寶相花扇二，紅羅繡孔雀扇二。黑纛二。前引十人，朝賀日隨侍女五人。原定曲柄傘用紅羅，茲改金黃羅。餘同。崇德初年，定固倫公主淸道旗二。紅仗、吾仗各二。銷金紅傘一，青扇一。拂子二，金吐盂、金水盆各一。

和碩公主儀衞，吾仗二，立瓜二，卧瓜二，骨朵二。紅羅曲柄繡寶相花傘一，紅羅繡寶相花傘二，紅羅繡孔雀扇二。黑纛二。前引八人，隨朝侍女四人。原定同。崇德初年，定和碩公主紅仗、吾仗各二。銷金紅傘一，青扇一。拂子二，金水盆一。

郡主儀衞，吾仗二，立瓜二，骨朵二。紅羅繡寶相花傘二，紅羅繡孔雀扇二。前引六人，隨朝侍女三人。原定同。崇德初年，定郡主吾仗二，銷金紅傘一，青扇一，拂子二。

縣主儀衞，吾仗二，立瓜二。紅羅繡寶相花傘一，青羅繡寶相花扇二。前引二人，隨朝侍女三人。原定同。崇德初年，定縣主紅仗二，銷金紅傘一，拂子二。

郡君隨朝侍女二人，縣君隨朝侍女二人，鄉君隨朝侍女一人，俱無儀仗。原定郡君以下無儀仗。崇德初年，定郡君紅仗二，銷金青傘一，縣君紅仗二。

親王福晉視固倫公主，惟曲柄傘用紅色，隨朝侍女四人。世子福晉視和碩公主，郡王福晉視郡主，郡王長子福晉、貝勒夫人均視縣主，隨朝侍女二人。貝子夫人、公夫人隨朝侍女一人。自貝子夫人以下無儀仗。自將軍夫人以下無隨朝侍女。原定同。惟福晉皆稱妃，又別定側妃、側夫人儀仗。其制，親王側妃視嫡妃少青羅花扇二。餘同。世子側妃纛二，吾仗、立瓜、骨朵各二，紅羅繡花傘、紅羅繡孔雀扇各二。郡王側妃吾仗、立瓜各二，紅羅繡花傘一，青羅繡花扇二。貝勒側夫人及貝子夫人均無儀仗。崇德初年，定親王妃清道旗二，紅仗、吾仗各二，銷金紅傘一，青扇一，拂子二，金唾盂、金水盆各一。郡王妃同，惟少紅仗、金唾盂。貝勒夫人紅仗二，銷金紅傘一，拂子二。貝子夫人以下無儀仗。

額駙儀衞，固倫公主額駙，紅仗二，紅傘一，大小青扇二，旗槍十，豹尾槍二。常日前引二人，後從八人。和碩公主額駙，紅棍四，杏黃傘二，大、小青扇二，旗槍十。常日前引二人，後從八人。郡主額駙，紅棍四，杏黃傘一，大、小青扇二，旗槍十。常日前引二人，後從八人。縣主額駙，杏黃傘一，青扇一，旗槍六。常日前引二人，後從六人。郡君額駙，青扇一，旗槍六。常日前引二人，後從六人。縣君額駙，青扇一，旗槍四。常日無前引，惟後從二人。鄉君額駙，青扇一，旗槍二。常日惟後從一人。

職官儀衞，原名儀從。民公視和碩公主額駙。侯，金黃棍四，餘視郡主額駙。其有加級者，棍得用紅。伯，大、小青扇二，餘視侯。子，金黃棍二，杏黃傘一，大、小青扇二，旗槍八。前引、後從視侯。男，金黃棍二，杏黃傘一，大、小青扇二，旗槍六。常日前引二人，後從六人。

京官，一品視子，二品視男。三品，金黃棍二，杏黃傘一，大、小青扇二，旗槍六。常日前引二人，後從四人。四品，杏黃傘一，大、小青扇二，旗槍四。常日無前引，惟後從二人。餘官均用青素扇一。常日惟後從一人。宗室、覺羅之有職者，各從其品，惟扇柄及棍皆髹以朱。以上儀衞，於京外得全設，常日在京，不得用旗、傘、黃棍。文官三品以上，得用甘蔗棍二。武官三品以上，得用棕竹棍二。自一品至九品，均得用扇，扇各用清、漢字書銜。若進皇城，扇棍及前引人均不得入。文武大臣因事入景運門，帶從官一人。

直省文官，總督，青旗八，飛虎旗、杏黃傘、青扇、兵拳、雁翎刀、獸劍、金黃棍、桐棍、皮槊各二，旗槍四，迴避、肅靜牌各二。巡撫，青旗八，杏黃傘、青扇、獸劍、金黃棍、桐棍、皮槊各二，旗槍二，迴避、肅靜牌各二。凡二品以上大臣陛見到京，入景運門，帶從官一人。布政使、按察使，青旗六，杏黃傘、青扇、金黃棍、皮槊各二，迴避、肅靜牌各二。各道青旗四，杏黃傘、青扇各一，桐棍、皮槊各二，迴避、肅靜牌各二。知府與道同。府倅、知州、知縣，青旗四，藍傘一，青扇一，桐棍、皮槊各二，肅靜牌二。縣佐，藍傘一，桐棍二。學官，藍傘一。雜職，竹板二。河道、漕運總督視總督，學政、鹽政、織造暨各欽差官三品以上視巡撫。四品以下視兩司。

武官，提督，青旗八，飛虎旗、杏黃傘、青扇、兵拳、雁翎刀、獸劍、刑仗各二，旗槍四，迴避、肅靜牌各二。總兵官，青旗八，飛虎旗、杏黃傘、青扇、獸劍、旗槍、大刀各二，迴避、肅靜牌各二。副將，青旗六，杏黃傘一，青扇二，金黃棍二，迴避、肅靜牌各二。參將、遊擊、都司，青旗四，杏黃傘一，青扇一，桐棍二，迴避、肅靜牌各二。守備，青旗四，杏黃傘一，青扇一，桐棍二。各省駐防將軍視內都統。副都統以下均與京職同。順治三年，定京官儀從，公，掌扇貼方金一。職官掌扇，一品貼圓金四，二品貼圓金三，三品貼圓金二，四品用灑金掌扇，五品至七品俱用素黑掌扇，八品、九品俱用白掌扇。六年，定公以下四品官以上用大、小灑金扇各一，文官用甘蔗棍二，武官用棕竹棍二。八年，定民公、和碩公主額駙，杏黃傘二，旗十，大、小扇二，貼方金四。侯、郡主額駙，杏黃傘一，旗十，大、小扇二，貼方金三。伯，杏黃傘一，旗十，大、小扇二，貼圓金一。一品官，杏黃傘一，旗八，大、小扇二，貼圓金四。二品官，杏黃傘一，旗六，大、小扇二，貼圓金三。三品官，杏黃傘一，旗六，大、小扇二，貼圓金二。四品官，旗四，灑金大、小扇二。五品以下官如三年例。京城內不得排列旗、傘，惟於外用之。宗室、覺羅各官，扇柄及棍皆丹漆。凡入皇城，惟用小扇。九年，定公以下、漢文官三品以上，皇城外坐暗轎，四人舁之，掌扇各書官銜，兼滿、漢字。康熙初年，定公、和碩公主額駙，旗十，杏黃傘二，金黃棍四。侯、伯、郡主額駙，旗十，杏黃傘一，金黃棍四。都統，鎮國將軍，內大臣，縣主額駙，子，滿、漢大學士，尚書，左都御史，旗八，杏黃傘一，金黃棍二。輔國將軍，郡君額駙，護軍統領，前鋒統領，副都統，男，滿、漢侍郎，學士，步軍總尉及三品官，旗六，杏黃傘一，金黃棍二。四品官旗四。京城內一品官以上惟用傘、棍，二品官並不用傘。四年，定在京文官三品以上、武官散秩大臣以上，一人引馬前導，其餘各官禁之。七年，定在京各官停用傘、棍，民公以下俱照順治八年例，出京用鞍籠閒馬前導。康熙七年，定外官儀從。總督，杏黃傘二，金黃棍二，旗八，扇二，兵拳二，雁翎刀二，飛虎旗二，獸劍二，桐棍二，槊棍二，鎗四，迴避、肅靜牌各二。巡撫，杏黃傘二，金黃棍二，旗八，扇二，獸劍二，桐棍二，槊棍二，槍二，迴避、肅靜牌各二。布政使、按察使，杏黃傘二，金黃棍二，旗六，扇二，槊棍二，迴避、肅靜牌各二。各道掌印、都司、知府，杏黃傘一，旗四，桐棍二，槊棍二，迴避、肅靜牌各二。同知、通判、知州、知縣，藍傘一，扇一，桐棍一，槊棍一，迴避牌二。州同、州判、縣丞，藍傘一，桐棍二。典史、雜職，竹板二。提督，杏黃傘二，金黃棍二，旗八，扇二，兵拳二，雁翎刀二，飛虎旗二，槍二，獸劍二，刑仗二，迴避、肅靜牌各二。總兵，杏黃傘二，金黃棍二，旗八，扇二，大刀一，獸劍二，槍二，迴避、肅靜牌各二。副將，杏黃傘二，金黃棍二，旗六，扇二，迴避、肅靜牌各二。參將、遊擊、都司，杏黃傘一，旗四，扇一，桐棍二，迴避、肅靜牌各二。守備，杏黃傘一，旗四，扇一，棍二。

崇德初年，定固倫額駙，彩畫雲紅傘一，豹尾槍二，紅仗二。超品公、和碩額駙，金黃傘一，豹尾槍二，旗六，後從十人。民公、郡主額駙，金黃傘一，豹尾槍一，旗六，後從八人。都統、子、尚書、縣主額駙，金黃傘一，旗六，後從六人。內大臣、大學士、副都統、護軍統領、前鋒統領、侍郎、郡君額駙，旗六，後從四人。一等侍衞、護衞、參領、前鋒參領、縣君額駙、學士、滿啓心郎、郎中，旗四，後從四人。二等侍衞、護衞、佐領、漢啓心郎、員外郎，旗二，後從二人。三等侍衞、護衞、護軍校、主事以下官員，止用後從一人。